大学生劳动教育

赵 涛　耿保荃　曹群英　**主　编**
龙耀辉　冯依锋　张 琪　**副主编**
张 丹　陈 曦　李 丹　**参　编**

东南大学出版社
·南京·

图书在版编目(CIP)数据

大学生劳动教育 / 赵涛，耿保荃，曹群英主编.
南京：东南大学出版社，2025. 1. -- ISBN 978-7-5766-1807-5

Ⅰ. G40-015

中国国家版本馆 CIP 数据核字第 2024ZW6665 号

责任编辑：弓　佩　　　责任校对：张万莹　　　封面设计：毕　真　　　责任印制：周荣虎

大学生劳动教育

Daxuesheng Laodong Jiaoyu

主　　　编	赵　涛　耿保荃　曹群英
出版发行	东南大学出版社
出 版 人	白云飞
社　　　址	南京市四牌楼 2 号　邮编：210096　电话：025-83793330
网　　　址	http://www.seupress.com
经　　　销	全国各地新华书店
排　　　版	南京布克文化发展有限公司
印　　　刷	南京京新印刷有限公司
开　　　本	787 mm×1092 mm　1/16
印　　　张	15.5
字　　　数	343 千
版 印 次	2025 年 1 月第 1 版第 1 次印刷
书　　　号	ISBN 978-7-5766-1807-5
定　　　价	47.00 元

本社图书如有印装质量问题，请直接与营销部联系(电话：025-83791830)。

前言 Preface

在当今这个日新月异的时代，劳动不仅是我们赖以生存的基础，更是推动社会进步、实现个人价值的重要途径。对正处于成长关键期的大学生而言，树立正确的劳动观念、培养良好的劳动习惯、掌握扎实的劳动技能、激发无限的创新潜能尤为重要。

为贯彻落实党的二十大精神，符合新时代党对劳动教育的新要求，配合职业院校劳动教育的开展，充分发挥劳动教育独特的育人价值，我们编写了这本教材。

本教材以习近平总书记关于劳动教育的重要论述为指导，紧扣高等院校的育人要求，坚持落实立德树人根本任务，旨在培养大学生正确的劳动价值观念。本教材通过深入浅出的方式，引导大学生全面认识劳动的意义与价值，从日常生活的点滴小事中感受劳动的魅力，从专业技能的精进与提升，再到创新思维的启迪与实践，逐步构建起一个完整而丰富的劳动教育体系。

本教材涵盖了认识劳动、日常劳动、技能劳动、创新性劳动四个模块的内容，旨在通过学习这些模块的内容，激发大学生对劳动的热情，让他们在劳动中发现自我、挑战自我、超越自我，实现个人价值和社会价值的双重提升。

本教材的编写坚持以下原则：

1. 系统性与全面性。本教材从认识劳动、日常劳动、技能劳动到创新性劳动，层层递进，形成了一个完整的劳动教育框架，涵盖了劳动教育的各个方面，确保了内容的全面性和系统性。

2. 实践性与指导性。书中不仅阐述了劳动的理论知识，更注重实践操作与指导。通过详细介绍具体案例、实践活动和操作步骤，帮助大学生将理论知识转化为实践能力，提升劳动技能。

3. 时代性与创新性。本教材紧跟时代步伐，融入了当前社会对创新性劳动的高度重视，通过介绍创新性劳动的概念、特点、方法及成功案例，激发大学生的创新思维和创造力，培养他们的创新性劳动能力。

4. 互动性与参与性。书中设有课堂练习，鼓励大学生积极参与讨论、分享心得、提出见解。这种互动式的学习方式有助于加深理解、巩固知识、提高兴趣。

5. 人文关怀与价值观引导。本教材在传授劳动知识与技能的同时，注重人文关怀和价值观的引导。通过讲述劳动中的感人故事，传递劳动精神的正能量，培养大学生的劳动情感、劳动态度和劳动价值观。

在本教材的编写过程中，参考、引用了部分相关书籍和资料，在此向原作者表示衷心的感谢。由于时间及知识水平有限，书中不当之处在所难免，恳请广大师生在使用过程中批评指正，并提出宝贵的意见和建议。

编者
2024 年 3 月

目 录 Contents

模块一　认识劳动

导学篇 ··· 003
　　认识劳动的启航之旅 ·· 003
认知篇 ··· 005
　　第一节　劳动的概念与价值 ·· 005
　　第二节　马克思主义劳动观念 ·· 018
　　第三节　劳动教育的时代内涵 ·· 020
　　第四节　劳动保护与劳动权益 ·· 022
践行篇 ··· 042
　　活动一　"劳动知识大闯关"知识竞赛 ································· 042
　　活动二　"劳模精神薪火传"风采展示 ································· 043

模块二　日常劳动

导学篇 ··· 047
　　日常劳动的幸福之路 ·· 047
认知篇 ··· 049
　　第一节　家庭劳动促成长 ·· 049
　　第二节　绿色行动护校园 ·· 070
　　第三节　勤工俭学助成才 ·· 080
　　第四节　志愿服务知识窗 ·· 087
践行篇 ··· 111
　　活动一　"我的饮食我做主"校园饮食文化节 ······················· 111
　　活动二　"创文明教室，造温馨寝室"两室文化节 ················· 112
　　活动三　"绿色校园我守护"植树护绿活动 ·························· 114
　　活动四　"志愿服务我参与"公益服务活动 ·························· 115

模块三　技能劳动

导学篇 ······ 121
　劳动技能的锤炼之功 ······ 121
认知篇 ······ 123
　第一节　劳动技能与专业素养 ······ 123
　第二节　劳动体验与职业规划 ······ 150
　第三节　劳动实践与岗位实习 ······ 161
践行篇 ······ 178
　活动一　护理急救实景演练 ······ 178
　活动二　"七彩假期"支教活动 ······ 180
　活动三　3D打印新未来 ······ 181
　活动四　智慧农场耕种与管理 ······ 183
　活动五　汽车保养与简易维修 ······ 184
　活动六　非遗传承进校园 ······ 186
　活动七　文物建筑保护实践 ······ 188
　活动八　"名企行"商业实践 ······ 189

模块四　创新性劳动

导学篇 ······ 195
　创新性劳动的时代之光 ······ 195
认知篇 ······ 197
　第一节　创新性劳动意识的培养 ······ 197
　第二节　创业精神的培育 ······ 210
　第三节　创新创业项目的策划 ······ 221
践行篇 ······ 231
　活动一　组织一次创意沙龙活动 ······ 231
　活动二　设计一个科技文化作品 ······ 233
　活动三　完成一项国家专利申报 ······ 234
　活动四　参加一个创客空间项目 ······ 236
　活动五　开展一次创业社会实践 ······ 237

参考文献 ······ 239

模块一

认识劳动

学习目标

知识目标
▲ 理解劳动的基本概念。
▲ 认识到劳动教育在现代教育体系中的重要性和作用。
▲ 了解与劳动保护和劳动权益相关的法律法规。

技能目标
▲ 能够掌握一定的劳动技能,如生产技能、服务技能、管理技能等。
▲ 能够运用法律知识维护自己的劳动权益。

素质目标
▲ 培养吃苦耐劳的精神,具备面对困难和挑战的勇气和能力。
▲ 培养责任感和团队合作精神,学会在集体中发挥自己的作用并承担相应的责任。
▲ 体验到劳动的乐趣和成就感,激发创造力和创新精神。

思政目标
▲ 树立正确的世界观、人生观和价值观,认识到劳动是创造美好生活的根本途径。
▲ 形成正确的劳动观念和劳动态度,珍惜劳动成果并尊重他人的劳动。
▲ 激发爱国情怀和奉献精神,能够意识到自己的成长与国家的发展息息相关并愿意为国家和社会做出贡献。

导学篇

认识劳动的启航之旅

课前导读

劳动,作为人类生存和发展的基石,其概念与价值深远而广泛。劳动不仅是创造物质财富的手段,更是塑造精神世界、推动社会进步的强大力量。马克思主义劳动观念深刻揭示了劳动的本质,强调劳动创造了人本身,是社会关系形成和发展的基础,是历史发展的根本动力。这一观念为我们理解劳动、尊重劳动提供了坚实的理论基础。

进入新时代,劳动教育的时代内涵更加丰富。这不仅是培养学生劳动技能、提升综合素质的重要途径,更是弘扬劳模精神、劳动精神、工匠精神,引导学生树立正确劳动观念、养成良好劳动习惯的关键一环。对于大学生而言,学习劳动教育不仅是响应国家教育政策的要求,更是提升自我、适应未来社会发展的必然选择。

同时,劳动保护和劳动权益是保障劳动者合法权益、促进劳动关系和谐稳定的重要方面。作为大学生,学习这些知识有助于增强法律意识,维护自身权益,为将来的职业生涯奠定坚实基础。

大学生学习劳动的概念与价值、马克思主义劳动观、劳动教育的时代内涵以及劳动保护与权益等内容,对于树立正确的劳动观念、提升综合素质、适应社会发展具有重要意义。

学习任务

1. 预习教材

提前阅读《劳动教育》中关于认识劳动的价值、马克思主义劳动观念、劳动教育的时代内涵及劳动保护与权益等内容,并标记重点难点。

2. 查阅资料

利用互联网、图书馆等资源,搜集关于劳动教育、劳动者权益保护等方面的最新资讯和案例,为课堂讨论做准备。

3. 分组讨论

与同学组成学习小组,就上述思考题展开讨论,分享各自的观点和见解,并形成小组汇报材料。

4. 制订计划

根据实践活动的安排,制订个人学习计划,明确每天的学习任务和目标,以确保学习效果。

名人名言

知识是从刻苦劳动中得来的,任何成就都是刻苦劳动的结晶。

——宋庆龄

我觉得人生求乐的方法,最好莫过于尊重劳动。一切乐境,都可由劳动得来;一切苦境,都可由劳动解脱。

——李大钊

人,不管是什么,应当从事劳动,汗流满面地工作,他生活的意义和目的、他的幸福、他的欢乐就在于此。

——契诃夫

使人愉快的劳动,能医治心灵的创伤。

——莎士比亚

情境思考

近日,学校举办了"走进企业,体验劳动"的社会实践活动。你所在的团队被分配到一家现代化的制造企业,参与生产线上的某个环节。在为期一周的实践中,你将亲身体验劳动的艰辛与乐趣,感受劳动成果带来的成就感,同时观察并思考劳动者在生产过程中的权益保护问题。

思考题:

1. 结合实践经历,谈谈你对"劳动是一切幸福的源泉"这一观点的理解。你认为劳动在个人成长和社会发展中扮演着怎样的角色？

_____

_____

2. 马克思主义认为劳动是创造价值的唯一源泉。请分析这一观点对你理解现代职业选择和劳动关系的启示。

_____

_____

3. 在新时代背景下，劳动教育的内容和要求发生了哪些新的变化？你认为学校应如何加强劳动教育以适应社会发展的需要？

_____

_____

4. 在你的实践过程中，是否观察到了劳动者权益保护方面存在的问题？请提出至少两项改进措施，以保障劳动者的合法权益。

_____

_____

认知篇

第一节　劳动的概念与价值

　　劳动，这一人类社会最为普遍且日常的活动，其内涵深远而广泛。它不仅是身体力行的过程，更是智慧与汗水的结晶。劳动的过程，是创造价值的过程，也是实现自我价值的过程。从田间地头的辛勤耕耘，到工厂车间的精密操作，再到办公室中的思维碰撞，劳动的形式多种多样，但其核心始终在于通过人的努力，将自然资源或已有知识转化为具有更高价值的产品或服务。

　　大学生应该深刻理解劳动的内涵、过程、类型、属性、价值、意义及价值观念等内容，树立正确的劳动观念和价值观念。同时，也应该积极参与劳动实践活动，通过亲身经历感受劳动的魅力与价值，培养自己的劳动精神和综合素质。

一、劳动的内涵

（一）劳动的概念

劳动是一个广泛而深刻的概念，它涵盖了人类通过体力或脑力的活动，创造物质财富和精神财富的过程。劳动不仅是人类生存和发展的基础，也是社会进步和文明繁荣的推动力。它体现了人与自然、人与社会以及人与自身之间的相互作用和关系。

在劳动过程中，人们运用自己的知识和技能，通过改造自然和社会环境，生产出满足人类需要的各种产品和服务。这种生产活动不仅创造了物质财富，如食物、衣物、住房等生活必需品，还创造了精神财富，如文化、艺术、科学等。

劳动具有多种形式和多种特点。它既可以是体力劳动，如农业耕作、工业生产等，也可以是脑力劳动，如科学研究、艺术创作、教育教学等。不同形式的劳动在社会发展中发挥着不同的作用，但它们都是人类智慧和创造力的体现。

此外，劳动还具有社会性和历史性的特点，它受到社会制度、经济条件、文化传统等多种因素的影响和制约。在不同的历史时期和社会背景下，劳动的形式和内容都会发生相应的变化。无论时代如何变化，劳动的本质和价值始终不变，它都是人类追求幸福和进步的重要途径。

（二）劳动的本质

劳动作为人类最基本的活动，其内涵往往并不为人们所重视。马克思指出："如果把生产活动的特定性质撇开，从而把劳动的有用性质撇开，生产活动就只剩下一点：它是人类劳动力的耗费。尽管缝和织是不同质的生产劳动，但二者都是人的脑、肌肉、神经、手等等的生产消耗，因此从这个意义上说，二者都是人类劳动。这只是耗费人类劳动力的两种不同的形式。"

关于劳动的内涵，马克思明确地指出："劳动力的使用就是劳动本身。"劳动过程就是个体运用其智力和体力的过程。正是在这个过程中，人不仅改变着自然对象，同时人的自身也得到了重塑和改善。不同的劳动形式都是体力作用于自然物的方式，即人借助一定的工具使物发生形式上的改变，从而使得到改变的物成为对人来说有用的东西。因此，物品之所以有价值，正是因为它们都凝结着劳动。

（三）劳动的双重塑造意义

因劳动而改变的并不仅仅是对象物，还有人自身。"臂和腿、头和手运动起来"作用于自然对象，一方面改变了劳动对象，另一方面也改变了劳动者自身的"臂和腿、头和手"。从个体对劳动力的使用角度看，劳动既是个体应用其智力和体力的过程，同时也是普遍地增加和改善个体智力和体力的过程。正是在后一种意义上，劳动才具有了真正的教育意义和价值。劳动作为个体对自己劳动力的使用，即通过身体的智力和体力的付出而介入对象物。由此，劳动一方面使得对象物发生改变，从而实现劳动的对象化；另一方面则是实现个体的自我改变。

二、劳动的分类

劳动的分类可以从多个角度进行划分,每一种劳动都有其独特的价值和意义,无论是在社会发展中还是在个人成长中都发挥着重要作用。劳动的分类具体如下:

(一) 生产劳动与非生产劳动

就劳动结果的物质形态而言,劳动结果既有存在于物质实体的商品,也有非物质虚拟的商品,由此便有非生产劳动之说。

如果按照劳动的自然形态区分,生产劳动指的是创造物质财富的劳动,包括工业、农业、建筑业、交通运输业和邮电业等生产部门中的劳动,以及生产过程在流通领域中继续的那部分劳动,如商品的分类、加工、包装、保管等(图1-1)。从事生产劳动的劳动者并不一定都亲自动手或直接参加生产,只要他的劳动属于生产劳动总体的一部分,如劳动管理、技术管理、人事管理、工艺流程设计等,就都属于生产劳动。

图1-1 工业生产劳动

非生产劳动相对于生产劳动,指的是直接或间接进行非物质资料生产的劳动。这种劳动不是人类社会一开始就有的,而是随着物质资料生产的发展,以及人们对精神生活、医疗教育、生活服务等各方面需求的不断增长而出现。

生产劳动是人类社会存在与发展的基础,它为非生产劳动提供了存在和发展的条件,而非生产劳动又为生产劳动的发展提供了精神动力和智力支持。自从人类社会出现非生产劳动后,非生产劳动与生产劳动一样,都是社会分工体系中不可缺少的部分。例如,作家创作启迪思想的文艺作品,丰富读者的思想内涵,陶冶读者的思想情操,这是非生产劳动。若作家想将自己创作的文艺作品印刷成书,供读者阅读和欣赏,则需要通过出版社进行编辑加工后到印刷厂交给工人印刷,并且需要纸张、油墨等生产资料。印刷成书过程中的排版、校对、装订等活动,都是生产劳动。

若按劳动创造的价值区分,既能创造使用价值又能创造剩余价值的劳动为生产劳动,而只能创造使用价值的劳动为非生产劳动。

在社会主义社会里,人们所进行的社会管理活动属于非生产劳动,创造精神财富的基础科学研究、教育、文学艺术等也属于非生产劳动,这些都对促进经济繁荣、社会进步和丰富人民生活有重要作用。

(二)体力劳动与脑力劳动

体力劳动是以使用或消耗体力为主的劳动;脑力劳动是以使用或消耗脑力为主的劳动。体力劳动是脑力劳动的基础,脑力劳动支配体力劳动,二者共同创造劳动价值。也就是说,在劳动中体力劳动和脑力劳动是共存的,只是对某项或某类具体劳动来说,从计划到完成的过程中,其体力劳动和脑力劳动所占的比例不同而已。

人的任何活动都是体力劳动和脑力劳动共同作用的结果。例如种植劳动,虽然它以体力劳动为主,但它需要人通过脑力劳动来确定植株的位置等(图1-2)。又如写作劳动,虽然它以脑力劳动为主,但它需要人依靠双手在纸张上写字或在计算机的键盘上进行操作,这就涉及体力劳动。

图1-2 种植劳动

(三)具体劳动与抽象劳动

具体劳动是指在一定的具体形式下进行的劳动。具体劳动体现着人和自然的关系,是劳动的自然属性。

抽象劳动是指抽去了具体形式的、人类一般的、没有差别的劳动,是人类劳动力(脑力和体力)在一般生理学意义上的支出或消耗,它反映的是商品生产者之间的经济关系,是劳动的社会属性。在商品生产条件下,当人们的经济联系通过劳动产品的相互交换实现时,耗费在这些劳动产品上的人类的劳动力才能被视为形成价值的一般人类劳动而被"抽象"出来。因此,抽象劳动是一种社会关系,是商品经济所特有的。

具体劳动和抽象劳动是统一的,而不是对立的。一方面,商品生产者在进行具体劳动时,同时也支出了抽象劳动,它们在时间上和空间上都是统一的,二者不可分割;另一方面,具体劳动和抽象劳动是生产商品时劳动的两种不同属性,对应的是劳动的自然属性和社会属性。

(四) 简单劳动与复杂劳动

一般情况下,简单劳动指的是在一定社会条件下,不必经过特别训练,每个正常的劳动者都能从事的劳动。复杂劳动是指需要经过专门训练,具有一定技术专长的劳动者才能从事的劳动。复杂劳动包含较多技巧和知识的运用,是简单劳动的叠加。

除了以上四种分类外,根据劳动者付出劳动的必要程度,劳动还可分为必要劳动和剩余劳动;根据是否使用新知识、新技术、新方法,劳动还可分为常规劳动和创新性劳动;根据生产产品的不同,劳动还可分为物质生产劳动和精神生产劳动。总之,劳动可以按照不同的标准被分为不同的种类。

三、劳动的属性

劳动属性是一个多维度的复杂概念,它首先体现了人类与自然界之间深刻的物质变换过程,即人类通过劳动活动将自然界中的物质资源转化为能够满足自身各种需要的物质财富的过程。在这一过程中,劳动不仅是人类生存和发展的根本基础,更是社会生产力和生产关系中不可或缺的重要组成部分。可以看出,劳动在社会生活中起着决定性的作用。

此外,劳动还具有深刻的社会历史性,其形式、内容和意义都会随着社会的发展和历史的变迁而发生变化。在不同的社会形态中,劳动的表现各具特色、意义深远。例如,在原始社会中,劳动主要表现为集体合作的形式,劳动成果也是平均分配的。而在现代社会,劳动形式变得多样化,劳动分工也更加精细化,劳动的范围已经扩展到了各个领域和行业。

此外,劳动还具有自觉性、能动性和创造性的特征。人类通过劳动活动,不仅改变了自然界的面貌,也创造了人类社会本身,以及丰富多彩的文化和精神财富。在劳动的过程中,人们需要运用自己的智慧和才能,不断地进行创新和改进,以适应社会发展的需求。

四、劳动的要素

劳动的要素包括劳动客体(劳动对象)、劳动中介(劳动工具)、劳动主体(劳动者)。劳动是由这三个要素组成的静态结构以及这三个要素相互作用的动态过程。

（一）劳动客体

劳动客体又称劳动对象，是指在劳动活动中发挥作用的客观物质实体。一般而言，劳动客体包括两大类：未经人类改造的天然的、纯粹自然的客体和经过人类改造的人工客体。前者不包含人的劳动，后者则是天然客体与人的劳动活动的合成物，已经物化、凝结了人的劳动活动。

（二）劳动中介

劳动中介又叫作劳动工具，是人类与自然界进行物质变换的桥梁和通道，是人类实现改造自然、创造物质财富的目的的绝对必要的手段。劳动中介不仅仅实现了劳动生产力的量的增长，更重要的是，它使人的劳动与动物的活动具有了本质区别，可以说，制造和使用工具是劳动的本质特征，而不能制造和使用工具的活动就不能称作劳动。

（三）劳动主体

劳动主体又叫作劳动者，是整个劳动过程的出发点，是直接物质资料生产的发起者，是通过制造和使用工具改造自然界的积极的、主动的、能动的创造力量。劳动者的积极性、主动性、能动性和创造性表现在：

第一，他是劳动目的的设定者，劳动或者是为了满足劳动者的自然物质需要，或者是为了满足劳动者的主体性需要，或者是为了同时满足这两种需要。

第二，劳动者是劳动计划的制订者，劳动总是按照劳动者事先制定的程序和蓝图展开的。

第三，劳动者是劳动工具的制造者和使用者，即使是智能化和自动化的劳动工具，也离不开劳动者的设计、制作、操纵和控制。

第四，劳动者是劳动对象的发现者、加工者和改造者。

第五，劳动者是劳动结果即劳动产品的吸收者和消化者，他们不仅把劳动产品看作是劳动目的的实现和对自己辛勤劳动的回报，而且将其看作是自己主体性力量的体现和确证。

人们不仅通过物质消费活动来吸取来自自然界的物质、能量和信息，而且通过精神消费活动来吸取劳动产品中所包含的精神价值和意义。

知 识 拓展

数字经济下的劳动形态

随着信息技术领域的飞速发展，包括移动互联网、大数据、云计算和人工智能等，数字经济时代已经全面开启。在此背景下，一种新型的劳动模式——数字劳动，逐渐崭露头角并广泛渗透到人们的生产生活中，成为数字经济不可或缺的组成部分，并孕育出众多新兴职业。

"数字劳动"这一概念，最初由意大利学者蒂齐亚纳·泰拉诺瓦在2000年的著作《免费劳动:为数字经济生产文化》中首次提出。随后,以"数字劳动"为主题的学术探讨在全球范围内不断升温,学术会议频繁召开。当前,学术界对于数字劳动的本质存在两种主要观点:

一种观点认为,数字劳动本质上是一种非物质劳动,主要涉及文化、知识和信息的生产与消费,与物质劳动相区别;另一种观点则主张,数字劳动涵盖了数字媒介生产、流通及使用过程中的多种脑力与体力劳动形式,尽管这些活动发生在互联网领域,但脑力劳动依然根植于人类肉体的物质性大脑活动之中,因此,数字劳动在根本上也是物质劳动的一种形式。

尽管上述两种观点在属性界定上存在分歧,但它们均认同数字劳动具有生产商品和剩余价值的属性,是非物质性或物质性生产劳动的重要组成部分。

在数字劳动的具体形式划分上,不同学者持有不同见解,但普遍认可其是数字技术和互联网领域内创造剩余价值的非物质劳动形式,主要可归纳为有酬劳动和无酬劳动两大类。

近年来,我国高度重视数字劳动的发展,人力资源和社会保障部、国家市场监督管理总局与国家统计局自2019年4月起,已经分四批发布了多个新职业,其中包括人工智能工程技术人员、大数据工程技术人员、网约配送员、人工智能训练师、全媒体运营师、互联网营销师、信息安全测试员、电子数据取证分析师等。这些职业均属于数字劳动者的范畴。

进入大数据时代,为改善数字劳动者的工作与生活条件,各国学术界不断创新研究方法。而我国则通过积极回应和建制化措施,表达了对数字劳动者的认同与支持,并为其职业行为规范、权益保障和社会监管提供了广阔的发展空间与可能性。

五、劳动的价值

在深入且全面探索劳动价值的过程中,劳动宛如生命之树常青之源泉,不仅滋养着个体的成长与成就,还坚实地支撑着社会的进步与繁荣。作为人类本质活动的劳动,其意义远超物质层面的创造与交换,它蕴含着丰富的智慧、勇气与创造力,是推动历史不断前行的动力源泉。

劳动具有两方面的价值:一是个人价值;二是社会价值。深刻认识和理解劳动的价值,对树立正确的劳动观念有非常大的帮助。

案例

数字画家小凡的奇幻之旅

在浩瀚的数字艺术世界中,有一位名叫小凡的年轻艺术家,她以独特的笔触和非凡的想象力,将传统与未来完美融合,创作出了一幅幅令人叹为观止的数字画作。不同于传统的画布与颜料,小凡的作品诞生于虚拟的像素之中,每一笔都蕴含着她对世界的独特理解和无尽想象。

其中，一幅名为《星际梦境》的作品尤为引人注目。画面中，一艘古老的飞船穿梭在璀璨的星河之中，周围环绕着形态各异的数字生物，它们或翩翩起舞，或低声吟唱，共同编织着一个关于勇气、探索与梦想的奇幻故事。这幅作品不仅展现了小凡卓越的绘画技巧，更传达了她对未知世界的好奇与向往。

小凡原本只是一名普通的 IT 从业者，每天与代码和屏幕为伴。然而，一次偶然的机会，她接触到了数字绘画，便立刻被这种全新的艺术形式所吸引。为了追逐内心的梦想，她毅然决然地辞去了稳定的工作，全身心地投入数字艺术的创作之中。起初，她遇到了许多困难和挑战，但凭借着对艺术的热爱和不懈的努力，她逐渐找到了自己的风格，并在数字艺术领域崭露头角。

在创作《星际梦境》的过程中，小凡经历了无数个不眠之夜，她不断尝试、修改、完善，直到作品达到她心中的完美状态。最终，这幅作品在一年一度的国际数字艺术节上荣获了最高奖项，成为业界的佳话。

启示：

小凡通过不懈努力和对艺术的热爱，将自己从一名 IT 从业者转变为一位在数字艺术领域获得国际认可的艺术家，她的作品《星际梦境》展现了她卓越的绘画技巧，同时也体现了她对未知世界的好奇与探索精神，证明了劳动和追求梦想的价值。

（一）劳动的个人价值

"劳动创造了人"，并不是指人是由劳动创造出来的，而是指从猿到人的演化过程中，劳动起着决定性作用。例如，在由猿到人的演化过程中，劳动使其双手更加灵活，能够将石块磨制成石器；在劳动中，简单的呼叫无法满足互相交流的需求，因此语言就产生了。

个人是人类社会的微观体现，显而易见，劳动对个人的发展起着十分重要的作用。我们应该认识到劳动对个人的价值，正确地看待劳动，乐于接受劳动。

1. 劳动是知识的源泉

教育是获取知识的途径，这是大家的共识，但劳动也是获取知识的一条重要途径。而且，由于劳动的实践作用，个体在劳动中获得的知识更加实用，这种知识能更加有效地促进个体的智力发展，提高其应对环境的能力。

人们通过劳动能够获得宝贵的生活、生产知识，并能够学以致用，成为具有真才实学的人才。正所谓实践出真知，人们要获得真正有用的知识，提高做实事的能力，就应该投入劳动实践中。

我国的二十四节气是先人们在劳动中不断总结出来的智慧结晶。二十四节气将农耕生产与大自然的气候变化结合在一起来，指导人们更好地开展农业生产，进而获得好收成。例如，"立夏不下，桑老麦罢"的意思是立夏之日如果没有下大雨，这一年的收成就成问题了；又如，"清明前后，种瓜点豆"的意思是清明节一到，气温升高，雨量增多，正是春耕春种的大好时节。

2. 劳动是培养个人社会能力的途径

社会是一个非常复杂的关系网络，这个网络中的每一个个体都需要具备良好的社会能力。这既是社会关系网络能够正常运行的需要，也是每个个体适应这个社会关系网络以求健康生活的需要。

在人类所有的活动中，劳动是最重要、最基本的活动形式，在劳动中形成的人际关系，如同事关系、同学关系等，是人生中非常重要的人际关系，也是人类最基本的社会关系。大多数劳动往往需要以集体的形式进行，参与劳动过程的人需要合理分工、紧密合作。在这一过程中，人们通过合作和共享劳动成果，建立起紧密的人际关系。人们只有深刻体验了劳动，懂得劳动在社会关系构建中的基础作用，才能真正懂得人类社会关系的本质，培养良好的社会能力，增强自身的社交能力。

3. 劳动促进个人人格健全

每个人的成长都离不开劳动。积极参加劳动，这既是社会对每个个体的要求，也是每个个体自身发展的要求。个人的体格健康、思维发展、坚强意志、独立能力、品德塑造等都可以在劳动中得到加强和完善。

（1）强健体魄

近年来，随着科技的飞速发展，学生的视野得到了极大的拓展，生活水平显著提高。然而，这一趋势也伴随着学生对智能生活的过度依赖，导致其在日常生活中缺乏必要的锻炼与劳动实践。这一现象日益凸显出学生的体质健康问题，如近视率攀升、肥胖率增加、身体机能下降以及精神状态不佳等，甚至影响了学生的思维活跃度与对周围事物的兴趣。

在个体全面发展的维度上，"文明其精神"与"强健其体魄"被视为不可或缺的两翼。梁启超先生曾言"少年强则中国强"，其中"少年强"的核心内涵在于学生应具备强健的体魄、健康的心理以及积极向上的思想。同样，蔡元培先生也倡导"完全人格，首在体育"的教育理念，强调了体育在塑造健全人格中的重要性。

诚然，体育运动对于完善人格、强健体魄具有不可估量的价值。但值得注意的是，劳动同样扮演着举足轻重的角色。劳动不仅能够直接锻炼身体的各项机能，还能提升感知能力，这是单纯依赖体育运动所难以达到的。例如，经验丰富的卖肉师傅能够精准切割出顾客所需的肉量，而技艺高超的手表工匠则能在精细的操作中展现出卓越的感知与控制能力。这些实例有力地证明了劳动在强健体魄和提升感知能力方面的独特作用。

在强调体育运动重要性的同时，劳动教育的价值也不容忽视。通过体育与劳动教育的有机结合，能够全面促进学生的成长与发展，确保他们身心健康。

（2）发展思维

瑞士著名心理学家让·皮亚杰，作为儿童心理学与发生认识论的奠基者，其研究深刻揭示了人类思维能力形成的本质路径——由具体动作逐步内化为抽象思维。他强调，思维的发展是一个动态过程，离不开活动情境中多元因素的持续激发和塑造。若个体自幼即被隔离于活动之外，其思维潜能的充分发挥将遭受显著阻碍。

获取和提升思维能力可以通过多种途径来实现。在教育领域，以数学学习为例，它不仅是知识的积累，更是精确思维能力的磨砺与锻炼。劳动作为一种以达成具体成果为导向的实践活动，其独特价值在于能够有效促进个体适应现实环境的能力，并在此过程中激发思维的活跃与升华。让·皮亚杰的理论进一步指出，劳动的缺失将直接限制思维的正常发展,长期缺乏劳动锻炼的个体,其思维活动可能趋于僵化与迟缓。

鉴于此,个体应该在紧张的工作和学习之余,有意识地为自己预留出参与劳动的时间和空间。这不仅能够使身心得到休憩与放松,更能在实践中激活思维、增强专注力,进而促进个人全面发展与成长。

(3) 磨炼意志

劳动是磨砺意志的卓越路径。意志,作为一种心理倾向,它引导个体明确目标,随后据此调整与指导个人行为,勇于面对挑战,直至达成既定目标。一项任务的成功与否,首要考量在于个体是否愿意倾注心力,勇于克服障碍以追求既定目标;其次,则取决于其意志的坚韧程度。学生间学习成绩的分化,其根源并非智力水平的差异,而是学生努力程度的不同体现。那些学业优异的学生,往往能够坚持不懈地投入大量时间与精力于学习之中,这一过程的实现需要强大的意志力作为支撑。

关于如何培养此种意志力,劳动实为一剂良方。通过参与艰苦的劳动,个体得以在实践中锤炼意志;而劳动成果的收获,更将激发深刻的满足感与成就感,从而有效促进意志力的提升。

(4) 培养独立能力

独立能力,即个体在无人直接协助下维持生活秩序与自我管理的能力。当前,部分学生在该领域暴露出明显的不足,这一现象主要归因于过往生活中形成的依赖心理及所处的环境背景。在面对生活挑战时,他们通常倾向于过度依赖教师和家长的指导与帮助,而不是自主寻求解决方案。

然而,在劳动实践中,个体若能积极运用思维能力,独立承担并完成所分配的任务,便抓住了锤炼独立能力、习得独立生活技能的宝贵机会。以某学生为例,其在步入职业院校前鲜有自理衣物的经验,直至某日面临衣物短缺的窘境,方意识到累积的脏衣亟待处理,而此时父母远隔千山万水,无法及时援助。于是,他不得不亲自动手,从洗衣开始,逐步扩展到其他生活事务的自主完成。经过此番历练,该学生不仅掌握了有效管理个人生活的技能,更在过程中体会到了"成人"的喜悦和自我实现的成就感,实现了从依赖到独立的跨越。

(5) 塑造良好品质

经实践验证,劳动对于塑造个人优秀品质具有显著作用。个体唯有亲身参与劳动实践,方能深切体悟劳动之路的坎坷与不易,进而深刻理解劳动成果背后的珍贵与艰辛。在劳动实践中,人们能够锤炼坚韧不拔的意志,形成热爱劳动、珍视劳动果实的良好风尚,并培养起勤俭节约、艰苦奋斗、朴实无华的优良作风。

(二) 劳动的社会价值

劳动不仅是个体发展的重要条件,也是社会发展的需要。如果没有人参加劳动,社会就没有存在的意义。正如马克思所言:"任何一个民族,如果停止劳动,不用说一年,就是几个星期,也要灭亡。"

1. 劳动是人类社会存在和发展的基础

人类,与动物相似,皆需食物与水以维持生命存续。然而,在生存需求层面,人类与动物之间存在着显著的差异。动物的生存需求主要源自其先天本能,如羊食草、狼捕羊,此乃其生存之固有习性。相较之下,人类的生存需求则显得更为广泛且不断演变,如:在基本生活需求如饮食、衣着与居所等得到满足后,人类进而追求便捷的交通方式以助其出行;步入信息化时代,人类需借助计算机、手机等智能设备处理信息。

同时,人类不仅仅满足于物质层面的富足,也追求精神层面的滋养。此二者均需通过劳动得以实现,劳动不仅是人类生存之基石,更是其发展之动力。或许你未曾目睹小麦、大米从田间至餐桌的历程,未曾亲历房屋建造的辛勤,但所有人均能深刻理解:不事农耕,则无美食可享;不筑房屋,则无安身之所。因此,热爱劳动、勤勉工作,是人类不可推卸的责任与义务。

2. 劳动创造社会物质财富

法国思想家圣西门说:"为人类的幸福而劳动,这是多么壮丽的事业,这个目的有多么伟大!"事实的确如此。自然界蕴含了丰富的水、空气、阳光、土地、树木等人类生存和发展的必要资源。但是,除了空气、阳光等极少数自然物可以直接被人类使用外,更多的自然物并不能直接地构成人类赖以生存和发展的社会物质财富。这就需要人们通过劳动,改变自然物原本的形态和性质,将其转化为可以为人类所利用的社会物质财富。也就是说,创造社会物质财富,必须具备两个条件:一是客观存在的自然物;二是人类有目的的劳动。

3. 劳动改造和完善人类社会

回顾人类社会的发展史,从原始社会到奴隶社会、封建社会,再到现代文明社会,人类社会的物质文明和精神文明总是在不断发展、进步。社会越进步,物质文明和精神文明就越发达。

美国历史学家、人类学家路易斯·亨利·摩尔根在《古代社会》一书中,根据人类"生存技术"的进步,将人类社会历史进程划分为蒙昧时代、野蛮时代、文明时代。恩格斯曾这样概括人类社会发展过程的三个时代:"蒙昧时代是以采集现成的天然产物为主的时期""野蛮时代是学会经营畜牧业和农业的时期,是学会靠人类的活动来增加天然产物生产的时期""文明时代是学会对天然产物进一步加工的时期,是真正的工业和艺术产生的时期"。也就是说,划分人类社会历史进程,主要以生产劳动的方式为依据。可见,正是人类的劳动在不断改造和完善社会,从而推动社会发展。

六、劳动教育的价值

劳动教育是新时代党对教育的新要求,是中国特色社会主义教育制度的重要内容,是全面发展教育体系的重要组成部分,是大中小学必须开展的教育活动。大学生毕业后将进入社会参加生产劳动,要针对就业要求加强劳动教育。

劳动育人的目标是促进人的全面发展。在社会主义社会,劳动人民是主体,时代新人是劳动人民的重要来源和关键人群。社会主义职业院校要培养时代新人,必须兼顾人和社会的共同诉求,以多元化、高质量的劳动教育培养全面发展的人,使其树立正确的劳动观念、具备必备的劳动能力、培育积极的劳动精神、养成良好的劳动习惯和品质。

劳动教育的重要价值就是要帮助人认识劳动的价值和意义,将劳动看作一个完整的人全面实现人生价值的实践活动,以高度的使命感将主体的建构与人的发展作为终极关怀,真正发挥引领社会的功能。职校学生肩负实现中华民族伟大复兴中国梦的历史使命,新时代职校学生劳动教育关系到中国特色社会主义教育体系的完善和塑造时代新人的未来指向。

(一)劳动教育奠基中国梦

新时代职校学生与"两个一百年"奋斗目标同向同行,是实现中华民族伟大复兴的中国梦的接班人,因此必须树立正确的劳动价值观。

(二)劳动教育完善育人体系

劳动教育是中国特色社会主义教育制度的重要组成部分,也是职业院校培养什么人、如何培养人以及为谁培养人的根本问题。习近平总书记提出"培养德智体美劳全面发展的社会主义建设者和接班人",这是对"培养什么人"发出的时代动员令。

加强职校学生劳动教育是要引导职校学生充分认识劳动的价值,深刻理解劳动教育的内涵,培养热爱劳动、尊重劳动者、珍惜劳动成果的情感,塑造诚实劳动的优良品德,养成勤于劳动的自觉习惯,涵养创造劳动的青春气魄。有目的、有计划地组织职校学生参加生产劳动和服务性劳动,有利于提高大学生就业择业、适应社会的能力,有利于形成更高水平的人才培养体系,有利于培养德智体美劳全面发展的新时代人才,从而加快推进教育现代化、建设教育强国。

(三)劳动教育打造时代新人

劳动教育的核心是劳动价值观教育,劳动价值观直接影响着职校学生走上就业岗位后的就业取向、社会责任。培养职校学生的劳动精神,使他们始终保持锐意进取、奋发有为的精神状态,通过劳动教育增进职校学生对劳动"四最"(劳动最光荣、劳动最崇高、劳动最伟大、劳动最美丽)的价值认知,厚植崇尚劳动、尊重劳动的情怀,养成辛勤、诚实、创新性劳动的习惯,明白只有成为"懂劳动、会劳动、爱劳动"的时代新人,练就过硬本领,成为知识型、技能型、创新型的高素质劳动者,才能担当起社会主义建设的重任。

知 识 拓展

劳动教育的缘起

劳动本身具有"教育"之义,而"劳动教育"是以体力劳动与物质生产劳动为基础,在家庭生活、职业生活、社会生活等场域中进行的教育活动。劳动教育源于劳动与教育的有机融合,既出自个人发展的需要,又出于现实实践的缺失。

1. 源于劳动与教育的融合

所谓"劳动教育",一言以蔽之,就是"劳动+教育"。但劳动教育并不是劳动和教育的简单相加,而是劳动与教育的有机融合。从教育性方面来看,劳动教育是一种劳动的教育,教育者对学生进行劳动知识、劳动技能、劳动态度以及劳动情感等方面的教育;从劳动性方面来看,劳动教育是一种教育的劳动,学生的劳动知识、劳动技能、劳动态度以及劳动情感等方面的发展是通过劳动获得的。

2. 出自个人全面发展的需要

"劳动教育"是以提升学生劳动素养的方式促进学生全面发展的教育活动。劳动教育是在一定教育思想的指导下,通过树立正确的劳动观和劳动态度、传授科学的劳动知识和技能、开展有效的劳动实践、养成良好的劳动习惯、提高实践能力和创新精神、促进个体全面发展的育人活动。

3. 出于教育践行的缺失

在基础教育阶段,劳动教育的相关课程改革早已开展,但是实施的效果并不是很好。这种课程的边缘化形态、以知识或技术为学习导向的结果评价以及"劳心者治人、劳力者治于人"的传统观念,极大地阻碍了劳动教育的开展,阻碍了学生正确劳动观念的形成。

课堂练习

体会劳动的个人价值

寻找机会持续一周参加一项劳动,劳动内容可以是校园清洁、洗衣服、烹饪、社区服务、公益活动等。通过劳动,感受自己的身体机能、知识技能、思维能力、自理能力、意志力、人际关系等发生了什么变化,并将体会填入表1-1中。

表1-1 劳动的体会

体会的内容	劳动内容
	取得的效果
身体机能的变化	
知识技能的变化	
思维能力的变化	
自理能力的变化	

续表

劳动内容	
体会的内容	取得的效果
意志力的变化	
人际关系的变化	

将该项劳动坚持一个月,然后持续一个学期,分别在一个月后和一个学期后分析自己各方面发生的变化,并对比和总结劳动持续时间不同所取得的不同效果。

(四) 劳动使个体实现自我价值

劳动,作为人类活动的广泛范畴,并非局限于某一职业或具体工作,而是无处不在,深刻体现着个体的自我价值。面对劳动,部分人可能因其艰辛与不时伴随的枯燥而心生抵触,然此念当坚决摒弃。劳动的艰辛与付出,虽然时常令人疲惫,但其成果却能带来深切的成就感——付出越多、收获越大,不仅物质层面得以充实,精神境界亦得以升华。

无论是酷暑难耐的夏日,还是寒风凛冽的冬日,田野间总能见到祖辈、父辈们辛勤劳作的身影,他们在闲暇时分享劳动的苦乐和丰收的喜悦,那是大自然对他们不懈努力的最好回馈,使得一切辛劳皆显其值。

演员的成功演出、作家的佳作问世、科学家的科研突破,无一不凝聚着先前的辛勤劳动。此外,社会上还有众多义工,他们虽不求报酬,却以劳动为乐,为社会进步与祖国建设默默奉献,以此实现自我价值与人生追求。

归根结底,劳动是实现个体自我价值的重要途径,它涵盖了自我满足的喜悦、助力他人的成就感以及推动社会进步的价值等多个层面。

第二节 马克思主义劳动观念

马克思认为"全部人的活动迄今都是劳动"。劳动是马克思思想体系中的核心观念,是马克思主义理论研究的基础。马克思把劳动比喻成整个社会为之旋转的太阳,劳动是人类生存的本质,人类的发展过程就是劳动的发展史。马克思主义对于劳动的论述,主要体现为劳动本质论、劳动价值论以及劳动解放论。

一、劳动的本质论

"人的本质"是什么,这一直是困扰哲学界的一个重要命题。马克思主义认为劳动是人的本质,人的本质是一切社会关系的总和。

第一,劳动创造了人。恩格斯在《劳动在从猿到人转变过程中的作用》一文中,详细描述了劳动在人类从猿进化为人的过程中的作用,即会使用和创造劳动工具把人类社会与猿群世界区分开来。

第二,劳动创造了人类的生活。马克思、恩格斯在《德意志意识形态》中明确指出:"全部人类历史的第一个前提无疑是有生命的个人的存在。"而这些"有生命的个人"之所以能够存在,最主要是因为他们能通过自己的劳动来创造和生产物质生活资料。因此,马克思认为劳动的过程就是人通过自身的劳动作用于自然的过程,是人的本质力量与自然之间的一种物质交换过程。

第三,劳动是一切价值的创造者。马克思认为"劳动是一切价值的创造者。只有劳动才赋予已发现的自然产物以一种经济学意义上的价值"。因此,劳动是人类创造物质财富和精神财富的活动。

第四,劳动创造了社会关系。劳动不仅创造了人与自然的关系,还形成了人与人之间(即"劳动资料的占有和使用关系,劳动的分工和协作关系,劳动产品的交换、分配和消费关系等")以及人与主观意识之间的关系,这些关系成为人类社会的基本关系。

二、劳动价值论

劳动价值论,作为马克思主义政治经济学的一项根本理论,深刻地揭示了商品经济的根本属性和发展规律。马克思以商品为研究的起点,进而揭示了商品所固有的二重性:价值与使用价值。其中,商品的使用价值体现在其作为"物的有用性"上,指的是商品能够满足人们某种需要的属性;而商品的价值,则是指商品中凝结的无差别的、人类劳动的成果。正是劳动所具有的这种二重性,决定了商品同样具有二重性。具体劳动创造出商品的使用价值,而抽象劳动则创造了商品的价值。

以资本主义生产方式为例,资本家通过购买劳动力,使得劳动力成为一种商品。在这个过程中,资本家根据劳动力的价值支付给劳动者一定的工资。这种看似公平的交换关系,实际上隐藏着劳动者被剥削的现实。劳动者所创造的商品价值远远超过了其所得的工资,这部分价值被资本家以利润的形式占有,从而实现了资本的增值。这就是劳动价值论所揭示的资本主义生产方式下的基本经济规律。

三、劳动解放论

马克思主义立足于"实践论"的基础之上,推翻了先前旧哲学先验主义本体论的思维方法,从对"人的本质"的论述和对"异化劳动"的批判中,寻求人的解放的最终途径。在《1844年经济学哲学手稿》中,马克思批判了黑格尔只承认"精神劳动"的价值,只知道劳动的积极方面,而忽略了其消极方面的观点。他进一步指出:"劳动这种生命活动、这种生产生活本身对人来说不过是满足一种需要即维持肉体生存的需要的一种手段……一个种的整体特性、种的类特性就在于生命活动的性质,而自由的有意识的活动恰恰就是人的类特性。生活本身仅仅表现为生活的手段。"

马克思对于人的解放的思考并没有停留在对资本主义"劳动异化"的批判上,相反,他进一步提出了"劳动复归"理论。只有彻底消除私有制,社会生产才能得到极大的发展,人类才能从劳动的束缚和奴役中解放出来,真正享受劳动所带来的创造的快乐,自由地分配自己的时间,拥有自己的劳动成果,从而实现劳动的解放和人类的解放。

课堂练习

马克思主义劳动观报告写作

围绕马克思主义劳动观进行小组讨论,并撰写一篇报告。报告应包括以下内容:
1. 马克思主义劳动观的基本概念和核心思想。
2. 当代社会中劳动的现状,包括劳动形式、劳动关系以及劳动者的地位和权益。
3. 结合马克思主义劳动观,分析当前劳动现状中存在的问题及其原因。
4. 提出改善劳动现状的建议或方案,要求方案具有创新性和可行性,并符合马克思主义劳动观的基本原则。
5. 小组讨论过程中的不同观点和争论,以及最终达成的共识。

报告应有清晰的结构,论据充分,逻辑严密,并且能够体现出学生对马克思主义劳动观的深入理解和应用能力。

报告内容:
_____
_____
_____
_____
_____

第三节　劳动教育的时代内涵

马克思说:"环境正是由人来改变的,而教育者本人一定是受教育的。"今天的教育者也可能因为生活条件好了,不自觉地改变了对劳动的看法。劳动教育就是要教育人们遵循人类社会发展的客观规律,崇尚勤劳俭朴的优良美德。当然,人类也不是被动地遵循社会发展的客观规律,因为劳动本身就是人改造自然界和人类社会的活动,所以社会发展规律就是人类劳动发展的规律。

劳动教育,归根结底就是教育人们不断总结人类改造世界和造福人类的劳动规律,从而更加科学理性地改造自然界、人类社会和人的精神世界的活动。劳动教育是发挥劳动的育人功能,对学生进行热爱劳动、热爱劳动人民的教育活动。劳动教育是国民教育体系的重要内容,是学生成长的必要途径,具有树德、增智、强体、育美的综合育人价值。

劳动教育的重点是在系统的文化知识学习之外,有目的、有计划地组织学生参加日常生活劳动、生产劳动和服务性劳动,让学生动手实践、出力流汗,接受锻炼、磨练意志,培养学生正确的劳动价值观和良好的劳动品质。

一、职业院校劳动教育的新内涵

新时代职业院校教育的核心宗旨是培养有用的应用型和技术型人才,提高学生的道德素养和劳动素养。这一教育模式将课堂教学和实践工作相结合,注重劳动教育,旨在促进职业教育的全面发展,帮助学生建立正确的人生观和价值观。

新时代职业院校教育的主要目标是引导学生通过劳动创造追求幸福感,激发创新灵感,培养具备社会责任感、创新精神和实践能力的专业人才。

(一)在地位上,职业教育应成为人才培养体系的重要组成部分

职业教育,作为劳动力市场获取专业人才的直接渠道,在培养各领域所需的专业人才方面发挥着至关重要的作用。它是为年轻人步入职业生涯提供的最后的培训环节,具有极高的价值。通过职业教育,年轻人能够获得实用的技能和知识,以及丰富的实践经验,从而更好地适应职场需求,为国家和社会的发展作出贡献。

(二)在内容上,职业教育应紧密反映新时代劳动发展的趋势

现代劳动已经越来越强调智力的投入,这使得生产效率得到了提高。在这种情况下,人才的重要性日益凸显出来。由于各国之间对人才的竞争愈加激烈,职业教育需要紧跟时代发展,以适应新的劳动形态和要求。为了培养出更多优秀的人才,职业教育需要注重实践能力的培养,以及加强理论知识的传授。只有这样,才能确保人才具备足够的实力,能够在激烈的竞争中脱颖而出。

(三)在形式上,职业教育应包括思想教育、技能培养和实践锻炼这三个主要领域

思想教育注重培养学生在劳动中的德育素养,包括劳动的价值观念、情感态度、伦理责任感以及维权意识等方面;技能培育则注重培养学生的智力素养,包括专业理论学习、实习实训、产业与教育的结合等,更加侧重于技能的培养;实践锻炼强调培养学生的实际操作能力,通过广泛的生产劳动和社会实践,促使学生增长知识、磨练意志、培养才干,并增强社会责任感。

(四)在目标方面,职业学校应以全面提升学生的劳动素养为主要目标

这意味着职业教育应该充分挖掘劳动教育的潜力,发挥其独特的价值,通过培养学生的道德、智力、体育、美育、创新等方面的素养,满足新时代社会对人才的需求。

在劳动教育中,学生可以亲身参与实践活动,体验工作的辛勤与快乐,从而培养出热爱劳动、认真负责、诚实守信的优良品质。这种品质对于他们未来的职业生涯至关重要。同时,劳动教育也是培养学生智力的重要途径之一,学生在实践中可以锻炼解决问题的能力,培养创新思维和创造力。

此外,通过劳动教育,学生还可以锻炼身体素质,培养坚韧不拔的精神和团队合作精神。

同时,学生在实践中可以发现自己的兴趣爱好,从而培养出对美的欣赏能力和表现能力。

总之,职业教育应当全面发掘劳动教育的核心价值,致力于提升学生的综合素养,旨在将他们塑造成为符合新时代社会需求的人才。

二、职业院校劳动教育的时代意义

在当代社会,职业院校的劳动教育扮演着至关重要的角色,其重要性无可替代。它不仅是学生个人成长与成才的基石,更是推动社会持续进步与繁荣的关键驱动力。鉴于此,我们需深刻认识到劳动教育在职业院校教育体系中的核心地位,并致力于加强这一领域的教育实践,旨在培养出更多既具备创新精神又拥有卓越实践能力的高素质技能型人才,以满足社会发展的多元化需求。

(一)引导学生在劳动过程中,培养习惯、磨练意志、锤炼品格

劳动教育的关键就是引导学生从生活劳动做起,如在衣食住行等各方面让学生在劳动中动手、动腿、动身。在此基础上,可以围绕综合实践、专业技术实践等新型劳动形式开展劳动教育,进一步拓展劳动教育的内容与形式,丰富劳动教育的领域与形态,发展学生多样的劳动体验与积累不同的劳动经验。

(二)引导学生在劳动过程中,增强意识、拓宽视野、提升能力

通过劳动教育,学生可以发展求真能力和创造能力,这种能力不仅在学术上有所体现,更能在实际生活中得到应用。通过这些实践经验,学生不仅能够掌握实用的技能,还能够培养出独立思考、创新思维的能力。劳动教育不仅能够培养出美好的品质,更能够让学生体验生命的价值和力量。在创造美好的过程中,学生能够感受到自己的价值和存在意义,从而激发他们的内在动力和创造力。通过劳动实践,学生还能够培养出审美能力,对美的事物更加敏感和懂得欣赏。

(三)引导学生在劳动情境中感受创造的乐趣

通过让学生充分享受劳动的成果、激活学生在劳动中的审美体验,让学生感受到劳动的光荣、生命的价值和智慧的力量。充分发挥劳动教育的磨炼价值,培养学生吃苦耐劳、克服困难、敢于拼搏的意志,让劳动教育成为建构学生良性人格的过程。

第四节 劳动保护与劳动权益

劳动保护与劳动权益,作为现代社会不可或缺的一部分,其重要性日益凸显。在保障劳动者身心健康、促进劳动关系和谐稳定方面,我们不仅需要深入理解和贯彻执行现有的法律法规,还需要不断创新和完善相关制度,以适应新时代的发展需求。

一、劳动保护

保护劳动者在劳动过程中的安全与健康,是党和政府长期坚持的一项基本国策,这

深刻体现了社会主义制度的本质要求,是推动生产发展、促进经济建设的重要基石,同时也是社会主义物质文明与精神文明建设不可或缺的组成部分。

"加强劳动保护,改善劳动条件"这一神圣原则,已被明确载入我国宪法之中。自新中国成立以来,党和政府始终高度重视劳动保护工作,将其置于国家发展的重要位置。早在1956年,国务院便发布了《工厂安全卫生规程》《建筑安装工程安全技术规程》及《工人职员伤亡事故报告规程》,明确指出:"改善劳动条件,保护劳动者在生产劳动中的安全健康,是我们国家的一项重要政策。"

在随后的发展历程中,这一政策得到了进一步的强化和落实。在七届全国人大四次会议通过的国民经济第八个五年计划纲要中,明确提出要加强劳动保护,坚决贯彻"安全第一,预防为主"的方针,加大劳动安全卫生监察力度,积极改善劳动条件,努力降低企业职工伤亡事故率和职业病发病率。此外,还需要加强安全技术政策、劳动保护科学技术的研究和成果推广,并不断完善检验、监测手段。

劳动保护不仅是社会主义制度的根本要求,还具有深远的经济意义。在生产过程中,人的因素至关重要,是生产力发展的决定性因素。深入探索生产中的自然规律,采取有效措施消除不安全和不卫生因素,可以显著降低各类事故的发生率,创造更加舒适的劳动环境,从而激发劳动者的工作热情,充分调动和发挥人的潜能,为提高劳动生产率和经济效益提供有力保障。

此外,加强劳动保护工作还能有效减少因伤亡事故和职业病所导致的经济损失。这种方法一方面可以降低因救治伤病人员而产生的各项开支;另一方面也可以减少因设备损坏、财产损失和停产等造成的直接或间接经济损失。这些措施的实施,对于提高经济效益、促进经济健康发展具有重要意义。

历史经验充分揭示,劳动保护工作的有效实施是经济稳健发展的内在要求和必然规律。深刻理解和有效运用此规律,方能实现经济发展的理想成效;若忽视或违背此规律,则可能引发严重后果。鉴于此,持续强化劳动保护工作对于构建和谐社会及促进经济持续健康发展具有至关重要的保障作用。

(一)劳动保护概述

在实施劳动保护的过程中,用人单位承担着重要的责任。他们必须建立和完善劳动安全卫生制度,严格执行国家相关规程和标准,对劳动者进行必要的安全卫生教育,提供符合要求的劳动防护用品和设施,并定期进行健康检查等。此外,劳动者自身也应该增强安全意识,遵守安全操作规程,共同营造安全、健康的劳动环境。

1. 劳动安全的含义

劳动安全,又称职业安全,是指劳动者在职业劳动中人身安全获得保障、免受职业伤害的权利。广义的劳动安全包括人身安全和健康卫生两部分内容。

劳动安全的人身安全是指在生产劳动过程中,用人单位提供符合安全标准的工作条件和环境,防止中毒、车祸、触电、塌陷、爆炸、火灾、坠落和机械外伤等危及劳动者人身安全的事故发生。

劳动安全的健康卫生是指劳动者在劳动过程中获得安全、舒适、体面的工作环境,并且在生理和心理上得到全面、充分的尊重和保护,使身体和心理健康得到有效保障。

2. 劳动保护的含义

劳动保护是国家和单位为保护劳动者在劳动生产过程中的安全和健康所采取的立法、组织和技术措施的总称。它是指根据国家法律法规,依靠技术进步和科学管理,采取组织措施和技术措施,消除危及人身安全健康的不良条件和行为,防止事故和职业病,保护劳动者在劳动过程中的安全与健康,其内容包括劳动安全、劳动卫生、女工保护、未成年工保护、工作时间与休假制度等。

由于生产条件和技术水平的限制,在生产过程中存在着各种不安全因素和潜在的职业危害,如果不及时采取保护措施,防止或消除危险因素,就有发生工伤事故和职业病的可能。劳动保护的目的是为劳动者创造安全、卫生、舒适的劳动工作条件,消除和预防劳动生产过程中可能发生的伤亡、职业病和急性职业中毒,保障劳动者以健康的劳动力参加社会生产,促进劳动生产率的提高,保证社会主义现代化建设的顺利进行。

3. 劳动安全保护

为了保护劳动者的劳动安全,预防和消除劳动者在劳动和生产过程中的伤亡事故,以及防止生产设备遭到破坏,《中华人民共和国劳动法》和其他相关法律法规制定了劳动安全技术规程。我国现行的安全技术规程的主要内容有:建筑物和通道的安全;机器设备的安全;电器设备的安全;动力锅炉和气瓶的安全;建筑工程的安全;矿山安全。

企业必须按照这些安全技术规程使各种生产设备达到安全标准,以确保劳动者的劳动安全。此外,劳动者在参与劳动之前,必须学习、了解并掌握一定的安全知识和常识。特别是从事专业或危险性行业的劳动者,一定要接受专业培训,并熟练掌握规范的操作方法后方可上岗。在开展劳动生产的过程中,必须严格按照程序和要求进行,以确保自身安全。

4. 劳动卫生保护

劳动卫生也被称为"生产卫生"或"工业卫生"。劳动卫生保护即通过鉴别、评定、控制和消除生产过程和劳动环境中的有害因素,使职工的劳动条件符合卫生要求,以保护劳动者的身体健康。主要包括:生产场所卫生;职业病防治和"三废"治理;工业设计卫生;职工多发病和慢性病防治;妇幼保健卫生等。

为了保护劳动者在劳动生产过程中的身体健康,避免有毒、有害物质的危害,防止、消除职业中毒和职业病,我国制定了有关劳动卫生方面的法律法规,如《中华人民共和国劳动法》《中华人民共和国环境保护法》《工厂安全卫生规程》《工业企业设计卫生标准》《工业企业噪声卫生标准》和《防暑降温措施暂行办法》等。这些法律法规都制定了相应的劳动卫生规程,企业必须按照这些劳动卫生规程达到劳动卫生标准,才能切实保护劳动者的身体健康。

5. 女工保护

虽然我国提倡男女平等,但是在现实生活中,由于女性力量相对薄弱,依旧处于弱势地位。为了更好地保护女性的权益,我国立法机关制定了许多保护女性的法律规范,如《女职工劳动保护特别规定》《中华人民共和国妇女权益保障法》《女职工保健工作规定》等。这些法律规范对女职工的劳动保护主要包括:保护女职工的劳动权利;研究职业因素对女性生理机能的影响；安排女职工从事无害女性生理机能的工作；做好女性生理机能中的劳动保护，即在经期、孕期、产期、哺乳期和更年期的劳动保护。

6. 未成年工保护

未成年工保护是劳动保护的一个重要方面。根据未成年工的生理特点、心理特点及身体状况，为保证其身心健康，对在劳动过程中的未成年工采取的各项安全和卫生的保护措施。

对未成年工的保护包括：

（1）未满16周岁的少年，除有特殊规定外，禁止进入劳动过程，即禁止使用童工。

（2）对已满16周岁、未满18周岁的未成年人进入劳动过程后的特殊保护，即对未成年员工的特殊保护。

对未成年工保护的主要内容包括：

（1）就业年龄的限制。我国法定最低就业年龄是16周岁，一般行业不得招用未满16周岁的少年工人。

（2）工作时间的保护。一般情况下，对未成年工实行缩短工作时间，禁止安排他们做夜班及加班加点的工作。

（3）禁止安排未成年工从事矿山井下等特别繁重的体力劳动和对未成年工身体健康特别有害的工作。

（4）组织指导未成年工的业余文化、技术学习等活动。

7. 工作时间与休假制度

工作时间，又称劳动时间，是指法律规定的劳动者在一昼夜和一周内从事劳动的时间。工作时间的长度由法律直接规定，或由集体合同或劳动合同规定。劳动者或用人单位不遵守工作时间的规定或约定，应当承担相应的法律责任。

休假制度是为保障职工享有休息权而实行的定期休假的制度。《中华人民共和国宪法》规定职工休假制度。根据《中华人民共和国劳动法》等的规定，现行休假制度包括：公休假日、法定节假日、探亲假、年休假以及由于职业特点或其他特殊需要而规定的休假。

知识拓展

劳动保护的原则

劳动保护的原则具体如下：

1. 遵循"安全第一，预防为主"的原则

"安全第一，预防为主"的原则既是我国指导劳动保护工作的方针，又是从事劳动保护管理的基本原则。"安全第一，预防为主"是指一切经济部门和企业在生产经营活动中都必须把安全工作放在首位。当生产与安全发生矛盾时，首先要保证安全，采取各种措施保障劳动者的安全和健康，将事故和危害的事后处理转变为事故和危害的事前控制。

2. "管生产必须管安全"的原则

"管生产必须管安全"的原则体现了安全与生产的辩证关系。它要求生产的领导者和组织者明确安全和生产是一个有机整体，安全和生产要一起抓，在计划、布置、检查、总结和评价生产的同时，计划、布置、检查、总结和评价安全工作。

3. "安全具有否决权"的原则

安全工作是衡量企业管理工作好坏的一项基本标准，在对企业各项指标的考核和企业的升级评定中，必须把安全工作放在重要位置，并使其具有否决权。

（二）劳动防护用品

劳动防护用品是为了保护劳动者在生产过程中的安全和健康而发给劳动者个人使用的防护用品。用于防护有灼伤、烫伤或者容易发生机械外伤等危险操作，在强烈辐射热或者低温条件下的操作，散放毒性、刺激性、感染性物质或者大量粉尘的操作，以及经常使衣服腐蚀、潮湿或者特别肮脏的操作等。根据具体操作过程中的不同需要，应供给劳动者的防护用品主要有：工作服、工作帽、围裙、口罩、手套护腿、防毒面具、防护眼镜、防护药膏、防寒用品和防晒防雨用品等。

1. 劳动防护用品的分类

（1）按人体生理部位分类

根据所保护的人体生理位置的不同，常见的劳动防护用品可以分为头部防护、面部防护、眼镜防护、口部防护、听力防护、手部防护、脚部防护、身躯防护、高空安全防护九大类。

（2）按防护用途分类

根据防护用途不同可分为防尘用品、防毒用品、防酸碱制品、耐油制品、绝缘用品、耐高温辐射用品、防噪声用品、防冲击用品、防放射性用品、防水用品、涉水作业用品、高处作业用品、防微波和激光辐射用品、防机械外伤和脏污用品、防寒用品和农业作业用品等。

2. 劳动防护用品的具体介绍

（1）安全帽类

头部防护产品主要有：矿工用安全帽（图1-3）、ABS安全帽、透气性安全帽、V型安全帽、大卫头盔、安吉安透气安全帽和隆达901钢盔等。

（2）呼吸用具

呼吸用具是预防尘肺和职业病的重要保护品，按用途分为防尘、防毒、供氧三类，按作用原理分为过滤式、隔绝式两类。

呼吸护具的类别有净气式呼吸护具、自吸过滤式防尘口罩、简易防尘口罩、复式防尘口罩、过滤式防毒面具、导管式防毒面具、直接式防毒面具、电动送风呼吸护具、过滤式自救器、隔绝式呼吸护具、供气式呼吸护具（图1-4）、携气式呼吸防护器、氧气呼吸器、空气呼吸器、生氧面具、隔绝式自救器、密合型半面罩、密合型全面罩、滤尘器件、生氧罐和滤毒罐等。

（3）眼防护具

眼防护具用以保护作业人员的眼睛、面部，防止外来伤害，分为焊接用眼防护具、炉窑用眼护具、防冲击眼护具、微波防护具、激光防护镜以及防X射线、防化学、防尘等眼护具。

图 1-3　矿工用安全帽

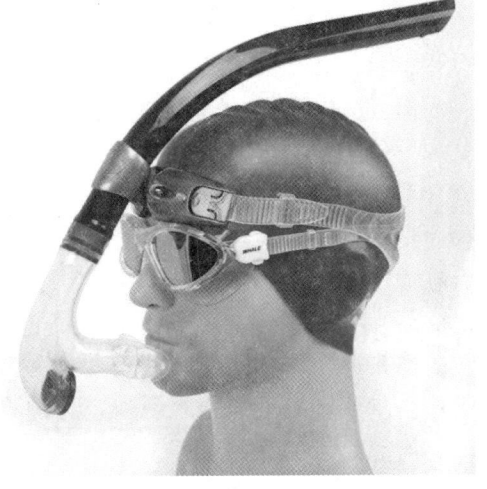

图 1-4　供气式呼吸护具

(4) 防护鞋

防护鞋,即保护足趾的安全防护鞋,用于保护足部免受伤害,主要有防砸、绝缘、防静电、耐酸碱、耐油、防滑鞋和防滑鞋套等。

防护鞋的类别有:防油防护鞋,用于地面积油或溅油的场所;防水防护鞋,用于地面积水或溅水的作业场所;防寒防护鞋,用于低温作业人员的足部保护,以免冻伤;防刺穿防护鞋(图 1-5),用于足底保护,防止被各种尖硬物件刺伤;防砸防护鞋,用于防坠落物砸伤脚部;炼钢防护鞋用于防烧烫、刺割,应能承受一定的压力和耐温度、不易燃,适用于冶炼、炉前、铸铁等场合。

(5) 防护手套

防护手套主要用于手部保护,包括耐酸碱手套、电工绝缘手套、电焊手套、防 X 射线手套、石棉手套、防冻手套(图 1-6)等。

图 1-5　防刺穿防护鞋

图 1-6　防冻手套

在劳动和日常生活中，双手都是最宝贵和万能的工具。也正因为如此，手部受伤的概率也相应增多。据统计，工作时手部受到伤害的种类和原因很多，手部受伤包括割伤、刺伤、磨损、烫伤、冻伤、接触化学品、触电和皮肤感染等。

因此，应该选择合适的防护手套来保护双手。首先应该对所从事的工作进行风险评估，尽可能地消除伤害手部的有害因素，例如改良工具、改善机器护罩和生产工序等，以避免对手部的危害。如果无法采用根本的方法，则必须考虑采用合适的防护手套。在选择合适的防护手套之前，需要评估该类型的手套是否能够有效地预防危害，以及是否适合在该工序中使用。

（6）防护服

防护服主要用于保护劳动者免受劳动环境中的物理、化学等外界因素的伤害，分为特殊防护服和一般作业服两类。防护服的结构具有抗渗透、透气性好、强力高、高耐静水压等特点，广泛应用于消防、军工、船舶、石油、化工、喷漆、清洗消毒和实验室等行业与部门。

特殊防护服包括健康型防护服和安全型防护服。健康型防护服包括防辐射服、防寒服（图 1-7）、隔热服及抗菌服等；而安全型防护服则包括阻燃服、电弧防护服、防静电服、防弹服、防刺服、宇航服、潜水服、防酸服及防虫服等。

图 1-7　防寒服

一般作业服是指保障穿戴者卫生的工作服，如防油服、防尘服及拒水服等。

（7）防坠落护具

防坠落护具主要用于防止坠落事故的发生，通常包括安全带、安全绳和安全网三种。劳动者在作业时，常发生坠落事故，严重时会危及劳动者的生命安全。防坠落用品是预防人体坠落伤亡的防护用品。

3. 劳动防护用品的使用方法

正确使用劳动防护用品，是保障劳动者人身安全与健康的重要措施。为此需要注意以下问题：

(1) 生产经营单位应当建立健全有关劳动防护用品的管理制度。建议加强劳动防护用品的购买、验收、保管、发放、更新和报废等环节的管理,并监督和教育劳动者按照使用要求佩戴和使用。

(2) 防护用品必须符合国家标准或行业标准。不得以货币或其他物品替代劳动防护用品,也不得购买、使用超过使用期限或质量低劣的产品,以确保防护用品在紧急情况下能够发挥其特有的效能。

在佩戴和使用劳动防护用品时,必须注意防止以下情况的发生：

(1) 从事高空作业的人员,因不系好安全带而发生坠落。

(2) 从事电工作业(或手持电动工具)因不穿绝缘鞋而发生触电。

(3) 在车间或工地不按要求穿工作服,或虽穿工作服但穿着不整洁,敞着前襟、不系袖口等,造成机械缠绕。

(4) 长发不盘入工作帽中,造成长发被机械卷入。

(5) 不正确佩戴口罩。有的该戴而不戴,造成手的烫伤、刺破等伤害;有的不该戴而戴,造成卷住手套带进手,甚至连胳膊也被带进去的伤害事故。

(6) 不及时佩戴适当的护目镜和面罩,使面部和眼睛受到飞溅物的伤害或灼伤,或受强光刺激,造成视力伤害。

(7) 不正确佩戴安全帽。当物体坠落或头部受到撞击时,可能会造成伤害事故。

(8) 在工作场所未按规定穿劳保皮鞋,导致脚部受伤。

(9) 不能正确选择和使用各类口罩、面具,不会熟练使用防护用品,从而造成中毒伤害。

在其他需要进行防护的场所,如存在噪声、振动和辐射等的场所,也要正确佩戴和使用劳动防护用品,以保护自己的人身安全和健康。

(三) 劳动保护法律法规

劳动保护法律法规是国家为保护劳动者在生产过程中的安全和健康而制定的各种法律法规。一般包括《中华人民共和国劳动法》、安全技术规程、劳动卫生规程、对女工和未成年工的特殊保护以及各种劳动保护管理制度等。

1. 《中华人民共和国劳动法》

作为劳动法律体系的核心,《中华人民共和国劳动法》自1994年颁布以来,历经多次修订和完善。最近一次重要的修订是在2018年,此次修订旨在更好地适应社会主义市场经济的发展,强化了对劳动者权益的保护,明确了劳动合同、工作时间、休息休假、工资福利、劳动安全卫生等方面的基本制度。该法为构建和谐劳动关系、维护社会稳定提供了坚实的法律基础。

2. 《中华人民共和国安全生产法》

随着安全生产形势的日益严峻,国家于2014年对《中华人民共和国安全生产法》进行了全面修订,并于2020年再次通过《中华人民共和国安全生产法(修正草案)》。新法将人民生命安全放在首位,强化了生产经营单位的主体责任,构建了安全风险分级管控和隐患排查治理的双重预防体系。此外,新法还明确了各级政府、应急管理部门及行业管理部门的职责分工,加大了对安全生产违法行为的处罚力度,为预防和控制生产安全事故提供了有力的法律保障。

3. 安全技术规程

安全技术规程是针对生产过程中可能出现的各种安全隐患而制定的具体技术规范。这些规程涵盖了机器设备、电气设备、动力锅炉等多个方面的安全要求,旨在通过技术手段消除或降低生产过程中的危险因素。随着科学技术的不断进步,安全技术规程也在不断更新和完善,以适应新的生产环境和工艺要求。

4. 劳动卫生规程

劳动卫生规程旨在保护劳动者免受职业病和其他职业危害的侵害。这些规程涵盖了工作场所的卫生条件、有害物质的监测与控制、个人防护用品的配备与使用等方面的要求。为了更好地保障劳动者的健康权益,《中华人民共和国职业病防治法》等法律法规的出台为劳动卫生规程的实施提供了强有力的法律支持。

5.《女职工劳动保护特别规定》

鉴于女职工在生理上存在的特殊性,《女职工劳动保护特别规定》明确了女职工在经期、孕期、产期和哺乳期等特殊时期的劳动保护措施。该规定不仅要求用人单位为女职工提供必要的劳动保护条件,还禁止安排女职工从事国家规定的第四级体力劳动强度的劳动和其他禁止从事的劳动。这一规定的实施对于促进性别平等、保障女职工健康权益具有重要意义。

(四) 学生的自我劳动保护

除了在法律、政策以及工具设施等方面,各级政府组织与机构已对劳动者实施了必要的劳动保护措施外,劳动者自身在从事劳动活动时,也需树立强烈的自我保护意识。特别是对于学生群体而言,在参与实习、兼职、志愿服务等劳动实践活动中,构建相应的自我保护意识至关重要。因此,他们需要积极培养自我保护能力,并熟练掌握自我保护的各项措施。

1. 深入掌握自我劳动保护知识

在企业与学校的劳动保护教育体系中,应聚焦于岗位特性,系统向学生传授劳动过程中所需的自我保护技能,涵盖专业理论、操作方法与实践技巧。同时,学习劳动保护相关法律法规及政策制度也至关重要,这些知识在实际生活中往往发挥着决定性作用,但其讲授频率较低。学生在学习过程中,首要任务是深入理解并熟练掌握《中华人民共和国劳动法》《中华人民共和国安全生产法》等法律条文,树立法律观念,确保在日常行为中能够自觉遵循并维护法律权威。当遭遇不法侵害时,学生应该主动运用法律武器,维护自身合法权益。

此外,学生还需广泛涉猎劳动卫生与保健知识,如劳动时长、工作环境标准等,特别是在特定行业或特殊工作环境中,更应密切关注劳动环境的卫生状况(如粉尘浓度、温度控制、空气质量等),以此提升自我保护意识与能力。同时,关注心理健康同样重要,学生需学会调节劳动强度,避免过度疲劳与焦虑,以维护良好的心理状态。

最后，掌握急救知识、基础职业保健常识及职业病防治方法亦是关键，以便在紧急情况下能够迅速采取自救措施或救助他人。

2. 强化安全意识，时刻保持警惕

为了强化学生的安全意识防线，学校必须依托实践活动深化学生对劳动安全保护重要性的认知。具体而言，首要举措是激励学生主动参与学校的基地实训或企业模拟演练，通过亲身体验，如穿戴安全工作服、熟悉工作环境及掌握安全操作流程等，以直观的方式深化理解和记忆。另一方面，通过分析真实的安全生产事故案例，深入剖析其发生原因，使学生汲取其中的深刻教训，用这些血的代价警示学生时刻保持高度警惕，自发地增强劳动安全意识。

3. 提高劳动技能，增强岗位适应力

提升劳动技能是增强学生自我保护能力的关键。首先，学生应加大职业技能或劳动技能的训练力度，特别关注机器操作或实践过程中潜在的事故风险点，通过反复练习确保自己具备独立进行安全生产与实践操作的能力，同时以"工匠精神"为引领，不断提升专业技能水平；其次，积极参与以安全生产、劳动保护为主题的训练活动，如知识竞赛、讲座、演习等，熟悉并掌握各类抢险与防护设备的使用方法，提升自我保护能力；最后，加强体育锻炼，提高身体素质和体能水平，以更好地适应岗位需求，确保身心健康发展。

课堂练习

劳动保护与劳动价值体验

一、活动名称

通过实践劳动，学生可以加深对"劳动保护"重要性的认识，亲身体验劳动对个人价值的提升，培养学生的责任感、自理能力、团队协作能力以及社会服务意识。

二、活动准备

（1）设计并发放《劳动体验记录表》。

（2）提前与校园管理部门、社区服务中心等联系，确定劳动实践地点和项目。

（3）准备必要的劳动工具和防护用品，如手套、口罩、安全帽等，以确保劳动过程中的安全。

（4）组织安全教育与劳动保护知识讲座，旨在让学生了解劳动中的潜在风险及防护措施。

三、活动流程

1. 启动仪式

（1）班主任介绍活动的背景、目的和意义。

（2）邀请劳动保护专家或资深教师进行劳动保护知识讲座，强调安全操作的重要性。

（3）分发《劳动体验记录表》，并讲解填写方法，鼓励学生认真记录每一次劳动的经历和感受。

2. 实践阶段

（1）第一周：学生根据个人兴趣及实际情况，选择一项劳动内容，如校园清洁、洗衣服、烹饪、社区服务或公益活动等,开始为期一周的劳动实践。每天记录劳动过程中的身体感受、技能提升、思维变化、自理能力提升、意志力锻炼以及人际关系改善等方面的体会。

(2)一个月后:组织一次中期分享会,学生分享自己一个月来的劳动体验、成果及遇到的挑战与解决方法。同时,引导学生反思劳动保护措施的有效性,并提出改进建议。

(3)持续一个学期:鼓励学生将劳动习惯坚持下去,不断尝试新的劳动内容,丰富自己的劳动体验。定期(如每月)组织分享会,旨在促进学生之间的交流与学习。

四、总结与反思

(1)学生需要提交完整的《劳动体验记录表》,并撰写一篇总结报告,详细阐述自己在劳动过程中的收获与成长,特别是在劳动保护方面的认识与实践。

(2)班级组织一次总结大会,邀请学生上台分享自己的劳动故事和感悟,评选出"最佳劳动体验奖""劳动保护小卫士"等奖项,并给予表彰。

(3)班主任或指导教师总结活动成果,并提出对未来劳动教育的展望和建议。

五、活动延伸

(1)将优秀的劳动体验故事和感悟汇编成册,作为学校劳动教育的教材或宣传资料。

(2)建立劳动实践基地或劳动社团,为学生提供更多参与劳动实践的机会和平台。

(3)鼓励学生在日常生活中继续践行劳动精神,并将劳动习惯内化为自身素养的一部分。

二、劳动权益

由于学生在校期间缺少对劳动法律法规知识的系统学习,导致其在就业环节中存在不少法律盲区,当利益受到侵害时往往不知所措,自我维权意识匮乏;其次,学生对劳动合同的意识可能较为淡薄,一旦发生劳动争议,不懂得利用《中华人民共和国劳动合同法》来维护自身的合法权益;最后,学生自身守法观念可能较弱,如果出现随意毁约、虚假应聘等问题,会给当事人、用人单位和学校带来很多负面影响。

因此,学生应提高警惕,加强自我保护的意识,了解并熟知就业的相关政策法规,培养维权意识和自我保护能力,从而在就业时用政策法规保护自己,避免受到不合理的侵犯,并成功就业。

案 例

劳动关系能不能解除

张琦刚刚应聘到一家科技公司上班,当初公司正式录用她时,与她签订了为期两年的劳动合同,并在合同中规定,试用期为两个月。可是,从上班的第一周开始,公司就以各种理由要求张琦等员工经常加班,而且劳动强度非常大。为此,张琦上班半个月后,就不想再继续工作了。谁料,张琦的辞职请求却被公司拒绝了。张琦现在感到迷茫,不知道公司这种强迫自己继续工作的行为是否可以作为她解除劳动关系的理由,如果劳动关系解除,她是否需要承担相应的法律责任。

启示:根据《中华人民共和国劳动合同法》第三十七条的规定:"劳动者提前三十日以书面形式通知用人单位,可以解除劳动合同。劳动者在试用期内提前三日通知用人单位,可以解除劳动合同。"虽然本案例的主人公张琦与公司签订了劳动合同,但在试用期内发现用人单位的工作不利于自己发展的,可以果断行使解除劳动合同的权利,并且,处于试用期的劳动者不必向用人单位说明任何原因和理由,只需要提前3天通知用人单位。

(一) 实习权益保护

如何界定实习生与用人单位是否具有劳动关系,是一个值得思考的问题。如果实习生与用人单位具有实质劳动关系,则属于《中华人民共和国劳动法》的调整范围;如果不是劳动关系,实习生在实习期间的权益就不可能通过劳动仲裁解决。因此,学生应与用人单位签订实习协议,实习协议是实习生保护自我权益的有力武器,当实习生实习期间的权益受到侵犯时,实习生可以根据协议的规定,与用人单位协商解决,或向法院申请民事调解、诉讼等方式解决。

实习协议包含以下内容:

1. 实习期内工作时间的约定

可以约定每日不超过8小时,但如果确因特殊情况超过8小时,应约定相应的加班时间和报酬。

2. 实习期内实习报酬的约定

虽然实习期内实习生的报酬不受最低工资标准的约束,但实习生与实习单位可以约定一定的报酬或者补助,并且最好明确约定给付的时间以及相应的违约责任。

3. 实习期内实习生发生伤亡的处理

实习生一般不享受工伤待遇,因此实习生应与实习单位约定好实习期内发生伤亡的处理方法,以免事后自己的权益得不到保障。

4. 知识产权归属约定

实习生在实习期间知识产权归属的约定。

5. 实习期内发生纠纷的处理

可以约定友好协商或诉讼的处理方式。

签订实习协议时,实习生应注意以下几点:

1. 查明用人单位的主体资格是否合法

协议双方的主体资格是否合法,是协议是否具有法律效力的前提。因此,实习生在签订协议之前,一定要先审查用人单位的主体资格。

2. 看清协议条款是否明确合法

实习协议的内容是整个实习协议的关键部分,实习生一定要认真核查双方的权利义务是否合法,是否符合国家相关法律和政策,以及是否明确了岗位与薪酬等。

3. 查看签订实习协议的程序是否完备

实习生和用人单位经协商一致签实习协议时,应当完整地履行手续。一是实习生需要签名并注明签字时间;二是实习生应要求用人单位加盖单位公章,不能用个人签字代替,并注明盖章时间。

(二) 就业权益保护

学校不同于社会,学生毕业后就意味着跨入了社会。在就业市场中,学生属于弱势群体,要想顺利就业,在择业中就必须明确自己所享有的权利,同时树立自我保护意识,维护自己的权利不受侵害。

1. 学生就业的基本权益

学生作为就业市场的一个重要主体,在就业过程中除了享有普通劳动者所享有的劳动报酬权、休息休假权等一般权利外,还享有许多特殊权利。

(1) 就业信息知情权

充分了解就业信息能够提高学生的就业成功率,越了解就业招聘信息,学生就越有可能结合自身情况找到适合自身发展的职业和用人单位。就业信息知情权是指学生拥有及时全面地获取应该公开的就业信息的权利,其含义包括以下三个方面:

① 加强信息公开。用人信息应该向所有毕业生公开,任何团体、组织和个人都不得隐瞒、截留用人信息。

② 信息更新及时。就业信息有很强的时效性,所以就业信息应及时、有效地向学生公布,以免失去利用价值,影响学生就业。

③ 信息公开全面。就业信息应当全面、完整,以便学生对用人单位有全面的了解,从而做出符合自身要求的选择。

(2) 就业指导权

就业指导工作直接影响学生的职业规划、就业方向及求职择业等,是学生就业成功非常关键的一步。

《中华人民共和国高等教育法》第五十九条规定:"高等学校应当为毕业生、结业生提供就业指导和服务。"由此可以看出,接受来自国家、社会和学校的就业指导与服务,是学生的一项重要权利。由于学校在学生就业指导中占据重要位置,所以各高校应成立专门机构,开设专门课程,安排专门人员对学生进行全方位的就业指导和服务。这些措施包括宣传国家关于学生就业的方针、政策;对学生进行求职技巧指导;引导学生根据实际情况择业。学生通过接受就业指导,可以对自身进行准确定位,合理择业。

(3) 被推荐权

学校在就业指导工作中的一个重要职责是向用人单位推荐学生。实践证明,学校推荐与否会在一定程度上影响用人单位对学生的录用。学生在被学校推荐的过程中享有如实推荐、公正推荐和择优推荐的权利,下面将分别进行讲解。

① 如实推荐。如实推荐是指学校在对学生进行推荐时,应实事求是,根据学生本人的实际情况向用人单位介绍,不能故意贬低或随意拔高学生的在校表现。

② 公正推荐。公正推荐是指学校对学生的推荐应该做到公平、公正,确保每一位学

生都有机会被推荐。

③ 择优推荐。择优推荐指学校在公正、公开的基础上,还应择优推荐,真正体现优生优待,人尽其才的原则。这样才能调动学生的就业积极性。

(4) 就业选择自主权

根据国家有关规定,现在的高校学生可以在国家就业方针、政策的指导下"双向选择,自主择业",即学生可以按照兴趣、爱好和能力选择自己喜欢及擅长的职业,同时学生还有权决定何时就业、何地就业等。家长、学校和用人单位应该为缺乏工作经验的学生提供建议和引导,但不能强迫或限制他们选择职业。

(5) 平等就业权

学生在就业过程中享有平等的就业权利。所谓平等,即学生有公平的机会去竞争工作岗位,反对就业中的各种歧视。目前,社会上存在一些不良的就业歧视,如性别歧视、学历歧视、地域歧视、身体条件歧视和经验歧视等。

(6) 违约及补偿权

用人单位、学校和学生三方签订《就业协议书》后,任何一方不得擅自违约。如果任何一方无故要求解约,都必须承担相应的违约责任。总体而言,违约一般有以下两种情况:

① 用人单位违约。由于单位改制、经营不善等原因,用人单位有可能主动向学生提出解除就业协议。此时学生有权要求用人单位严格履行就业协议,否则用人单位将承担违约责任,并支付违约金。

② 毕业生违约。在现实就业过程中,学生出于谋求更好的就业机会等原因,向用人单位主动提出解除协议时,学生应承担违约责任。

2. 学生就业权益的自我保护

毕业生在就业过程中必须学会相应的自我保护措施,以确保自身的合法权益不受侵害。

(1) 自觉遵守就业规范

在就业过程中,学生应自觉遵守就业规范和相应的规则。根据相关规定,当学生出现下列情形之一时,学校将不再负责提供就业服务:

① 不顾用人单位需要,坚持个人无理要求,经多方教育仍拒不改正的。

② 已签订《就业协议书》,但无正当理由超过3个月不去就业单位报到的。

③ 去就业单位报到后,因不服从安排或提出无理要求被用人单位退回。

(2) 了解政策和法规

了解目前国家关于学生就业的相关方针、政策和规范以及它们之间的关系,熟悉学生在就业过程中的权利和义务,是学生自我保护的前提。只有这样,学生才能发现就业过程中的不正当行为,从而依据法律法规办事,维护自己的合法权益。

(3) 预防合法权益受侵害

学生在就业求职过程中,应本着诚实、信用和平等的原则,凭自身实力参与竞争。同时,学生应该具备风险意识,对于一些用人单位使用虚假广告、高薪待遇等欺骗手段招聘的做法,应该有所警惕和戒备,以预防侵害自身合法权益行为的发生。

(4) 维护自身合法权益

在就业过程中,学生不可避免地会遇到一些不公平现象,侵害自身的合法权益。此时,学生应该敢于拿起法律武器据理力争,使自己处于与用人单位平等的地位,从而保障自己的合法权益。在实际维护自身合法权益的过程中,学生除了依靠个人的力量外,还可以通过依靠学校、向国家行政机关投诉、借助新闻媒体和寻求法律援助等方式来维护自己的合法权益。

(三) 就业法律保障

学生是一个特殊的社会群体,在就业过程中受到相应的法律保障。学生就业法律保障主要有两个方面:一是《就业协议书》;二是劳动合同。

《就业协议书》的签订是学生与用人单位确立劳动关系的前提,同时也是劳动者与用人单位确立劳动关系、明确双方权利和义务的重要法律依据。对学生来说,《就业协议书》和劳动合同二者相互依存,共同构成了一张强大的学生就业保护网。

当然,学生除了要通过法律手段来保护自身就业的合法权益,还要学会自我保护,防止自己就业的合法权益受到侵害。

1.《就业协议书》的作用

《就业协议书》是经学生、用人单位和学校三方协商签订的协议,旨在保障学生在就业工作中的权利和义务。在相当长的一段时间里,学生就业需要按照《就业协议书》来办理。

(1) 学校凭《就业协议书》派遣学生。学校根据《就业协议书》的内容开具《就业报到证》和《户口迁移证》,同时派遣学生档案。一般情况下,学校会要求学生在规定的日期(如每年6月底)上交《就业协议书》,学校再以《就业协议书》为依据进行派遣。如果超过这一时限,学校就会把学生的档案派回原籍。

(2) 学生一旦办理了《就业协议书》,则表明相关公司或人事局已经决定接收该学生的档案,并准备正式录用该学生。

2.《就业协议书》的法律性质

《就业协议书》具有合同的某些法律属性,但它与劳动合同又有明显的不同。

(1)《就业协议书》的法律属性

合同是平等主体自然人、法人、其他组织之间设立、变更、终止民事权利义务关系的协议。合同双方的法律地位平等,一方不得将自己的意志强加给另一方。

《就业协议书》具有合同的属性,主要表现在三个方面:一是签订《就业协议书》的主体是毕业生(自然人)和用人单位(法人、其他组织),他们在签订《就业协议书》时的法律地位是平等的;二是《就业协议书》是双方意见的协商,任何一方都不能将自己的意志强加给另一方;三是《就业协议书》所涉及的权利义务均属于我国民事法律管辖范围。

(2)《就业协议书》不能取代劳动合同

虽然《就业协议书》具有劳动合同的部分特征,但它并不等同于劳动合同,更不能取代劳动合同。《就业协议书》只是一份简单的文件,很多劳动合同应有的内容并没有包含在内,如工作岗位、工作条件和薪酬待遇等。因此,仅凭《就业协议书》,毕业生就业后的劳动权利无法得到保障。

3. 有效劳动合同应具备的要素

劳动合同是用人单位与劳动者之间明确权利与义务的协议，所有劳动合同都必须依据《中华人民共和国劳动合同法》制定，而不能依据用人单位的单方面意愿。

劳动合同具有合同的一般特征和相应的法律约束力，同时作为一种特殊的合同类型，具有自己的特色。

（1）主体资格合法

劳动合同的主体资格合法同时要求劳动者和用人单位的主体资格合法。其中，劳动者的主体资格合法，要求劳动者必须年满16周岁，具备劳动权利能力和劳动行为能力；用人单位的主体资格合法，要求用人单位须经主管部门批准依法从事生产经营和其他相应的业务，享有法律赋予的用人资格或能力。任何一项不符合要求，劳动者和用人单位签订的劳动合同都是无效合同，但是国家另有规定的除外。

（2）合同内容合法

合同内容合法，是指劳动合同的内容不得违反法律法规的规定。如《中华人民共和国劳动法》第二十一条明确规定："劳动合同可以约定试用期。试用期最长不得超过六个月。"如果劳动者与用人单位签订的劳动合同约定的试用期超过6个月，那么此合同就无效。

（3）当事人意愿真实

根据《中华人民共和国劳动法》第十八条第（二）款的规定，"采取欺诈、威胁等手段订立的劳动合同"因为违背了当事人的真实意愿，所以是无效的。此外，如果有证据证明当事人对合同内容存在重大误解，这样的劳动合同也应被视为无效合同。

（4）合同订立的形式合法

《中华人民共和国劳动法》第十九条规定，"劳动合同应当以书面形式订立"，对于以口头、录音、录像等形式订立的劳动合同，均无效。

4. 劳动合同的订立原则

劳动合同的签订是指劳动者和用人单位经过相互选择和平等协商，就劳动合同条款达成协议，从而确定劳动关系和明确双方相互的权利、义务的法律行为。

《中华人民共和国劳动法》第十七条规定："订立和变更劳动合同，应当遵循平等自愿、协商一致的原则，不得违反法律、行政法规的规定。"总之，订立劳动合同需要遵循以下四个原则：

（1）合法

无论是合同的当事人、内容和形式，还是订立合同的程序，都必须符合有关法律法规和政策的规定。需要特别强调的是，凡与劳动合同有关的强制性法律规范和强制性劳动标准，双方都必须严格遵守。因此，在订立合同的过程中只能有限制地体现契约自由的精神。

（2）平等

订立劳动合同的平等原则，是指合同当事人的法律地位平等。因此，作为劳动者一方的学生，应该根据《中华人民共和国劳动合同法》的相关规定，要求与用人单位签订劳动合同。在签订劳动合同前,学生应仔细阅读合同的所有条款,对于表达不清楚的条款要坚持改写清楚,对于不合法的内容更应据理力争,以维护自己的合法权益。

(3) 自愿

订立劳动合同的自愿原则,指合同的订立应完全出于双方当事人的意愿,不存在强迫对方的行为,并且除合同管理机关依法监督外,任何第三方都不得干涉合同的订立。

(4) 协商一致

在订立合同过程中,合同订立与否以及合同的具体内容,都只能在双方当事人经过平等协商,取得一致意见的基础上进行确定。因此,只有双方协商一致,合同才能成立。

5. 与学生关系密切的劳动合同签订事项

《中华人民共和国劳动合同法》的颁布给学生带来"利好"消息,但由于《中华人民共和国劳动合同法》的内容多而全,下面仅列出六项与实际工作息息相关的注意事项。

(1) 必须签订劳动合同

现实中,一些用人单位对劳动合同存在错误的认识,即认为只要签订劳动合同就会将自己与劳动者捆绑在一起,而没有签订劳动合同就与员工没有劳动关系,可以规避对自己不利的规定。

实际上,《中华人民共和国劳动合同法》对于劳动合同的签订有如下规定:

①《中华人民共和国劳动合同法》第十条规定:"建立劳动关系,应当订立书面劳动合同。已建立劳动关系,未同时订立书面劳动合同的,应当自用工之日起一个月内订立书面劳动合同。用人单位与劳动者在用工前订立劳动合同的,劳动关系自用工之日起建立。"

②《中华人民共和国劳动合同法》第八十二条规定:"用人单位自用工之日起超过一个月不满一年未与劳动者订立书面劳动合同的,应当向劳动者每月支付二倍的工资。用人单位违反本法规定不与劳动者订立无固定期限劳动合同的,自应当订立无固定期限劳动合同之日起向劳动者每月支付二倍的工资。"

由此可见,用人单位未与劳动者签订书面劳动合同,将面临更大的法律风险。

(2) 个人隐私保护

为了保护劳动者的隐私,《中华人民共和国劳动合同法》第八条规定:"用人单位招用劳动者时,应当如实告知劳动者工作内容、工作条件、工作地点、职业危害、安全生产状况、劳动报酬,以及劳动者要求了解的其他情况;用人单位有权了解劳动者与劳动合同直接相关的基本情况,劳动者应当如实说明。"这句话侧面说明用人单位无权过问不属于"与劳动合同直接相关的基本情况",劳动者也有权拒绝回答。

另外,《就业服务与就业管理规定》第十六条也规定:"用人单位在招用人员时,除国家规定的不适合妇女从事的工种或者岗位外,不得以性别为由拒绝录用妇女或者提高对妇女的录用标准。用人单位录用女职工,不得在劳动合同中规定限制女职工结婚、生育的内容。"

(3) 不得要求提供担保或收取财物

某些不正规的用人单位在招聘或录用人员过程中,为了牟取钱财,向求职者收取招聘费、培训费、押金、服装费及要求必须扣押证件等,这些行为在《中华人民共和国劳动合同法》中都是被禁止的。

同时,《中华人民共和国劳动合同法》第八十四条规定:"用人单位违反本规定,扣押劳动者居民身份证等证件的,由劳动行政部门责令限期退还劳动者本人,并依照有关法律规定给予处罚。用人单位违反本法规定,以担保或者其他名义向劳动者收取财物的,由劳动行政部门责令限期退还劳动者本人,并以每人五百元以上二千元以下的标准处以罚款;给劳动者造成损害的,应当承担赔偿责任。"

(4) 同工同酬

《中华人民共和国劳动合同法》第六十三条规定:"被派遣劳动者享有与用工单位的劳动者同工同酬的权利。用工单位应当按照同工同酬原则,对被派遣劳动者与本单位同类岗位的劳动者实行相同的劳动报酬分配办法。用工单位无同类岗位劳动者的,参照用工单位所在地相同或者相近岗位劳动者的劳动报酬确定。"同工同酬是指技术和劳动熟练程度相同的劳动者在从事同种工作时,不分性别、年龄、身份、民族、区域等差别,只要提供相同的劳动,就应获得相同的劳动报酬。同工同酬的重要贡献之一,就是规定了同一工种不再有合同工与正式工的差别,在同一企业工作的人只要是相同工种,就应得到相同报酬。

在实际施行过程中,同工同酬作为一项分配原则有相对性:即使相同岗位的劳动者之间也有资历、能力、经验等方面的差异,因此劳动报酬只要大体相同就不违反同工同酬原则。

(5) 试用期

试用期是指用人单位和劳动者为了相互了解和选择,在劳动合同中约定的不超过6个月的考察期。劳动合同中约定试用期不是必备条款,而是协商条款,是否约定由劳动者和用人单位协商确定。但是,如果双方约定试用期,就必须遵守有关规定。在劳动合同中约定试用期应遵守以下六项规定:

① 劳动合同期限在3个月以上不满1年的,试用期不得超过1个月;对于劳动合同期限在1年以上不满3年的,试用期不得超过2个月;对于3年以上固定期限和无固定期限的劳动合同,试用期不得超过6个月。

② 同一用人单位与同一劳动者只能约定一次试用期。

③ 以完成一定工作任务为期限的劳动合同或者劳动合同期限不满3个月的,则不得约定试用期。

④ 试用期包括在劳动合同期限内。如果劳动合同仅约定试用期,则试用期不成立,该期限为劳动合同期限。

⑤ 劳动者在试用期的工资不得低于本单位相同岗位最低档工资或者劳动合同约定工资的80%,同时也不得低于用人单位所在地的最低工资标准。

⑥ 用人单位违反《中华人民共和国劳动合同法》规定与劳动者约定试用期的,由劳动行政部门责令改正;违法约定的试用期已经履行的,由用人单位以劳动者试用期满月工资为标准,按照已经履行的超过法定试用期的期间向劳动者支付赔偿金。

(6) 违约金

《中华人民共和国劳动合同法》对违约金条款有严格的限制,只有以下两种情形可以在劳动合同中约定违约金：

① 用人单位和劳动者可以在劳动合同中约定保守用人单位的商业秘密和与知识产权相关的保密事项。对负有保密义务的劳动者，用人单位可以在劳动合同或者保密协议中与劳动者约定竞业限制条款，并在解除或者终止劳动合同后，在竞业限制期限内按月给予劳动者经济补偿。劳动者违反竞业限制约定的，应当按照约定向用人单位支付违约金。

② 竞业限制的人员仅限于用人单位的高级管理人员、高级技术人员和其他负有保密义务的人员。竞业限制的范围、地域、期限由用人单位与劳动者约定，竞业限制的约定必须符合法律法规的规定。在解除或者终止劳动合同后，受竞业限制的人员到与本单位生产或者经营同类产品、从事同类业务的有竞争关系的其他用人单位就业，或者自己开业生产或者经营同类产品、从事同类业务的受竞业限制期限，不得超过 2 年。

除了以上两种情况外，用人单位不得与劳动者约定由劳动者承担违约金。因此，用人单位要求劳动者支付违约金是不合法的行为。

（四）违约责任与劳动争议解决

在毕业生就业过程中会涉及两份与就业相关的协议和合同，分别是《就业协议书》和劳动合同。

1. 《就业协议书》争议解决办法

目前，关于学生《就业协议书》争议问题时有发生，一般是学生最初草率地与一家单位签订了《就业协议书》，但后来发现其他更适合自己的岗位，想解除与原单位的就业协议，从而引起纠纷。

国家还没有明确的关于解决《就业协议书》争议的法律规定。在实践中解决《就业协议书》争议的主要办法有以下三种：

（1）学生与用人单位协商解决。这种办法适用于由学生引起的就业协议争议，学生可出面向用人单位赔礼道歉，并说明情况，赢得用人单位的理解，必要时需支付违约金，双方协商达成新的意向。

（2）学校或当地省级学生就业主管部门与用人单位协调解决。这种办法通常适用于因用人单位引起的就业协议争议，由学校或行政部门介入，对纠纷进行调解，使双方达成和解。

（3）通过法律途径解决问题。如果协商调解不成，可以向人民法院起诉，由人民法院依法裁决。

2. 劳动合同争议解决办法

劳动合同争议是指用人单位与劳动者之间因劳动合同发生的争议，一般包括以下四种类型：

（1）因企业开除、除名、辞退职工和职工辞职、自动离职发生的争议。

（2）因执行国家有关工资、保险、福利、培训、劳动保护的规定而发生的争议。

（3）因履行劳动合同发生的争议。

（4）法律法规规定应当依照《中华人民共和国企业劳动争议处理条例》处理的其他

劳动争议。

　　劳动合同争议发生后,当事人可以向相关部门申请调解。如果调解不成,当事人可以向当地的劳动争议仲裁委员会申请仲裁。因此,当劳动合同争议发生时,当事人可以根据不同情况采取不同的解决方法。劳动合同争议的解决办法主要有以下三种:

　　(1) 协商和调解

　　劳动争议发生后,首先双方本着互谅互让的积极态度,自行协商解决,也可以请第三方(即双方信任的个人或组织)帮助协商,达成调解协议。如果双方不愿协商、协商不成或者达成调解协议后不履行,可以向本单位劳动争议调解委员会、地方劳动争议调解组织申请调解。

　　为确保调解协议的顺利履行,可以从调解协议生效之日起15日内,共同向劳动争议仲裁委员会提出审查确认申请,经审查确认后制定出具有法律效力的仲裁调解书。采用协商和调解方式解决劳动合同争议,具有简单方便、灵活快捷等优势,能够及时有效地维护当事人的合法权益,是解决劳动合同争议的最佳方式。

　　(2) 仲裁

　　劳动争议发生后,当事人的任何一方都可以在争议发生之日起60日内向劳动争议仲裁委员会申请仲裁,并提出书面申请。劳动争议仲裁委员会应当自接到仲裁申请之日起7日内作出是否受理的决定。劳动争议仲裁委员会决定受理仲裁申请的,应当自收到仲裁申请之日起60日内作出仲裁裁决。

　　劳动争议仲裁委员会可以依法进行调解,经调解达成调解协议的,应当制定仲裁调解书。仲裁调解书具有法律效力,当事人必须自觉履行,如果一方当事人不履行,另一方可以向人民法院申请强制执行。

　　(3) 诉讼

　　诉讼是解决劳动争议的最后一道程序。如果当事人对劳动争议仲裁委员会做出的仲裁裁决不服,可以在收到仲裁裁决书之日起15日内向人民法院提起诉讼。如果逾期不起诉,仲裁裁决将会产生法律效力。

　　人民法院审理劳动争议案件需要满足以下五个条件:

　　(1) 起诉人必须是劳动争议的当事人。当事人因故不能亲自起诉的,可以直接委托代理人起诉,其他未经委托的代理人无权起诉。

　　(2) 必须是不服劳动争议仲裁委员会仲裁裁决而向法院起诉,未经仲裁程序不得直接向法院起诉。

　　(3) 必须有明确的被告、具体的诉讼请求和事实根据。仲裁委员会不得作为被告向法院起诉。

　　(4) 起诉的时间必须在劳动法律规定的时效内,否则不予受理。

　　(5) 起诉必须向有管辖权的法院提出,一般应向仲裁委员会所在地人民法院起诉。

践行篇

活动一 "劳动知识大闯关"知识竞赛

为了激发学习兴趣,加深对劳动的理解与尊重,邀请学生参加一场别开生面的"劳动知识大闯关"知识竞赛。以下是详细的活动流程,旨在通过趣味与挑战并存的方式,全面展现劳动的价值和劳动保护与劳动权益的重要性。

一、活动名称
劳动知识大闯关

二、活动目标
(一)增强学生对劳动的认知和尊重。
(二)深入理解马克思主义劳动观。
(三)把握劳动教育的时代意义。
(四)提升自我保护意识,了解劳动保护与劳动权益相关知识。

三、活动准备
(一)组建筹备小组
该活动由教师、学生代表和专业人士组成,负责策划、组织和评审工作。
(二)制定题库
围绕劳动的概念与价值、马克思主义劳动观、劳动教育新时代要求、劳动法律法规、劳动安全与保护等内容设计题目,包括选择题、判断题、案例分析题等多种形式。
(三)布置场地
设置多个关卡区域,每个区域代表一个知识领域,用与劳动相关的图片、标语等装饰,营造浓厚的劳动氛围。
(四)邀请嘉宾
邀请企业代表、劳动法律专家或劳动模范作为嘉宾,参与互动环节或颁奖。
(五)分组与报名
学生可以自由组队,每队由3~5人组成,并提前报名参赛。

四、活动流程
(一)开幕式
(1)主持人开始介绍活动的背景、目的和流程。
(2)学校领导致辞,强调劳动教育的重要性。
(3)嘉宾代表发言,分享劳动经验或向学生寄语。
(二)第一关:劳动初印象
形式:快速问答。每队轮流回答关于劳动基础知识的选择题和判断题。
目的:考查学生对劳动基本概念的了解。
(三)第二关:马克思主义劳动观
形式:情景模拟。通过短剧或PPT展示马克思主义劳动观的相关场景,各队需分析并回答相关问题。

目的:加深学生对马克思主义劳动观的理解。

(四) 第三关:劳动教育的时代意义

形式:小组讨论+汇报。给定几个关于劳动教育新时代的议题,各队进行讨论并准备简短汇报。

目的:探讨劳动教育在新时代的意义与实践方式。

(五) 第四关:劳动权益保卫战

形式:案例分析。提供几个涉及劳动权益保护的真实案例,各队需分析案例,提出解决方案。

目的:增强学生的法律意识,了解劳动权益保护的重要性。

(六) 第五关:安全劳动我最行

形式:安全知识竞赛。通过模拟劳动场景,设置安全隐患,各队需迅速识别并采取正确的防护措施。

目的:提升学生的劳动安全意识。

(七) 终极挑战:劳动之星争霸赛

形式:综合问答+即兴演讲。根据前面关卡的表现,选出前几名队伍进入决赛,进行更高难度的问答和关于劳动主题的即兴演讲。

目的:全面考查学生的知识掌握能力、思维能力和表达能力。

(八) 颁奖典礼

(1) 颁发"最佳团队奖""最佳表现奖""劳动之星"等奖项,并由嘉宾和校领导颁奖。

(2) 获奖队伍代表分享他们的参赛心得。

(九) 闭幕式

(1) 总结活动成果,强调劳动教育的重要性。

(2) 鼓励学生将所学知识应用于日常生活和学习中。

(3) 宣布活动圆满结束,并感谢所有参与者和工作人员。

五、活动意义

举行"劳动知识大闯关"知识竞赛,不仅能让大学生在轻松愉快的氛围中学习到丰富的劳动知识,还能激发他们对劳动的热爱与尊重,为未来的职业生涯奠定坚实的基础。

活动二 "劳模精神薪火传"风采展示

为了弘扬和传播劳模精神,组织全班学生进行一次丰富多彩的风采展示活动。通过此活动深刻理解劳模精神的内涵,激发学习的热情,培养良好的职业道德和积极的工作态度。以下是本次活动的详细流程:

一、活动主题

劳模精神薪火传

二、活动筹备

（一）组建活动筹备小组

成员包括学校领导、教师代表、学生代表以及外部嘉宾（如劳模代表）。人员分工明确，包括活动策划、宣传设计、场地布置、嘉宾邀请、节目编排等。

（二）制定活动方案

确定活动的时间、地点、参与人员以及活动流程。设计活动环节，包括开场致辞、劳模事迹分享、学生风采展示、互动问答、表彰环节等。

（三）宣传动员

制作宣传海报、横幅、视频等，利用校园广播、社交媒体等平台进行广泛宣传。召开动员大会，鼓励学生积极参与，选拔优秀代表参与风采展示。

三、活动实施

（一）开场仪式

主持人开场致辞，介绍活动背景、目的及流程。

（二）劳模事迹分享

邀请劳模代表上台分享自己的工作经历、心路历程及劳模精神的体现。通过视频、PPT等形式展示劳模的先进事迹和荣誉证书，可以增强感染力。

（三）学生风采展示

组织学生代表进行风采展示，包括才艺表演、技能展示、演讲等。展示内容应该体现大学生积极向上、勤奋好学的精神风貌，同时也应该传承和发扬劳模精神。

（四）互动问答环节

设置互动问答环节，邀请劳模代表与学生进行互动交流。学生可以就劳模精神、职业规划等方面提问，劳模代表给予解答和指导。

（五）表彰环节

对在活动中表现突出的学生及团队进行表彰，颁发荣誉证书和奖品。表彰内容可以包括最佳风采展示奖、最佳互动问答奖等。

四、活动总结

（一）活动总结大会

召开活动总结大会，对活动进行全面回顾和总结。邀请嘉宾、教师及学生代表发言，分享活动感受和收获。

（二）后续宣传报道

通过校园媒体、社交媒体等平台对活动进行后续宣传报道。整理活动照片、视频等资料，制作成宣传册或视频集锦，供师生传阅和观看。

（三）成果展示与分享

在学校宣传栏、网站等地方展示活动成果和优秀作品。建议学生将活动经历和感悟写成文章或制作成PPT进行分享和交流。

五、活动意义

通过以上流程设计，"劳模精神薪火传"风采展示活动将成为一个集教育性、参与性和观赏性于一体的综合性活动，有助于大学生更好地理解和传承劳模精神。

模块二

日常劳动

毕业

学习目标

知识目标
▲ 了解家庭劳动的特性和意义。
▲ 了解勤工俭学的相关政策、渠道和注意事项。
▲ 了解志愿服务的基本概念和原则。

技能目标
▲ 掌握基本的家务技能,如清洁、整理、烹饪、洗衣等。
▲ 掌握一定的职业技能和工作经验。
▲ 掌握志愿服务的基本技能和沟通协作能力。

素质目标
▲ 培养吃苦耐劳的精神,具备面对困难和挑战的勇气和能力。
▲ 培养责任感和团队合作精神,学会在集体中发挥自己的作用。
▲ 体验到劳动的乐趣和成就感,激发创造力和创新精神。

思政目标
▲ 培养责任感、独立性和自理能力,学会感恩和尊重他人的劳动成果。
▲ 培养环保意识和社会责任感,关注环境问题和可持续发展。
▲ 培养独立自强、勤奋努力的精神品质,为将来的社会生活打下坚实的基础。

导学篇

日常劳动的幸福之路

课前导读

本模块从多个角度探讨了劳动在大学生成长成才过程中的深远影响,涵盖了家庭劳动、绿色行动、勤工俭学和志愿服务等方面。

家庭作为劳动教育的基石,其重要性不容忽视。通过承担家庭劳动,学生不仅培养了责任感与担当精神,更深刻体会到父母的不易,从而在心中播下了感恩与孝顺的种子。这些实践活动有效锻炼了学生的动手能力和自我管理能力,为他们日后的独立生活奠定了坚实的基础。

绿色行动在校园中的实施,彰显了学生作为校园主人的责任感。从植树造林、清理垃圾到环保宣传,学生们以实际行动守护着校园的绿色生态,不仅增强了环保意识,还深刻理解了可持续发展的重要性。这些努力不仅美化了校园环境,也净化了学生的心灵。

勤工俭学是大学生实现自我价值的有效途径。通过利用课余时间参与工作,学生不仅能够缓解家庭经济压力,还在实践中磨砺了意志、提升了沟通与团队协作能力。这一过程让学生更加珍惜学习机会,深刻理解努力与收获之间的紧密联系。

志愿服务作为传递爱心与奉献社会的平台,为学生提供了广阔的社会实践空间。通过走进社区、养老院与福利院等场所,学生用实际行动为弱势群体送去了温暖与关怀,学会了关爱与尊重他人,并从中收获了助人的快乐与满足。志愿服务不仅让社会变得更加美好,也为学生的人生增添了丰富的色彩。

学习任务

1. 预习阅读

提前阅读本模块内容,对"家庭劳动促成长、绿色行动护校园、勤工俭学助成才、志愿服务知识窗"四大主题有一个初步的了解。

2. 资料搜集

利用互联网、图书馆等资源,搜集与主题相关的案例、故事或数据,为课堂讨论做好准备。

3. 个人反思

结合自身经历,准备在课堂上分享你的观点和见解。

4. 小组讨论

与小组成员一起讨论各个主题,分享彼此的经历和感悟,共同探讨劳动在大学生生活中的重要性和实践路径。

5. 制订行动计划

根据学习内容和讨论结果,制订一份个人或小组的行动计划,并明确在接下来的学习生活中如何更好地践行劳动精神,实现自我成长。

名人名言

劳动是一切知识的源泉。

——陶铸

勤能补拙是良训,一分辛苦一分才。

——华罗庚

一个好好过生活的人,他的时间应该分做三部分:劳动、享乐、休息或消遣。

——车尔尼雪夫斯基

谁肯认真地工作,谁就能做出许多成绩,就能超群出众。

——恩格斯

情境思考

近日,学校举办了一场以"劳动创造美好"为主题的系列活动。活动内容包括家庭劳动的实践,绿色校园的维护,勤工俭学的挑战,以及投身志愿服务的社会实践。

思考题:

1. 请结合你的实际经历,谈谈家庭劳动对你的成长有哪些积极影响。你是如何平衡学习与家庭劳动之间的关系的?

_____
_____

2. 作为校园的一分子,可以采取哪些具体行动来保护校园环境,实现绿色校园的目标呢? 这些行动对你的日常生活有哪些影响?

_____
_____

3. 你认为勤工俭学对于大学生来说有哪些重要意义? 在勤工俭学的过程中,你遇到了哪些挑战? 如何克服这些挑战呢?

_____
_____

4. 参与志愿服务活动给你带来了哪些感悟和收获? 你认为志愿服务对于个人成长和社会进步有哪些积极作用?

_____
_____

认知篇

第一节　家庭劳动促成长

一、正确认识家庭劳动

家庭劳动是指人类社会中存在于家庭领域中开展劳动的一种形式,是家庭成员在日常家庭生活中必须从事的一种无报酬劳动。也可以说,自从产生了人类社会,家庭中的劳动就开始作为维持人类生存生活需要的重要手段而存在。

(一)家庭劳动的特性

1. 两面性

家庭劳动的两面性指的是其具有能动性和被动性。能动性是指人们按照自身对自然界的规律性认识来改造自然的过程;被动性是指不论人们是否认识这些规律,人们总是受这些规律支配、不得不按照这些规律进行活动的过程。在一定意义上,这两个过程同时存在,是一个过程的两个方面。在这个过程中,能动的一面取得的成果叫作"自由自在的劳动",并赋予其作为美的本质规定。

换句话说,在劳动过程中,当"自由自在的劳动"居于主导地位时,人的感受就是美的。另一方面,劳动作为人与自然的关系状态,是人的存在方式,是人满足自己的物质需求的过程,人类永远无法摆脱它,而只能在它的伴随下实现自由。所以,人类劳动的目的不为别的,就是为了人在自然面前获得自由,当他获得这种自由时,他同时获得了一种超越时空的感受,即美感。

2. 季节性

家庭劳动在不同的季节侧重点是不同的,比如花草种植,春夏秋冬各有不同,夏季气温高,花草就要勤浇水,但是正午又不能浇水以免烧坏,早起晨练后、晚饭散步后浇水比较好。夏季晨练或者黄昏散步之后,容易出汗,就得洗澡,夏天比冬天洗澡洗衣晒衣的次数就会多一些。而夏季干燥灰尘多,床上一般铺凉席,贪凉喜欢赤脚,为了自己和家人舒服,洒扫除尘拖地和抹凉席就成了每天都有的家庭劳动,而冬天就不用抹凉席,洒扫除尘拖地也不必每天都做。在四季分明的地方,"五一"和"十一"假期就成了衣服换季、归纳整理衣橱的时候。

(二)与时俱进的家庭劳动

家庭劳动,作为一种自助性活动,虽旨在维持生命存续,却同样承载着随时代变迁而演进的特性。随着劳动工具的革新与发展,它深刻地塑造了人类生活方式,其时代性在衣、食、住、行等多个维度均有显著体现。

回顾1949年新中国成立之初,国家经历了战乱和贫困,工业基础薄弱,资源匮乏。彼时,家庭劳动几乎完全依赖自然与手工,如以柴火烹饪、肩挑饮水、手洗衣物等,自给自足的农耕生活占据了家庭的大部分时间。由于道路不畅,出行艰难,家庭成员需要早起晚归,共同承担各项家务,生活节奏紧凑而繁重。

随着中华人民共和国的成立,全国上下投入自力更生、艰苦奋斗的建设热潮中。基础设施逐步完善,工业体系逐渐形成,人民生活水平显著提升。至20世纪七八十年代,城市家庭已普遍使用蜂窝煤、自来水,缝纫机的出现减轻了制衣的负担,但手工编织与洗衣等传统劳动仍占一席之地。改革开放后,经济飞速发展,物质极大丰富,家庭劳动逐渐转向饮食的多样化与便捷化,洗衣机、液化气等现代家用电器的普及进一步减轻了家务负担,为居民腾出了更多休闲时间。

时至今日,互联网与智能科技的深度融合,将家庭劳动推向了前所未有的便捷高度。全自动家电、外卖服务、家政服务等新兴业态的兴起,极大地减少了人们需要亲力亲为的家务活动,生活品质与效率均得到显著提升。然而,这一变化也伴随着家庭劳动观念的淡化与劳动乐趣的流失。

在此背景下,重申家庭劳动的重要性,并非对过往的怀旧或倒退,而是旨在培养当代大学生树立正确的劳动观念,认识到美好生活离不开辛勤劳动与双手创造。通过自我管理与家务整理的实践,不仅能够提升个人生活技能,更能在未来的工作与生活中,运用所学知识有效管理事务、理清思绪,实现个人价值与社会贡献的双重提升。

（三）家庭劳动的意义

家庭劳动，这一看似平凡却蕴含深意的活动，是每个人生活中不可或缺的组成部分。它不仅关乎个人的生存与发展，更在无形中塑造着个体的品格，丰富着个体的精神世界。以下是家庭劳动的多重意义，以及其在现代社会中的独特价值。

1. 心灵的滋养剂

在当今快速变迁的社会环境中，个体往往深陷于电子产品的包围与虚拟世界的诱惑之中，从而忽视了与现实生活最为本质的联系——劳动。然而，正是那些日常而琐碎的家庭劳动，诸如烹饪、清洁及园艺活动，悄然成为滋养个体心灵的甘露。亲手烹制一顿佳肴，不仅可以享受美食，更在创造的过程中体验到了成就感和喜悦；而在家务整理的细微动作里，每一次的擦拭与归置，都是对内在秩序感的一次强化，促使心灵经历了一次次的净化与升华。这些劳动实践，引领个体的心灵从虚拟回归现实，深刻体会生活的真实质感与美好所在。

2. 家庭情感的纽带

家庭，作为社会的基本单元，其和谐与幸福离不开每一个成员的共同努力。家庭劳动是家庭成员之间情感交流的重要纽带。在共同分担家务的过程中，家人们可以相互协作、增进了解、加深情感，无论是夫妻间的默契配合，还是亲子间的温馨互动，都能在这些看似平凡的劳动中得到体现。这些经历不仅让家庭氛围更加融洽，也让每一个成员都能感受到家的温暖和力量。

3. 社会责任的体现

除了对个人和家庭的影响外，家庭劳动还是个体履行社会责任的重要方式之一。作为社会的一员，个体有责任保持生活环境的整洁。无论是社区的公共卫生，还是个人居住环境的维护，个体都需要付出辛勤的劳动。这些劳动，不仅是对自己负责，更是对他人、对社会负责。个体通过参与这些劳动，不仅能够提升自己的社会责任感，还能为社会和谐与文明贡献自己的一份力量。

4. 创造力的源泉

家庭劳动也是创造力的重要源泉。在从事劳动的过程中，个体需持续思考、勇于尝试并不断创新，旨在探索如何更为高效与便捷地完成任务。这一过程不仅促进了创新思维与问题解决能力的显著提升，更赋予平凡生活以非凡的乐趣与价值。通过不懈地自我挑战与超越，个体在劳动实践中得以持续成长与进步。

5. 生活之美的体现

在日常生活中，由于个体所面临的对象是多种多样的，因此个体的日常劳动形式也是多种多样的，创造美的劳动具有二重性：

（1）所有创造美的劳动都是具体的劳动

从表面上看，个体的劳动过程是满足吃、穿、住、用的过程。它是那样地实在，那样地俗不可耐，不少人甚至抱怨劳动使他变得辛苦。然而，劳动对于人，就像生命对于人一样是不可或缺的。恩格斯说得好："劳动改变了人本身。"如果没有劳动，也许世界上至今没有人类；如果没有劳动，人们不可能有今天这样丰富的生活。人们可以改变劳动的形式，但却不能改变劳动本身。

(2) 所有创造美的劳动的共性是自由自在性

虽然每一种创造美的劳动都是具体劳动,比如种植活动、建筑活动、舞蹈活动、歌唱活动、绘画活动等等,但是,这些具体形式的劳动活动都有一个共同特征:每一种具体形式的创造美的活动都是体现劳动的自由自在性的活动,那种体现了人类劳动的自由自在性的劳动成果则被看成是美的东西。

(四) 培养家庭劳动意识

家庭劳动作为人类生存的基础,其重要性不言而喻。它不仅是琐碎而简单的,更是人类生活中不可或缺的一部分。这种劳动对个体的影响是潜移默化且深远的,通过日常体验,逐渐塑造了个体的劳动观念与态度,进而成为其世界观的一部分,深刻影响其行为模式与人际交往方式,乃至一生的成长轨迹。

在参与家庭劳动时,个体应充分发挥主观能动性,有意识地培养正确的劳动意识。

首要任务是培养积极的劳动观,认识到劳动不仅是物质财富的源泉,更是创造幸福生活的关键。李大钊曾明确指出,"劳动为一切物质的富源",强调了劳动的物质价值。然而,幸福生活并不仅限于物质富裕,精神生活的充实同样重要。劳动不仅满足了人类基本生存需求,更在精神层面上为其带来了满足与自我实现。

此外,个体应在家庭劳动中体悟自食其力的满足感。家庭劳动虽然简单重复,但却是复杂劳动的基础,同时融合了体力劳动和脑力劳动。通过劳动,个体不仅满足了生存需求,更在精神层面获得了自我认同与尊重。这种满足感源于劳动成果的呈现和分享,以及对家庭和社会的贡献。

形成尊重劳动、快乐劳动的态度同样重要。健康的劳动观应视劳动为精神的愉悦体验,而非负担或痛苦。李大钊所说的"精神的方面,一切苦恼,也可以拿劳动去排除它,解脱它",便是对此的生动诠释。劳动不仅可以排解不快、舒缓压力,还可以激发个体的创造力和活力,使生活更加丰富多彩。

最后,劳动本身也是一种审美活动。在日常生活中,无论是烹饪美食、整理居室还是科技攻关,都是劳动创造美的体现。这些劳动成果不仅满足了人们的基本需求,还丰富了人们的精神世界,让家园更加温馨、城市更加繁华、村庄更加美丽。因此,个体应该珍视劳动、尊重劳动、热爱劳动,共同创造更加美好的生活。

二、培养家庭劳动技能

在当今社会,学校教育不仅注重专业技能的传授,还日益重视培养学生的综合素质,其中就包含家庭劳动技能的培养。随着社会的快速发展,许多家庭中的孩子因学业繁重或生活节奏加快,逐渐远离了基本的家务劳动。然而,掌握一定的家庭劳动技能,不仅有助于提升学生的生活自理能力,还能促进家庭成员间的相互理解和尊重,培养责任感和团队合作精神。

培养大学生家庭劳动技能是一项长期而艰巨的任务,需要学校、家庭和社会的共同努力。只有这样,才能培养出既具备专业技能又具有良好综合素质的优秀人才,让他们为社会的繁荣和发展贡献自己的力量。

案 例

烹饪小达人

潇潇,作为某职业学校护理专业的学生,每逢假期与周末,她均坚持独立归家,未曾依赖父母接送。在居家期间,她独自前往菜市场采购食材,展现了高超的烹饪技艺,从食材的挑选、清洗、切割到烹饪,整个过程有条不紊,尽显从容。尽管她出生于一个双亲均为医生的家庭,作为独生女,却并未因此娇生惯养。

潇潇母亲深受感动,在社交媒体上分享了这一温馨场景,对女儿的贴心和能干表达了真挚的骄傲。众多网友阅读后纷纷表示,对这位母亲能拥有如此成熟懂事的女儿感到由衷地羡慕。

启示:家庭劳动教育,作为教育体系中不可或缺的一环,其重要性不言而喻。随着学生年龄的增长,鼓励他们"自己的事情自己做",并主动承担起家庭中的劳动任务,参与力所能及的家务活动,不仅能够培养学生的劳动意识,还能增进家庭成员间的情感交流,共同营造温馨和谐的家庭氛围,为未来的成功人生奠定坚实的基础。

(一)居室保洁

居家环境干净整洁与幸福成功密切相连,生活凌乱肮脏同衰落失败相邻。居家保洁是处理、扬弃的过程,旨在让环境美、能量正。

1. 居住环境保洁的步骤

居住环境保洁的步骤见表 2-1。

表 2-1 居住环境保洁的步骤

保洁部位	保洁操作
清场	将影响清洁作业的家具、工具、材料、用品等集中分类放置在合适的位置。垃圾清扫后转移到室外或倒进室内垃圾桶
清洁墙面	掸去墙面浮尘
清洁窗框	先湿抹,再铲除多余物,最后用干净的清洁巾擦净。如果窗户玻璃较脏,可以顺势初步擦拭干净
清洁窗户玻璃	清洁窗户玻璃一般使用擦窗器法、水刮法、搓纸法等
清洁窗槽和窗台	首先,使用吸尘器吸出窗槽污垢和不易吸出的污物。然后,使用铲刀和润湿清洁布进行清理,尽量使用旧清洁布或废布。窗槽清理完毕,将窗台收拾干净
清洁纱窗	可用水冲洗纱网,然后擦净纱窗窗框。晾干后安装
清洁厨房	从上到下依次为顶面、墙面、附属设施、橱柜内部、橱柜外部、台面、地面(如果厨房是清洁使用水源地,厨房地面可以安排在后期进行)

续表

保洁部位	保洁操作
清洁卫生间	主要包括卫生间顶面、附属设施、墙面、台面、洁具等
清扫卧室、客厅、餐厅、书房、阳台	主要包括开关、插座、供暖设施、柜体、家具类表面
清洁踢脚线	沿踢脚线吸尘,然后擦净
清洁门体	从左到右依次是门头、门套、门框、门扇、门锁

2. 清洗厨房油污小妙招与小窍门

(1) 瓷砖

厨房瓷砖常易积聚厚重油垢,处理时,建议先以纸巾覆盖瓷砖表面,随后喷洒标注为厨房专用的油污清洁剂,并静置片刻,此举旨在防止清洁剂溅及瓷砖以外区域,同时促进纸巾吸附油垢。随后,轻轻撕去纸巾,再用浸湿清水的干净布擦拭瓷砖数次,即可恢复其清洁状态。

(2) 水池

厨房的水池既要洗菜又要洗碗,很容易滋生细菌和沾染油垢。如果没有专门的水池清洁剂或去污粉,可以在有油污的地方撒一把细盐,把盐均匀撒在四周的池壁上,然后再用热水自上而下地冲洗几遍,油污便可除去。水池四角的凹槽可以用废牙刷蘸一些细盐粒来刷洗,也可以用旧布缝制一个小口袋,装入几块废弃的肥皂头,泡上一点水,在水池内壁上有油污的地方用力刷几下,然后再用清水冲净,油污就没了。

(3) 抽油烟机

抽油烟机在厨房清洁中占据核心地位。首要步骤是清空油盒内的油污,随后将其置于温肥皂水中浸泡约20分钟,对于难以清除的顽固油渍,可适当增加浸泡时间。最后,清洁机身并重新安装油盒,以确保抽油烟机的清洁与正常运行。

(4) 玻璃

玻璃油污可用碱性去污粉擦拭,然后再用氢氧化钠或稀氨水溶液涂在玻璃上,3分钟后用布擦洗(图 2-1),玻璃就会变得光洁明亮。

(5) 纱窗

纱窗油污先用笤帚扫去表面的粉尘,再用15克清洁精加水500毫升,搅拌均匀后用抹布两面均匀抹,即可除去油腻。或者在洗衣粉溶液中加少量牛奶,洗出的纱窗就会和新的一样。

(6) 排气扇

清洗拆卸排气扇之前,先洗手后打上肥皂,指甲缝里要多留些水,然后擦去手上的水。拆卸排气扇时,可以取一些细锯末备用。可以用棉纱包裹细锯末或者直接用手抓锯末擦拭,直到将排气扇各部件的油垢擦净。

(7) 灶台

灶台尽量先用热水浸泡一下,软化灶台上的油污,然后喷上清洁剂,再用抹布擦拭干净。

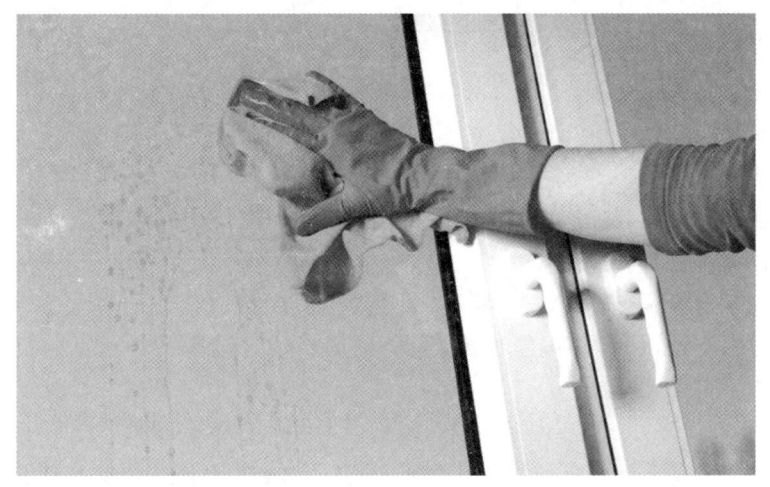

图 2-1 用布擦洗玻璃

(8) 冰箱

如果冰箱是白色的,时间一长就会因沾上油污而变黄,此时可以用软布蘸少许牙膏来慢慢进行擦拭。而冰箱门边较难处理的细缝处,可以用旧牙刷来清洁。

(9) 不锈钢锅

不锈钢锅很容易沾上黑色的污垢,而且难以清洗。将家里较大的锅中加入半锅左右的清水,并投入一些菠萝皮,然后将小号的锅逐一放入,在炉灶上加热煮沸一段时间,等到冷却后拿出,这些锅就会光亮如新。

3. 厨房安全的注意事项

(1) 灶台边放罐小苏打

厨房最大的安全隐患就是火灾,可以在灶台边放一罐小苏打。遇到小火可以用苏打粉扑灭,但切不可使用易燃的面粉。油锅起火时,应迅速关闭燃气阀门,并盖上锅盖或用湿抹布覆盖,切勿泼水灭火,以免造成火势蔓延。如果条件允许,可以安装一个烟感器。

(2) 看火焰颜色并检查天然气灶

多项研究发现,天然气灶在使用过程中会释放大量的二氧化氮,污染室内空气,危害人体健康。因此,保持厨房通风和及时排出废气非常重要。如果天然气灶喷出的火焰是黄色而非蓝色,则说明燃气质量、燃气灶或周围通风有问题,应及时找专业人员解决。

(3) 尽量少用塑料容器

越来越多的研究发现,某些塑料制品会导致健康问题。正规的塑料制品底部都会用三角形和数字标出塑料的型号。3 号塑料(PVC)和 7 号塑料含有危害健康的双酚 A (BPA)。许多外卖饭盒和罐装食品的包装中也含有 BPA。6 号塑料(泡沫塑料)容易向食品中释放某些化学物质。虽然 1、2、4、5 号塑料相对安全,但是专家建议,储存食物最好用玻璃器皿,携带饮料可选择不锈钢瓶。

(4) 洗菜前彻底洗手

做饭前不洗手容易造成二次污染,用清水冲洗 20 秒可以去除某些细菌。将一大勺柠檬汁、两大勺白醋、一杯白开水放入喷洒瓶中摇匀,即可制成天然清洁剂,可用于农产品及个人的清洁。

(5) 少用化学洗剂刷碗

洗碗时最好避免使用化学成分太多的清洁剂。抗菌剂或消毒剂产品常含有刺激肺脏、眼睛和皮肤的化学物质,有些甚至含有致癌物。厨房用1∶9的白醋水溶剂即可杀灭各种细菌。制作肉食后,厨房可先用温热的肥皂水清洗,再用醋水清洗。

(6) 多用铁锅做菜

不粘锅含有全氟辛酸(PFOA),多项研究表明,该物质与生育问题和甲状腺疾病有一定关联。使用不粘锅时,应注意低温,避免刮擦。最好选择铁、不锈钢材质的锅。

(7) 给水管加个过滤器

如果不喜欢自来水的味道或担心自来水中存在杂质,可以安装自来水过滤器(图 2-2),并定期检查管道生锈状况,以防止有害菌、病毒和有毒化学物质损害健康。

图 2-2　自来水过滤器

(8) 糖类必须密封存放

麦片、糖果等一定要放入玻璃或带封口的金属器皿中密封存放,否则极易生虫或招来蟑螂。如果需要使用化学杀虫剂,一定要注意空气和食品安全。

(二) 收纳整理

整理房间、物品有助于提高个人的生活质量。整理看似是简单的事情,但实际上是一个人思维清晰的体现,也是其审美与生活态度的体现。

1. 客厅整理

客厅整理就是扔和收纳,尽量减少东西,为空间减负。可以购买小的篮子放于二层搁板或是台面上收纳杂物;墙面空间也可以利用,做上展示架或是搁板,用来收纳和储物;电视柜区域也是可以充分利用的,包括其抽屉空间。

2. 卧室整理

卧室要想收纳好,主要在于衣柜。衣柜是家里收藏空间中容量最大的,具有出众的收纳能力。衣柜上方放置不常用的棉被及过季衣物;中层是存取最轻松的黄金区域,可以收纳日常常用的东西,收纳衣服可以使用抽屉和衣架;下方放置当季的东西;底层可放熨斗、吸尘器、玩具等,方便拿取(图 2-3)。

图 2-3　衣柜整理

知识拓展

衣服除霉、防霉的方法

掌握衣服除霉、防霉的方法,能够极大地延长衣物的寿命。

1. 清洗衣服上的霉斑

一般的情况下,衣服上出现霉斑时,把发霉的衣服放进淘米水中浸泡一夜,让剩余的蛋白质吸附霉菌。第二天,淘米水的颜色变深了,霉斑也清除了不少。对于霉斑依然较顽固的地方,可以涂些 5% 的酒精溶液,或者用热肥皂水反复擦洗几遍,然后按照常规搓洗,霉斑就可以完全除去了。

也可以根据衣服材质的不同进行清洗,见表 2-2。

表 2-2　不同材质衣服的清洗方法

衣服材质	清洗剂	清洗方法
真丝衣服	酒精	酒精可以起到破坏霉斑里面霉菌的作用,同时也不会对真丝材质的衣服产生破坏。将酒精稀释到5%的浓度,不要太高。如果家里没有酒精消毒液,也可以使用白酒来替代。把酒精洒在衣服的霉斑上,静置一会儿,再搓洗一下,最后用清水洗干净即可
化纤衣服	白醋+肥皂	对于化纤衣服上的霉斑,需要用到白醋和肥皂来组合处理。把白醋倒在盆里,将有霉斑的衣服浸泡5分钟,让醋充分溶解霉菌。5分钟后,在盆里倒入一些温水,涂上肥皂,用小刷子来回刷洗,将刷洗后的化纤衣服浸泡在清水里,再搓洗一下即可
纯棉衣服	豆芽	对于纯棉衣服上的霉斑,可以使用几根豆芽在有霉斑的地方反复揉搓,然后用清水漂洗,就可以除掉霉点了。因为豆芽里有大量的蛋白质和维生素C,可以充分地分解霉菌

2. 去除衣服上的霉味

衣服有霉味时,可以在清水中加两勺白醋和半袋牛奶,把衣服放在这种特别调配的洗衣水中浸泡10分钟,然后再用清水清洗就可以了。

3. 预防衣服长霉斑

(1) 使用除湿类的用品

除了樟脑丸、防霉饼等常用的防霉用品外,竹炭、木炭制品等吸湿、除湿用品也是可以选择的。这招用法是提前放在衣柜中,预防发霉。

(2) 塑料包装袋

可以买一些塑料收纳袋把衣物放进去后,将空气抽干,衣服和空气隔绝后就不会有霉变的可能了。

(3) 经常拿去晒

当太阳很好的时候记得把衣服拿出来在太阳底下晒一晒,这个时候就会好一些了,太阳对衣服有很好的杀菌作用,所以这一方法可以规避衣服发霉或受潮。

3. 厨房整理

厨房中有各种小家电和烹饪锅具,收纳是关键,也是空间减负的重点。在狭窄的厨房中,冰箱、灶台、收纳架之间应该保持2~3步的距离,尽量将东西放在只需要伸手或者跨一步就能拿到的地方。

4. 卫生间整理

在洗脸台、洗衣机周围放洗涤剂、毛巾等小物件,想要方便使用又整洁,就要将这类物品进行规划整理,可以选择在墙上安置不锈钢置物架。如果条件允许,可以选择有储物功能的洗脸台,下方用于洗涤用品的放置,上方还可储存化妆用品,毛巾可以挂在墙壁上的收纳架上。

(三) 厨艺烹饪

对于大学生来说,学习厨艺烹饪不仅仅是一门技能的学习,更是一次全面的成长和提升。这一学习过程,如同在人生的调味板上精心调配,既增添了生活的色彩,也丰富了内心的世界。

1. 炒菜

学会几道家常菜,既能饱口腹之欲,又能不受制于人。

(1) 炒小菜

小菜摘好、洗净、沥干备用。菜锅洗净,开大火将锅内水汽烧干后放入油,再放适量盐,用锅铲搅拌均匀,将准备好的小菜倒入锅中,然后快速翻拌均匀,待小菜断生后即可起锅装盘。

(2) 香煎鸡蛋

将鸡蛋打散,加入少许盐搅拌均匀。菜锅洗净,烧干水汽,待放入的油烧热后,转小火,将蛋液沿锅边画圈倒入;手持锅柄轻轻摇晃使蛋液分布均匀成圆形,翻面后再小火煎至两面呈金黄色,即可起锅装入菜碟中。

(3) 炒茄丝

炒茄丝的所需材料为:茄子350克,适量食油、酱油、盐以及葱花。

将茄子去蒂去皮,用清水彻底洗净,切成约1毫米厚的薄片,再将薄片整齐排列,切成约1毫米粗的细丝。切好的茄丝需要用清水浸泡三五分钟,以去除其中的黑汁,然后捞出并沥干水分。

将锅加热,放入少量油,随后加入茄丝进行翻炒,但需注意控制火候,避免茄丝被炒煳。在翻炒过程中,尽量使茄丝均匀受热,待其略微变软且水分有所减少时,即可盛出备用。

再次将锅加热,并倒入足够的油,用旺火烧至油热。此时,加入葱花和蒜末(炸至七成熟),迅速翻炒出香味。接下来,将之前炒制好的茄丝回锅,与葱花、蒜末一同翻炒均匀。接下来,根据个人口味加入适量酱油和盐,继续拌炒至茄丝完全熟透且入味。

当茄丝炒至色泽鲜亮、口感软糯时,即可关火出锅。将炒好的茄丝盛入盘中,稍作整理后即可享用。

2. 蒸菜

蒸菜时,需要根据烹调要求和原料的老嫩来掌握火候(图2-4)。用旺火沸水速蒸适用于质嫩的原料,如鱼类、蔬菜类等,要蒸熟而不要蒸烂,时间为15分钟左右。对质地粗老,需蒸得酥烂的原料,应采用旺火沸水长时间蒸,如香酥鸭、粉蒸肉等。原料鲜嫩的菜肴,如蛋类等,应采用中、小火徐徐蒸制。

(1) 蒸菜的花色品种和制作方法

蒸菜的花色品种和制作方法见表2-3。

图2-4 蒸菜

表 2-3　蒸菜的花色品种和制作方法

花色品种	制作方法
粉蒸	将原料调好味后,拌上米粉蒸制
扣蒸	将原料拼成各种花案图形放在特制的器皿中蒸熟
包蒸	调味后的原料用菜叶、荷叶包上蒸制,有的外面再用玻璃纸包好才上笼蒸
清蒸	将原料加上调味料及少许高汤,上笼蒸制,然后淋轻芡即成
酿蒸	即在原料表面涂贴鱼茸、虾茸、鸡茸等,涂成各种形状、色彩,或在食物中塞入各种馅心,放入盆、碗中上笼蒸制。蒸熟后仍保持原有色彩、味道
造型蒸	即将原料加工成茸后,拌入调味料和凝固物质,如蛋清、淀粉、琼脂等,做成各种形态,装在模具内上笼蒸制,蒸熟后成为固体造型

(2) 做蒸菜的要点

做蒸菜的关键见表 2-4。

表 2-4　做蒸菜的关键

要点	原因
原料新鲜	因为蒸制时原料中的蛋白质不易溶解于水中,调味品也不易渗透到原料中去,所以蒸菜最大限度地保持了食材的原汁原味。因此必须选用新鲜的原料,否则口味会受影响
调好味	调味品分为基础味和补充味。基础味是在蒸制前使原料入味,浸渍加味的时间要长,且不能用辛辣味重的调味品,否则会抑制原料本身的鲜味。补味是蒸熟后加入芡汁,芡汁要咸淡适宜,不可太浓
采用粉蒸法时	原料质老的可选用粗米粉,原料质嫩的可选用细米粉。香料、色素等都要根据原料的需要处理好,米粉的厚度也要适宜
掌握好原料蒸制时的温度	原料的湿度要大,以保持菜肴的鲜嫩。原料含水量多的少加水,含水量少的多加水
选择蒸制方法	根据原料耐气冲的程度,可以采用急气盖蒸(即盖严后在沸滚气体中蒸开)、开笼或半开笼水滚蒸、暖气升蒸(即在冷水上逐渐加热,至气急后蒸成的方法)

3. 凉拌菜

凉拌菜做法简单,清爽可口,但是未经高温烹煮,更应注意食品安全。

下面是两道凉菜的做法,供大家举一反三,关键是实际操练,只有用心去做,才能做出美味的菜肴。

(1) 凉拌松花蛋

制作凉拌松花蛋所需的材料包括皮蛋、剁椒、花生、白芝麻、葱花、香菜、红油、酱油以及蒜蓉。制作步骤如下:首先,将油锅加热并倒入适量的油,待油热后,放入剁椒和蒜蓉进行翻炒,直至蒜蓉呈现金黄色泽。接下来,将炒好的剁椒蒜蓉混合物倒入事先划碎的皮蛋中,搅拌均匀。然后,将花生压碎成末状,并均匀地撒在盘中。最后,在盘中撒上白芝麻、葱花和香菜,并淋入适量的红油和少许酱油,以增加风味和色泽。

（2）凉拌秋葵

秋葵的处理方式需细致入微：首先，将秋葵彻底清洗后，去除其头尾部分，再沿纵向切开；随后，在沸水中加入适量的盐和油，将处理好的秋葵投入焯烫至熟透，待水再次沸腾即可捞出；紧接着，将焯好的秋葵迅速放入冰水中进行冷却，以确保其口感与色泽；之后，将蒜与姜剁成细末，辣椒切成细丁，连同白糖等所有调味品一同加入已冷却的秋葵中，充分拌匀；最后，为提升风味，可将拌好的秋葵放入冰箱冷藏片刻后享用，这样口感将更加鲜美（图2-5）。

需要注意的是，焯烫时加入盐和油有助于提升秋葵的色泽，而过凉步骤则是为了保持其爽脆口感及翠绿的外观。

图2-5　凉拌秋葵

4. 注意营养平衡

人体所需的营养素，除极少可以在人体内自行合成外，大部分必须从食物中摄入才能被合成。各种食物所含的营养成分不尽相同，除母乳外，任何一种天然食物都不能提供人体所需的全部营养素。每种营养素每天都需要一定的摄入量，过多或过少都会造成营养失衡，即营养过剩或营养不良。所以，要注意营养搭配、平衡膳食，既要维持生长发育、保持正常体重、预防营养不良，又要防止营养不均和营养过剩的发生。

以下是针对2岁及以上健康人群合理膳食的六条核心推荐，旨在促进健康生活方式：

（1）食物多样，以谷类为主

日常膳食应广泛涵盖谷薯类、蔬菜水果类、畜禽鱼蛋奶类及大豆坚果类等食物。确保每日摄入超过12种食物，每周至少25种。特别强调谷薯类食物的摄入，每日应达到250～400克，其中全谷物和杂豆类占50～150克、薯类占50～100克。食物多样、谷类为主是构建平衡膳食模式的关键要素。

（2）吃动平衡，维持健康体重

各年龄段的人群都应该积极参与运动，以保持健康的体重。需要控制食物摄入量，以确保能量摄入与消耗的平衡。建议每周至少进行5天中等强度身体活动，累计时间不少于150分钟，并鼓励每日步行至少6 000步。此外，应该减少久坐时间，并定时起身活动。

（3）增加蔬果、奶类及大豆的摄入

蔬菜水果作为平衡膳食的重要部分，应确保每餐均有摄入，每日总量达到300～

500 克,其中深色蔬菜应占一半。此外,建议每日摄入 200～350 克新鲜水果,避免使用果汁替代。奶类及大豆制品也是不可或缺的,建议每日摄入相当于液态奶 300 克的奶制品,并适量食用豆制品及坚果。

(4) 适量摄取鱼、禽、蛋、瘦肉

此类食物的摄入应适量控制,建议每周吃鱼 280～525 克,畜禽肉 280～525 克,蛋类 280～350 克,平均每日总量控制在 120～200 克之间。优先选择鱼类和禽类,食用鸡蛋时无需丢弃蛋黄。此外,应减少肥肉、烟熏肉及腌制肉制品的摄入。

(5) 减少盐、油摄入,控制糖与酒精

培养清淡饮食习惯,成人每日食盐摄入量不超过 6 克,烹调油控制在 25～30 克以内。严格控制添加糖的摄入,每日不超过 50 克,理想情况下应低于 25 克。反式脂肪酸的每日摄入量应控制在 2 克以内。鼓励足量饮水,成人每日至少饮用 7～8 杯水(1 500～1 700 毫升),首选白开水和茶水,避免或减少含糖饮料的摄入。儿童、孕妇及哺乳期妇女应避免饮酒,成人饮酒应限量,男性每日酒精摄入量不超过 25 克,女性不超过 15 克。

(6) 反对浪费,倡导新食尚

珍惜食物资源,按需准备餐食,提倡分餐制以减少浪费。建议选择新鲜、卫生的食材和适宜的烹调方式。在食物制备过程中,应注意生熟分开,确保熟食二次加热充分。学会阅读食品标签以便做出明智的选择。建议家庭成员共同参与餐食准备和享用过程,以增进情感交流。同时,应传承优良饮食文化,推动饮食文明新风尚的兴起。

(四) 家庭照护

家庭照护是指对患有严重疾病综合征、身体功能失调、慢性精神功能障碍等患者提供的照护。家庭照护是老年人照护的主要形式,其服务内容包括基本的医疗护理服务、个人照料、情感和社会支持等。

1. 老年照料

孝与感恩是中华民族传统美德的基本元素,是中国人传统美德形成的基础,也是政治道德、社会公德、职业道德、家庭美德、个人品德建设的基本要素。老年人生活照料的主要内容有:个人清洁卫生服务、衣着服务、修饰服务、饮食服务、如厕服务、口腔清洁服务、皮肤清洁服务、压疮预防、便溺护理等,具体如下:

(1) 个人卫生清洁服务

个人卫生清洁服务涵盖了面部清洁(洗脸)、手部清洁(洗手)、头部清洁(含床上洗头)、足部清洁(洗脚)等项目,并涉及个人物品的整理、床铺的清洁与平整、床单的更换等日常维护工作。

(2) 衣物穿着协助服务

衣物穿着协助服务包括辅助穿戴与脱卸衣物、协助扣合纽扣、衣物更换以及衣物的整理与收纳,以确保穿戴的整洁与舒适。

(3) 个人修饰服务

个人修饰服务提供梳头、化妆、指甲修剪等基础美容服务,同时协助完成理发、修面等更高层次的个人形象维护。

（4）饮食辅助服务

饮食辅助服务专注于协助用餐、饮水，对于需要特别照顾的对象，提供喂食、管饲等定制化服务，确保营养摄入的充足与均衡。

（5）排泄协助服务

排泄协助服务包括定时提醒并协助老人如厕，提供便盆、尿壶等辅助工具的使用指导，确保排泄过程的顺畅与安全。

（6）口腔清洁与护理服务

口腔清洁与护理服务涵盖了刷牙、漱口等基本口腔清洁，以及口腔内部、假牙的清洁保养，旨在维护口腔健康。

（7）皮肤清洁与护理服务

皮肤清洁与护理服务是指通过擦浴、沐浴等方式，保持皮肤的清洁与舒适，预防皮肤病的发生。

（8）压疮预防服务

压疮预防服务是通过保持床单的干燥、清洁与平整，定时翻身更换体位，对受压部位进行按摩以促进血液循环，以及保持皮肤的干燥与清洁，综合预防压疮的发生。

（9）排泄物处理服务

排泄物处理服务专注于清洗和更换尿布等排泄物处理工作，以确保个人卫生和环境的整洁。

2. 家人住院陪护

当家庭成员因病需住院治疗时，作为学生，可以提供自身能力范围内的支持，以减轻家庭负担，如参与部分陪护工作。若要胜任陪护角色，则需掌握一定的陪护基础知识与日常起居照护技能，以确保能为患者提供恰当的关怀与协助。

通常情况下，医院会提供基本的住宿必需品，例如床单、被褥及热水瓶等，病人及其陪同家属仅需自行准备个人所需用品。建议携带的个人用品包括衣物、水杯、全套洗漱用品（包括肥皂、牙刷、牙膏、脸盆和毛巾）、日常餐具、纸巾和拖鞋。

病人需先在门诊或病房开具住院证明，并完成费用缴纳。随后，凭住院证明前往所在科室的护理站办理住院手续，包括填写病历、接受基本生命体征检查（如体温、脉搏、呼吸及血压等），并听取护士对病区环境及住院注意事项的介绍。病人需要领取住院期间所需的物品，并支付相应的物品押金。

对于陪护者来说，了解所住科室及医院的整体情况至关重要，这包括熟悉医院内重要设施的位置，如住院药房、缴费处、查账处、浴室及消防通道等。同时，陪护者应与病人的管床医生、护士及主管医生建立联系，以便及时了解病情及治疗进展。

鉴于医院作为公共场所，人员流动性大且复杂，务必妥善保管个人贵重物品及现金。

每家医院均设有"入院须知"，详细说明了住院期间的各项规定及注意事项，建议病人及陪护者仔细阅读并遵守。

在住院期间，为了明确诊断，病人可能需要接受一系列检查，这些检查通常在住院当天或次日进行。对于大型或昂贵的检查项目，医生通常会事先征求病人或其陪护者的意见。如果存在异议，可以礼貌地表示需要考虑或需要与家人商议，以保留决策空间。

一般住院3天后,医院会给出一个初步的诊断和治疗意见,并对治疗效果进行初步判断。病人或陪护者在此时可明确提出心中疑问:为什么要用这种药,有没有作用类似而价格低廉的?需要在医院住多长时间?病人的伙食如何安排?住院时病情突然发生变化,该找谁?在住院期间,每一位病人都有固定的管床医生和责任护士为其提供诊治服务,如果病情发生变化,可以向他们反映,若是晚上,可以向值班的医生、护士反映情况。

陪护者可以协助医护人员观察患者的体温、脉搏、面色、呼吸、血压和小便等指标。如果病人感到不适,例如发热和心跳加快等,应立即向医生、护士报告。要知道术后反应热,即3~5天内,体温常在38℃左右,对此不必紧张。

出院前应关注主管医生写好出院小结——小结里一般详细记载了本次住院的重要检查结果和治疗手段,对病人的康复和进一步治疗至关重要。即使需要出院带药,也要向医生交代。

陪护病人时,需要照料其日常起居,一般包含如下内容:

(1) 协助起床、洗脸、洗手、刷牙、漱口、梳头等。
(2) 协助进餐、饮水、加餐等。
(3) 清洗使用过的餐具。
(4) 协助大小便排泄。
(5) 晚上睡觉前为其洗脚或泡脚,并协助他们入睡。
(6) 协助医护人员观察病情。
(7) 协助患者按时、按量服药。
(8) 协助老人下床活动或散步。
(9) 陪送其做各种检查。
(10) 进行必要的心理疏导。
(11) 负责整理病床、床头桌的卫生。
(12) 清洁个人用品和衣物。注意衣物的清洁消毒方法,对衣物和便器等用品进行清洁、消毒,并妥善保管。

3. 测量体温、脉搏、呼吸

体温、脉搏、呼吸作为生命活动存在与质量的显著标志,是评估个体健康状况不可或缺的重要指标。掌握这些基本生命体征的测量方法,对于准确评估个体的身体健康状况具有重要意义。

(1) 测量体温

协助被测家人解开衣物,有汗时应擦干腋下,将体温计水银端放置于其腋窝深处贴紧皮肤、屈臂过胸夹紧,过10分钟以后取出体温计(图2-6)。

(2) 测量脉搏

协助被测家人手臂放松,要求其手臂向上,然后陪护者将自己的食指、中指、无名指的指端放在其桡动脉的表面,计时30秒。正常成人60~100次/分,老年人可慢至55~75次/分。

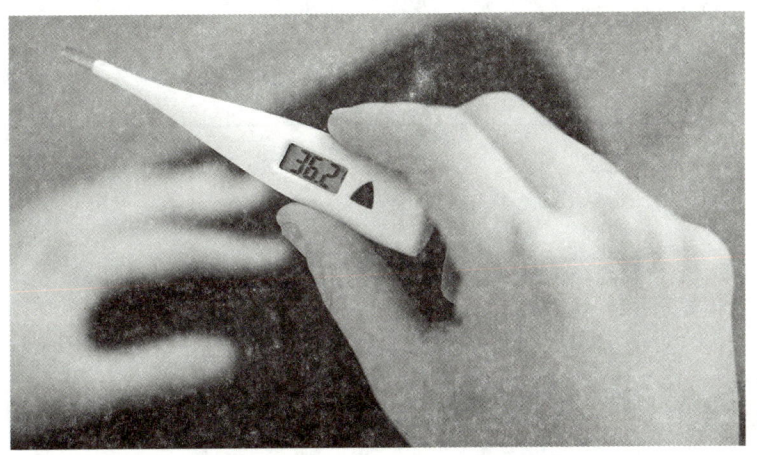

图 2-6 测量体温

(3) 测量呼吸

测量脉搏后仍然把手按在被测人的手腕上,观察其腹部或胸部的起伏,一呼一吸为一次,计数为 30 秒。

(五) 垃圾分类

垃圾分类是生态文明建设的重要环节和关键领域,是生态文明建设的重要抓手,是中国公民进入中国特色社会主义新时代的绿色环保生活新风尚。掌握垃圾分类相关知识,形成垃圾分类意识,宣传垃圾分类知识,助推社会文明进步,是新时代大学生的使命担当和社会责任。

2019 年 11 月 15 日,新版《城市生活垃圾分类标志》标准发布,同年 12 月 1 日起正式实施。与 2008 年版标准相比,新标准将生活垃圾类别调整为可回收物、有害垃圾、厨余垃圾和其他垃圾四大类(图 2-7)。

 可回收物 Recyclable   有害垃圾 Hazardous Waste

 厨余垃圾 Food Waste    其他垃圾 Residual Waste

图 2-7 四大类生活垃圾标志

1. 可回收垃圾

可回收垃圾一般具有再利用价值,主要包括废纸、塑料、玻璃、金属和布料五大类,见表 2-5。

这些垃圾通过综合处理,可以减少污染、节省资源。例如每回收 1 吨废纸可以制造 850 公斤好纸,节省 300 公斤木材,比等量生产减少污染 74%;每回收 1 吨塑料饮料瓶可以获得 0.7 吨二级原料;每回收 1 吨废钢铁可以炼制 0.9 吨好钢,比用矿石冶炼节约成本 47%,减少空气污染 75%,减少 97% 的水污染和固体废物。

表 2-5 可回收垃圾

种类	包括范围
废纸	主要包括报纸、期刊、图书、各种包装纸等。但是,要注意纸巾和厕所纸由于水溶性太强不可回收
塑料	包括各种塑料袋、塑料泡沫、塑料包装(快递包装纸是其他垃圾/干垃圾)、一次性塑料餐盒餐具、硬塑料、塑料牙刷、塑料杯子、矿泉水瓶等
玻璃	主要产品包括各种玻璃瓶、碎玻璃片、暖瓶等(镜子是其他垃圾/干垃圾)
金属	主要包括易拉罐、罐头盒等
布料	主要包括废弃衣服、桌布、洗脸毛巾、书包、鞋等

2. 有害垃圾

有害垃圾是指含有对人体健康有害的重金属、有毒的物质或者对环境造成现实危害或者潜在危害的废弃物。这些物品包括电池、荧光灯管、灯泡、水银温度计、油漆桶、部分家电、过期药品及其容器、过期化妆品等。这些垃圾一般被单独回收或填埋处理。

3. 厨余垃圾

厨余垃圾(上海称湿垃圾)是指居民日常生活及食品加工、饮食服务、单位供餐等活动中产生的垃圾。这些垃圾包括丢弃不用的菜叶、剩菜、剩饭、果皮、蛋壳、茶渣、中药渣、骨头等,其主要来源为家庭厨房、餐厅、饭店、食堂、菜市场及其他与食品加工有关的行业。

厨余垃圾含有极高的水分和有机物,很容易腐坏并产生恶臭,但是经过妥善处理和加工,可转化为新的资源。厨余垃圾高有机物含量的特点使其经过严格处理后可作为肥料(经生物技术就地处理堆肥,每吨可生产 0.6~0.7 吨有机肥料)、饲料,也可产生沼气用作燃料或发电,而油脂部分则可用于制备生物燃料。

但是,厨余垃圾的处理须交由专业化处理单位进行处理,严禁将废弃食用油脂(包括地沟油)加工后作为食用油使用,严禁直接使用厨余垃圾饲养畜禽及鱼类,严禁用未经无害化处理的厨余垃圾生产肥料。

厨余垃圾非法收集和回收利用会对环境和居民健康产生威胁。单独收集厨余垃圾可以减少进入填埋场的有机物的量,减少臭气和垃圾渗滤液的产生,同时也可以避免水分过多对垃圾焚烧处理造成的不利影响,降低对设备的腐蚀。

厨余垃圾的运输必须全封闭,防止滴洒、遗漏,车身要有明显标识,具有政府主管部门核发的准运证件,方可从事运输。

4. 其他垃圾

其他垃圾(上海称干垃圾)包括除上述几类垃圾之外的砖瓦陶瓷、渣土、卫生间废纸、纸巾等难以回收的废弃物以及尘土、食品袋(盒)。采取卫生填埋可以有效减少对地下水、地表水、土壤及空气的污染。

大棒骨因其难以降解的特性,被归类为"其他垃圾",而玉米核、坚果壳、果核及鸡骨等则被视为厨余垃圾。卫生纸及厕纸,由于其遇水即溶的特性,不属于可回收的"纸张"类别,类似物还包括烟盒等。对于厨余垃圾的装袋处理,即使是可降解的塑料袋,其降解速度也远不及厨余垃圾,且塑料袋本身属于可回收垃圾范畴。因此,建议将餐厨垃圾直接倾倒入相应的垃圾桶,而塑料袋则应另行投入"可回收垃圾"桶中。

在垃圾分类体系中,"果壳瓜皮"类别特指花生壳等,均归类为厨余垃圾。此外,家庭中剩余的废弃食用油也应该被归类为"厨余垃圾"。至于尘土,则属于"其他垃圾"类别。然而,需要注意的是,残枝落叶及家中枯萎的鲜花等则被视为"厨余垃圾"。

知识拓展

几种复合垃圾的分辨及处理方法

以下是几种复合垃圾的分类及处理方法:
(1) 中药渣应归类为湿垃圾。
(2) 已使用的餐巾纸、卫生纸或厨房专用清洁纸应被视为干垃圾。
(3) 尿不湿,即便其含有水分,也应归入干垃圾范畴。
(4) 对于喝剩的可乐瓶,应先将其剩余液体倒入下水道,然后用清水冲洗瓶子,并将瓶子压扁后投放至可回收物垃圾桶中。
(5) 处理吃剩的外卖时,应该将剩饭剩菜投入湿垃圾桶,而餐盒则应该扔入干垃圾桶。
(6) 对于单独打包的湿垃圾,应先进行破袋处理,然后将湿垃圾投入湿垃圾桶,最后将垃圾袋投入干垃圾桶。由此可见,干垃圾与湿垃圾的区别在于是否含水;尽管纸张通常可以回收,但遇水即溶的纸张则不具备回收价值。

(六)储藏

储藏就是将物品存放起来以备后用或长期保存的行为。它涉及对物品进行分类、整理、打包,并放置在安全、适宜的环境中,以确保物品在需要时能够保持其原有的价值、品质或功能。储藏的目的是满足人们未来的需求,通过合理的存储管理,可以优化资源利用,减少浪费,并提升生活的便利性和舒适度。在日常生活中,储藏被广泛应用于食品保存、衣物整理、书籍归档、工具存放等多个方面。

食物的最佳"储存时长"如下:

1. 蔬菜

蔬菜主要分为叶菜类、根茎类、瓜果类、菌菇类等,一般情况下蔬菜的适宜储藏温度为 0~10 ℃,但不同品种的储存温度有所差异。

(1) 叶菜类

这类蔬菜容易腐烂和营养流失。绝大部分叶菜为喜凉蔬菜,适宜温度为 0~2 ℃,不能低于 0 ℃。

需要注意的是,绿叶蔬菜必须包好放入冰箱(图 2-8),不要贴近冰箱内壁,避免冻伤,储存时间最好不超过 3 天。

图 2-8　绿叶蔬菜的储藏

（2）根茎类

这类蔬菜的水分含量相对较低，更容易保存，例如土豆、胡萝卜、白萝卜、洋葱、白菜等。建议清理掉表面泥土，并覆盖保鲜膜，将其放置在冰箱或家里阴凉通风的地方，可保存 7 天左右。

（3）瓜果类

① 番茄、茄子、青椒等，通常可在低温下储存 4～5 天，但番茄最好不要放入冰箱。

② 豌豆、扁豆等，如果表面有水分，比较容易腐坏，最好风干表面水分后放入冰箱冷藏。

③ 黄瓜、苦瓜、豇豆和南瓜等喜温蔬菜，适宜存放在 10℃ 左右，不能低于 8℃。这类蔬菜不适合放在冰箱里，保质期约为 5 天。

（4）菌菇类

新鲜的菌菇类保鲜期较短，在冰箱内存放大约是 3～4 天。注意存放前最好将菌菇表面的水分擦干。

推荐几类常温下耐放的蔬菜：包心菜、土豆、胡萝卜、洋葱、花菜、大白菜等。

2. 水果

大部分水果需要放入冰箱冷藏室。热带水果比如香蕉、芒果等不用放进冰箱，以防冻伤，建议放在阴凉环境下。

常见水果的保存方式和保存周期见表 2-6。

表 2-6　常见水果的保存方式及保存周期

品种	保存位置	保存方式	保存周期
苹果	冰箱抽屉中	需要移除表面的包裹物，并进行保存	3 周
牛油果（已切分至两半）	冰箱搁板上	把柠檬汁挤在果肉上，再用保鲜膜包裹	1 天

续表

品种	保存位置	保存方式	保存周期
香蕉（已切分至两半）	冰箱搁板上	在切皮处,需要用锡纸进行包裹保存	1~2 天
柑橘	冰箱搁板上	需要移除表面的包裹物,并进行保存	2 周
梨	放置在工作台	移除表面包裹物	成熟后放置 4 天
牛油果	放置在工作台,成熟后放入冰箱	移除表面包裹物	成熟后放置 4 天
柠檬(已切分至两半)	冰箱搁板上	用保鲜袋包装	2~3 天
甜瓜	工作台	移除表面包裹物	成熟后放置 5 天
桃子/李子	成熟后放置冰箱	移除表面包裹物	成熟后放置 5 天
番茄	工作台	无盖且通风的容器中	5 天

3. 鱼类和生肉

鱼类和生肉存放时要事先包装成一次能吃完的数量,放入冷冻室。海鲜类和畜禽肉类最好隔离,不要混放。冷冻的鱼、虾、蟹、贝类最好在 4 个月内食用完。

4. 米、面粉、豆制品

米、面粉、豆类这些生的主食都可常温保存在干燥处。大米最好定期通风散热,而面粉和豆子都要密封。如果储存不当,容易受潮霉变。

课堂练习

家庭劳动改进行动

通过观察记录,了解各自家庭劳动的开展情况;分析发现各自家庭劳动中可能存在的问题;自主探究并与家人沟通,形成改进家庭劳动的新方案;对比方案实施前后的差异,对家庭劳动改进方案的效果进行评估。

1. 活动时间

两周。

2. 活动主体

学生个人及家庭。

3. 活动实施

(1) 观察并记录自己家庭劳动的开展情况,形成家庭劳动的记录表。

(2) 根据记录表,寻找家庭劳动中可能存在问题的项目,例如清洁剂的使用量、家庭劳动分工问题等。

(3) 结合自己的专业,通过上网搜索等方式,寻找解决问题的方法,并与家人交流,形成该项家庭劳动的最佳改进方案。

(4) 实施方案并做好记录,通过前后对比评估方案实施效果,考虑是否需要进一步优化方案。

(5) 通过适当形式与全班同学分享家庭劳动改进方案及心得。

第二节　绿色行动护校园

一、践行绿化环保

生态环境保护是一项具有深远意义的事业，其成效不仅惠及当代，更将泽被千秋。个体必须深刻认识到保护生态环境的紧迫性和艰巨性，不容丝毫懈怠。作为社会的一员，应当积极投身于绿化环保的实践中，成为生态文明建设的坚定践行者，共同守护人类赖以生存的美丽家园。

习近平总书记指出："我们既要绿水青山，也要金山银山。宁要绿水青山，不要金山银山，而且绿水青山就是金山银山。"这一论断深刻地体现了习近平总书记将保护生态放在首位的鲜明态度和坚定决心。

地球是人类唯一的家园，在茫茫的宇宙中，除了地球之外，目前尚未发现其他适合人类生存的星球。在这个家园里，除了人之外，还有各种各样人类所赖以生存的生命和物质：花草树木、虫鱼鸟兽、空气、水等。这些生命与人类一起构成了这个和谐的地球。

地球给了所有生命一个适合生存的支撑系统——水、空气、光、热以及各种能源等。如果这样的支持系统遭到破坏，不只是动植物的生存环境会受到破坏，包括人类在内，也会受到不同程度的影响。所以，只有保护环境，保护人类赖以生存的地球，才能使人类的文明发展得更快，让人类的生活环境更舒适。

（一）绿化环保行动

保护环境，人人有责。让中华大地天更蓝、山更绿、水更清、环境更优美，需要动员全社会力量推进生态文明建设，需要每个人把保护环境转化为自觉行动。

1. 形成绿色价值取向

什么是绿色价值取向？习近平总书记关于"绿水青山"与"金山银山"关系的三个言简意赅的重要论断，对此作了生动阐释和系统说明。

"绿水青山就是金山银山"，强调优美的生态环境就是生产力、就是社会财富，彰显了生态环境在经济社会发展中的重要价值。"既要金山银山，又要绿水青山"，强调生态环境和经济社会发展相辅相成、不可偏废，要把生态优美和经济增长"双赢"作为科学发展的重要价值取向。"宁要绿水青山，不要金山银山"，强调绿水青山是更基础、更宝贵的财富，当生态环境保护与经济社会发展产生冲突时，必须把保护生态环境作为优先选择。

坚持绿色发展，需要每个人形成绿色价值取向，正确处理经济发展同生态环境保护的关系，牢固树立保护生态环境就是保护生产力、改善生态环境就是发展生产力的理念，更加自觉地推动绿色发展、循环发展、低碳发展，决不能以牺牲生态环境为代价换取一时的经济增长。

2. 形成绿色生活方式

绿色生活方式与每个人的生活息息相关,体现了人们对绿色发展理念的认同度、践行力。形成绿色生活方式对绿色发展和生态文明的最终实现具有基础性、关键性作用。

保护环境,人人有责;绿色发展,人人应为。这个"应为",就是倡导和践行勤俭节约、绿色低碳、文明健康的生活方式和消费模式。

推动形成绿色生活方式,需要坚持节约优先,强化集约意识,在衣、食、住、行、游等方面形成节约集约的行动自觉。同时,需要倡导环境友好型消费,推广绿色服装、提倡绿色饮食、鼓励绿色居住、普及绿色出行、发展绿色旅游,抵制和反对各种形式的奢侈浪费、不合理消费。

促进生活方式绿色化,时时可做、处处可为。大到购买节能新能源汽车、高能效家电、节水型器具等节能环保产品,小到减少塑料购物袋、餐盒等一次性用品的使用,乃至随手关灯、拧紧水龙头,都是在践行绿色生活方式和消费理念,都是在为绿色发展作贡献。

绿色发展是理念,更是实践;需要坐而谋,更需起而行。只要每个人坚持知行合一、从我做起,步步为营、久久为功,就一定能换来蓝天常在、青山常在、绿水常在,就一定能开创社会主义生态文明新时代、赢得中华民族永续发展的美好未来。

3. 养成环保行为

(1) 节约用水

节约用水的具体行为见表2-7。

表2-7 节约用水行为

序号	具体行为
1	用盆和桶接水来洗东西比直接用水冲洗更省水
2	淘米水可用于洗菜或洗碗,洗完菜的淘米水可用于浇花,残余茶水可用来擦家具
3	菜先拣后洗,能够避免浪费水
4	将洗洁精洗瓜果蔬菜改为盐水浸泡冲洗
5	将老式旋转式水龙头换为节水水龙头
6	洗衣机漂洗的水可做下一批衣服的洗涤用水,最后一次洗涤水可用来拖地、洗拖把或冲厕所
7	集中洗涤衣物,少量小件衣物可手洗;使用适量无磷低泡洗衣粉,可减少漂洗次数及对水质的污染

(2) 绿色节电

绿色节电的具体行为见表2-8。

表2-8 绿色节电行为

分类	具体行为
空调	根据居住空间的实际需要选择空调功率;夏季使用空调时,温度应设置在26℃

续表

分类	具体行为
照明	使用节能灯(和普通白炽灯相比,节能灯耗电及热辐射减少80%,使用寿命延长8倍);随手关灯;充分利用天然采光,减少室内光源能耗;尽可能使用可调光
热水器	燃气热水器比电热水器更加节能、环保。在不使用时,请关闭热水器开关;如果条件允许,尽可能采用太阳能热水器

（3）绿色消费

绿色消费的具体行为见表2-9。

表2-9 绿色消费行为

序号	具体行为
1	选用绿色食品或有机食品
2	买菜和购物用环保袋或菜篮子
3	购买家电时选用节能环保的产品
4	装修居室选用环保建材
5	购买汽车选低排放、省油、节能的产品
6	不使用一次性筷子、餐盒、塑料袋等物品
7	选用无磷洗衣粉、洗涤剂
8	不吃野味
9	不购买豪华包装的产品
10	在饭店吃饭不奢侈浪费,剩余的饭菜打包回家
11	购买二手或者翻新的物品
12	购买可循环利用的产品
13	少买不必要的衣服

（4）绿色出行

绿色出行的具体行为见表2-10。

表2-10 绿色出行行为

序号	具体行为
1	多坐公交和地铁等公共交通工具
2	多骑自行车,既节能又方便
3	路程不远时步行,既健康又环保
4	养成文明驾车的好习惯,合理保养爱车
5	积极响应"每月少开一天车"的环保公益活动

（二）低碳校园生活

自工业革命以来，人类在经济活动和日常生活中所产生的二氧化碳排放量急剧增加，远远超出了地球自然系统对二氧化碳的吸纳与处理能力。这一状况已引发全球气候的显著变化，对自然界的生态平衡构成了严峻威胁。在这个背景下，人类开始深刻反思自身行为对地球环境的影响，从而催生了"低碳"理念。

"低碳"一词，旨在倡导人们在日常生活与生产中积极采取有效措施，努力减少二氧化碳的排放，以期有效遏制全球变暖的趋势。低碳生活是这一理念在个体层面的具体实践，它要求人们主动、自觉地改变旧有生活方式，转而采用更为环保、节能的新型生活模式。每个人的微小努力，在累积之下，都将产生巨大的正面效应，正如"聚沙成塔"所揭示的那样。

作为大学生，同样肩负着为节能减排贡献力量的责任。具体而言，可以从以下几个方面着手：

首先，要树立并强化绿色低碳的环保意识。深刻认识到节能减排对于保护地球环境、维护人类可持续发展的重要性，将绿色低碳理念内化于心、外化于行，争做绿色低碳生活的倡导者和实践者，使绿色低碳成为校园文化的重要组成部分。

其次，必须着力培养良好的绿色低碳生活习惯。这要求个体从日常生活的细微之处入手，切实做到节约用电、用水、用纸及粮食等资源，全力爱护自然环境，杜绝浪费与破坏行为。同时，个体应积极倡导绿色出行理念，努力降低机动车使用频次，促进节能减排。在日常消费活动中，应优先选择可循环利用、易于降解的产品，有效减少一次性用品的消耗量，以降低对环境的负担。针对废旧物品及废电池等有害垃圾，必须坚持分类投放原则，确保妥善处理，共同守护美好家园。

最后，应积极倡导并推广绿色低碳的生活模式。个体应扮演绿色低碳理念的倡导者角色，通过自身的实际行动与言论，激励并引领周围人群融入绿色低碳的生活实践中。可利用校园广播、海报展示、网络平台等多种媒介，广泛传播绿色低碳的相关知识；积极策划并投身于各类环保活动；与同学们深入交流并共同践行绿色低碳的生活方式，为构建低碳校园贡献个人的智慧与努力。

知识拓展

全球变暖正在悄悄改变地球的模样

全球变暖，这个无声却强大的力量，正以前所未有的速度重塑着地球。随着气温的逐年攀升，冰川消融、海平面上升、极端天气频发等现象日益严峻，自然界的平衡正遭受着前所未有的挑战。

在这片被温暖拥抱的大地上，生物多样性的变化尤为引人注目。曾经繁茂的热带雨林，因持续的高温干旱而逐渐失去生机，树木枯萎、动物迁徙，生态链的断裂让这片绿色的宝库岌岌可危。而在另一些地方，如北极和南极，冰川的融化不仅破坏了古老的陆地，还改变了海洋的循环模式，影响了全球的气候格局。

农业领域也未能幸免于全球变暖的影响。气候的极端化使得农作物的生长周期变得不稳定,病虫害频发,产量大幅下降。这对于那些依赖农业为生的发展中国家来说,无疑是雪上加霜。同时,水资源的短缺也成为全球变暖带来的另一大难题。河流干涸、湖泊缩小,许多地区的人们面临着饮水困难的问题。

然而,在全球变暖的阴影下,人类并没有坐以待毙。各国政府、科研机构以及民间组织纷纷行动起来,通过减少温室气体排放、发展可再生能源、加强生态保护等措施来应对这一全球性挑战。从国际气候谈判到日常生活中的节能减排,每一份努力都在为地球的未来贡献着力量。

展望未来,全球变暖虽然带来了诸多挑战,但也为人们提供了重新审视人与自然关系、推动社会可持续发展的契机。

二、加强寝室美化

大学生寝室美化是一个既有趣又能增进室友间感情的活动。一个温馨、舒适且充满个性的寝室环境,不仅能够让每一天的学习生活充满乐趣,还能激发大家的创造力和团队协作能力。

案例

大学生文明寝室建设

某学校为了进一步提升学生的生活质量,培养学生的自我管理能力与集体荣誉感,决定开展"文明寝室"建设活动。该活动旨在通过一系列具体措施,引导学生将寝室打造成一个整洁、有序、和谐的学习生活环境。

该校"文明寝室"建设活动实施过程具体如下:

1. 宣传动员

学院通过多种方式,如召开动员大会、悬挂横幅、发放宣传册等,向学生普及"文明寝室"建设的重要意义及具体标准,以激发学生参与的热情。

2. 制定标准

学院根据"六净""六无""六整齐"及"六个一""六个不"等要求,制定了详细的"文明寝室"评分标准,以确保每位学生都能明确自己的责任与义务。

3. 自查自纠

各寝室成员在辅导员和寝室长的带领下,严格按照标准进行自我检查,发现问题立即整改,形成了良好的自我管理机制。

4. 定期检查

学院组织学生会成员及教师代表,对寝室进行定期检查和评分,对表现优异的寝室给予表彰和奖励,对存在问题的寝室提出整改意见并督促其改进。

5. 经验交流

学院定期组织"文明寝室"经验交流会,邀请优秀寝室代表分享他们的管理经验和心得,以促进各寝室之间的相互学习和借鉴。

经过一段时间的努力,该学院的学生寝室面貌焕然一新。寝室环境变得更加整洁、有序,学生们的生活习惯也得到了显著改善。更重要的是,学生们在参与"文明寝室"建设的过程中,逐渐养成了自我管理、自我约束的良好习惯,增强了集体荣誉感和责任感。

启示:大学生"文明寝室"建设不仅提升了学生的生活品质,更在潜移默化中培养了学生的自律精神和集体意识。通过制定和落实具体标准,学生们将维护寝室文明环境内化为自觉追求、外化为实际行动,为构建和谐、健康、向上的校园文化氛围做出了积极贡献。

(一) 文明寝室建设规范

寝室作为学习、生活与休憩的关键空间,其文明环境的构建直接反映出个人的精神风貌与素养,深刻影响着个体的身心健康。因此,将维护整洁文明的寝室环境内化为个人的自觉追求,并外化为实际行动,是每位成员应尽的责任。具体应达到以下标准:

1. 环境标准

实现"六净""六无""六整齐"的目标。

(1) 六净

地面、墙面、门窗、玻璃、桌椅、橱柜及其他物品均应该保持整洁干净。

(2) 六无

寝室没有杂物堆积、烟蒂残留、乱挂现象、蛛网悬挂、酒瓶摆放和异味弥漫。

(3) 六整齐

桌椅、被褥、毛巾、书籍、鞋子、衣服等用具均摆放有序,整齐划一。

2. 日常行为

每日自觉践行"六个一"和遵守"六个不",以维护寝室的良好生活环境。

(1) 六个一

叠被、扫地、擦台面、整理柜子、整理书架、倒垃圾。

(2) 六个不

不随意进出异性宿舍,不留宿外来人员,不留存危险物品,不使用违规电器,不损坏公共设施,不乱扔垃圾。

3. 文明禁忌

禁止在寝室内饲养宠物,禁止在宿舍楼内吸烟,禁止在门口丢弃垃圾,以及不合理使用公用洗衣机等公共设施。

(二) 特色寝室建设标准

特色寝室旨在弘扬一种独特的文化氛围,促进成员间的相互影响、彼此照应与和谐共进,对提升学生文化修养与综合素质具有积极作用。建设特色寝室应遵循以下标准:

1. 方向确定

基于寝室成员的个性、喜好与价值观,共同商议并确定特色建设方向,如学习型、运动型、环保型等。

2. 环境布置

根据确定的特色主题进行寝室布置,确保效果符合特色定位,传递寝室文化,同时追求简单、大方、美观,力求别具匠心、新颖独特。

3. 配套活动

为了深化特色寝室的内涵,可以策划与寝室文化相契合的"行为习惯养成计划"及"寝室团建活动安排"等相关活动。

(三)寝室美化设计与创意

1. 美化原则

寝室美化的原则如下:

(1) 简约大方

由于寝室面积有限,应避免过多装饰,以保持空间的整洁与开阔。

(2) 温馨舒适

要注重营造温馨舒适的氛围,使寝室成为放松身心的港湾。

(3) 学习氛围

通过色彩与风格的搭配,创造一个安静、适宜学习的环境。

2. 创意要点

寝室美化的创意要点主要如下:

(1) 彰显寝室文化

在美化设计中融入寝室特有的文化元素,展现独特魅力。

(2) 节约用材,变废为宝

倡导低碳环保理念,利用废旧物品进行创意改造,传递绿色生活态度。

(3) 彰显个性

在保持整体风格统一的基础上,鼓励成员根据个人喜好和需求打造个性化的"私密空间"(图2-9)。

图 2-9 彰显个性的寝室美化

知识拓展

寝室美化小窍门

以下是一些寝室美化的小窍门:

1. 衣柜整理

宿舍里的衣柜大多是直筒式的,几乎没有隔断,在放置衣物时往往浪费了很多空间。衣柜隔板可以在衣柜中划分出合适的区域,充分规整空间。此外,还可以在衣柜中放一些多层收纳挂筐,这样既充分利用了收纳空间,又能将贴身衣物、帽子、包等分类收纳。如果宿舍的衣柜里没有挂衣杆,可以用"伸缩棒"来代替。

2. 桌面美化

如何让桌子拥有更多的收纳空间?

(1)网格板收纳

网格板是一种既轻便又实用的收纳工具,而且价格便宜。将网格板放置在桌面旁边的墙上,不仅能够收纳桌面上的小东西,而且能够很好地装饰空间。

(2)桌下挂篮

桌下挂篮可以创造隐形的收纳空间,用于放置各种小物件。

3. 床边装饰

床边挂篮和床边挂袋是寝室非常实用的收纳和装饰工具,不仅可以放水杯、纸巾、书籍等,避免了爬上爬下拿东西,还可以保证床铺的整洁。

三、维护公共区域环境

校园环境由物质与精神两个层面共同构建,它不仅是一个提供学习舒适性的场所,更是校园文化的重要载体,其维护需全体成员共同努力。

校园物质环境是指经过人为规划和改造后呈现的校容校貌和学习环境,包括校园景观、自然风貌、建筑群落和各项设施等。维护其清洁与有序,不仅能为全校师生创造宜人的学习空间,还能促进学生卫生习惯的养成。

校园精神环境,作为校园的核心与灵魂,深刻反映着师生共享的价值观与独特个性,具体体现于师生的精神风貌、校风学风、校园精神及学校形象之中。积极参与其建设,能够有效促进学习风气的优化,并孕育出一种积极向上的精神文化氛围,对每一位身处其中的个体产生深远影响。

(一)共建无烟校园

科学研究已广泛证实吸烟对人体健康构成了严重的威胁。在全球前八大致死病因中,六种与吸烟直接相关,这包括缺血性心脏病、脑血管病、下呼吸道感染、慢性阻塞性肺疾病、结核病以及肺癌等严重疾病。

世界卫生组织发布的数据显示,每年因烟草而失去生命的人数超过 800 万人,其中

700多万人系直接吸烟所致,另有约120万人为遭受二手烟暴露的非吸烟者。

为有效防范香烟带来的危害,并共同促进无烟校园环境的建设,建议采取以下措施:

(1)为保障自身及他人的生命健康,并维护环境清洁,应严格自律,避免吸烟行为。

(2)深入学习吸烟危害的相关知识,增强自我控制能力,主动拒绝烟草的诱惑。

(3)培养良好的生活习惯,确保充足睡眠,避免熬夜,以保持身体的最佳健康状态。

(4)个体在选择交友对象时,应该保持谨慎,尽量远离有不良吸烟习惯的朋友,以营造一个健康的社交环境。

(5)积极参与控烟健康宣传活动,提升对控烟重要性的认识,并通过实际行动影响和约束周围人的吸烟行为。

知识拓展

青少年吸烟的危害

青少年正处于生长发育期,其身体机能和抵抗力相对较弱。若在此阶段养成吸烟的习惯,将对身体造成严重的伤害。具体影响情况如下:

1. 肺部健康受损

青少年的肺部及其他脏器仍处于发育阶段,吸烟会对其造成不可逆的损害,容易诱发多种呼吸系统疾病。

2. 身体机能下降

吸烟会显著影响青少年的身体机能。对于男性青少年,吸烟可能导致身体瘦弱、免疫力下降;而对于女性青少年,则可能引发皮肤问题、月经紊乱等。

3. 呼吸系统受损

香烟中含有多种有害物质,长期吸烟将严重损害青少年的呼吸系统健康。

4. 学习成绩下滑

吸烟不仅危害青少年的身体健康,还会影响其学习。吸烟导致的精神状态不佳和专注力下降,使得他们难以集中精力学习,从而影响学习成绩。

(二)维护校园环境秩序

为了维护校园的良好秩序,进一步推动校园环境的文明、整洁、健康、高雅建设,从而营造平安和谐的校园氛围,依据《高等学校校园秩序管理若干规定》(国家教育委员会令第13号),特此制定以下校园文明行为规范:

(1)衣着需整洁得体,仪容应保持端庄。

(2)行为举止应高雅,谈吐需文明礼貌。

(3)爱护校园内的花草树木,倡导节约用水。

(4)乘坐电梯时,请遵守秩序,先下后上,相互礼让。

(5)严格遵守学校环境卫生规定,保持校园清洁,禁止随地吐痰、乱扔杂物。

(6)使用卫生间时,请务必保持其清洁,并爱护相关设施。

（7）上课时，请严格遵守课堂纪律；候课时，请勿在楼道内大声喧哗。

（8）爱护教室设施，合理使用教学设备，共同维护干净整洁的教学环境。

（9）停放汽车、电动车、自行车时，请入位并摆放有序，以确保安全。

（10）严禁在教学楼内的教室、办公室、楼道楼梯、卫生间等公共场所吸烟。

（11）在观看教学展演、视听公共课讲座、参加会议等时，请主动服从现场管理，遵守秩序，并爱护礼堂、会议室等的设施。

（12）进行教学和汇报演出时，应合理使用场地及设施设备，以降低环境噪声，避免影响周边单位和居民的正常工作和生活。

（13）自觉遵守学校的各项规章制度，尊师重道，友爱同学，团结和睦，共同营造绿色健康的学习氛围和积极向上的工作环境。

（14）参加学校组织的本市或外省市的教学汇报演出、比赛、游学等活动时，请确保安全、遵守纪律；尊重当地的风俗习惯和文化传统；爱护文物古迹、风景名胜及旅游设施。

（15）在突发事件发生时，请服从学校的统一指挥，积极配合应急处置工作。

（16）遵守网络信息管理的法律法规和有关规定，维护线上社群的安全和秩序，自觉抵制不良信息，不传播网络谣言。

课堂练习

"绿色校园，从我做起"个人计划

进入21世纪以来，全球气候变暖、生存环境日益恶化，严重威胁着人类的健康与生存。遏制气候变暖，发展绿色低碳经济，是全人类的共同使命。请围绕"低碳生活"制订一个"绿色校园，从我做起"的个人计划，并在生活中严格执行计划。

1. 过程记录

计划要点：

_____

_____

计划思路：

_____

_____

计划可行性评估：

_____

_____

计划实施要点：

_____

_____

2. 结果评价

教师可以参考表2-11对学生制订的个人计划进行评价。

表2-11 "绿色校园,从我做起"个人计划评价表

评价标准	分值	分数小计	教师评价
计划完整	30分		
计划切实可行	20分		
计划有层次,目标有阶梯	20分		
计划有反馈、提升机制	10分		
计划可评测	10分		
计划有奖励机制	10分		

第三节 勤工俭学助成才

一、勤工俭学概述

2018年,教育部、财政部在印发修订的《高等学校学生勤工助学管理办法(2018年修订)》文件中对勤工俭学给出了明确界定:"勤工助学活动是指学生在学校的组织下利用课余时间,通过劳动取得合法报酬,用于改善学习和生活条件的实践活动。"一直以来,勤工俭学都是学校学生资助工作的重要组成部分,但随着社会的进步和教育的发展,勤工俭学作为一种教育经济活动,已经完成了从单一的"经济资助"到"资助育人"的功能转变,它不仅是资助家庭经济困难学生的有效途径,也是提高学生综合素质的育人方案,它具有丰富的教育内涵。

高校的勤工俭学岗位多种多样,包括校内的管理助理岗、文明监督岗、科技服务岗、安全值班岗和后勤服务岗等,以及校外的家教、企事业兼职等。这些岗位的工作,一方面可以帮助学生获取一定的报酬并减轻家庭压力,培养其吃苦耐劳、自力更生的精神品质;另一方面,可以促使学生提前进入"准职业"状态,通过积极参加各种工作,接触社会、了解社会,学会承担各种社会责任,从而增强职业责任感、组织纪律感,并形成良好的服务态度,这些都会为今后的职业发展奠定良好的基础。

案 例

勤工俭学,自立自强,技能突出获表彰

在学校学习期间,小岩凭借出色的专业技能和不懈的努力,不仅成绩名列前茅,还通过勤工俭学实现了学费和生活费的自给自足。他多次在学校技能大赛中获奖,并因突出

的专业技能被推荐参加市级技能大赛,荣获一等奖。此外,小岩还是校园内的"公益小能手",经常参与各类志愿服务活动。

小岩深知专业技能是立足之本,他刻苦钻研,不断精进,在多个技能领域都取得了优异成绩。他的专业成绩始终保持在班级前列,是同学们公认的"技能小达人"。

小岩积极参加各类技能竞赛,将所学知识与实践相结合,不断提升自己的综合能力。在市级技能大赛中,他以扎实的专业技能和稳定的心理素质脱颖而出,荣获一等奖,为学校争得了荣誉。

小岩热爱公益,他利用课余时间参与各类志愿服务活动,用自己的专业技能帮助他人解决问题。他还担任了校园内的技能帮扶志愿者,耐心解答同学们的疑问,帮助大家共同进步。

小岩自入学以来就坚持勤工俭学,利用周末和假期时间在校外兼职工作,不仅赚取了学费和生活费,还积累了丰富的社会经验。他的自立自强精神感染了周围的每一个人,成为大家学习的榜样。

启示:小岩以大学生的身份通过勤工俭学实现了学费自给自足并凭借出色的专业技能赢得了荣誉和尊重。他的故事说明:无论身处何种环境,只要肯努力、有恒心,就能创造出属于自己的精彩人生。

(一) 勤工俭学的特点

勤工俭学源自20世纪初期在我国大学中发起的勤工俭学运动,一些家境贫寒的学生通过勤工俭学赚取必要的生活费,从而实现减轻生活压力、自主完成学业的目的。随着社会的发展和人才需求的变化,越来越多的非贫困家庭学生将勤工俭学作为自己接触社会、拓展知识面的平台。这使得传统的勤工俭学在参与主体、参与人数、参与目的和参与方式等方面都发生了明显的变化,主要体现在以下三个方面:

1. "资助"与"自主"相结合

勤工俭学是大学资助体系的重要组成部分,学校在岗位安排上会遵循优先扶困原则,即优先帮助家庭困难的学生以"勤工"达到"助学"的目的;同时结合自愿申请原则,当非贫困家庭的学生主动提出想要通过"参与"勤工俭学积累"经历"时,学校一般也会积极安排相应的岗位,为他们提供锻炼机会。

2. "报酬"与"体验"相结合

勤工俭学是学生自愿报名参加的有偿劳动,学生通过辛勤劳动可以获得相应的报酬。但今天越来越多的学生参与勤工俭学的目的不仅仅是"赚钱",他们不再简单地满足于通过一份勤工俭学的报酬减轻家庭压力,更多的是希望通过勤工俭学来获得接触社会、了解社会的机会,以此来丰富社会阅历,积累从业经验。因此,学校不仅提供了校内的工作岗位,而且还提供了很多更具挑战性的校外勤工俭学的工作岗位,给予学生充分锻炼的机会。

3. "学"与"用"相结合

尽管勤工俭学为学生提供了丰富多样的岗位,但越来越多的学生在选择岗位时仍然倾向于知识性、能力性的管理类和技术类工作。他们更愿意将工作与所学专业相结合，希望通过勤工俭学的实践机会来加深对专业知识的理解。学校在提供勤工俭学工作岗位时，会充分考虑"专岗"结合，旨在培养学生的专业技能和实践能力，树立劳动观念和自立精神。例如，酿酒工程、音乐舞蹈教育、中药学专业的学生可以被分别安排到酿酒实训基地、琴房舞蹈房、中药种植基地进行工作，在工作的同时增长专业见识，掌握专业类相关知识技能，从而在一定程度上加强学生对专业的认知。

（二）勤工俭学的岗位类型

勤工俭学是一种结合学习与实践的积极方式，其岗位类型丰富多样，旨在帮助学生们在学习的同时，通过劳动锻炼自己，提升综合能力，并获取一定的经济报酬。在继续探索勤工俭学的岗位类型时，可以从校园内外两个维度进行拓展。

1. 校内岗位

（1）图书馆助理

图书馆助理岗位不仅涉及图书的整理与借阅服务，还进一步拓展至数字化图书馆管理、在线资源推荐等领域，旨在通过信息技术手段优化图书馆服务，为学生提供更为便捷的学习资源获取途径。

（2）教学辅助员

教学辅助员岗位负责为教授或助教提供课程准备、实验器材整理及课后答疑等支持工作，以促进师生间的有效沟通，同时加深学生对专业知识的理解和掌握。

（3）校园导游

校园导游这个职位专注于向来访的家长、校友及校外交流团提供校园导览服务，旨在展示校园文化，同时锻炼学生的沟通能力。

（4）环保志愿者

环保志愿者岗位负责校园垃圾分类指导、绿化养护及环保宣传等工作，旨在培养学生的环保意识和责任感，推动校园绿色生态建设。

（5）创新创业孵化项目助理

创新创业孵化项目助理这个职位专注于协助校内创新创业团队进行市场调研、项目策划及财务管理等工作，为未来的创业者提供宝贵的实践经验和平台。

2. 校外岗位

（1）社区服务中心助理

社区服务中心助理是指参与社区老人关怀、儿童教育辅导及公益活动组织等任务，旨在增强学生的社会责任感和公民意识的人员。

（2）企业实习生

与相关企业建立合作关系，为学生提供与专业对口的实习岗位，如市场营销、财务管理、软件开发等，让学生在真实的工作环境中学习成长。

（3）在线教育平台助教

在线教育平台助教是指利用网络平台为远程学习者提供课程辅导、作业批改及学习进度跟踪等服务，以锻炼远程教学和团队协作能力的人。

（4）文化艺术机构助手

文化艺术机构助手是指在博物馆、艺术馆、剧院等场所工作，参与展览布置、演出筹备及观众引导等活动，以提升艺术鉴赏能力和文化素养的人。

（5）农业科技推广员

农业科技推广员是指在农业合作社或农业科技园区工作，学习现代农业技术并参与农产品营销、农业知识普及等活动，为乡村振兴做出贡献的人员。

上述勤工俭学岗位类型多样，既包含传统体力劳动，又融合知识型、技能型及服务型等多种元素，为学生提供更加多元化、个性化的选择。通过参与这些岗位工作，学生不仅能够获得经济支持，更能在实践中学习成长，为未来的职业生涯打下坚实基础。

二、大学生开展勤工俭学的意义

勤工俭学活动对于大学生而言，不仅是缓解经济压力的一种途径，更是促进其全面发展、提升综合素质的重要平台。这一实践过程深刻体现了教育与社会实践的紧密结合，对大学生的成长具有深远的意义。

（一）激发自立自强精神

大学生正处于人生观、价值观形成的关键时期，勤工俭学活动鼓励他们通过自身努力获取报酬，减少对家庭的依赖，从而培养自立自强的优秀品质。这种精神不仅有助于他们独立面对生活中的挑战，更为他们未来的职业生涯奠定了坚实的基础。正如"授人以鱼不如授人以渔"所说，勤工俭学教会了大学生如何依靠自己的双手创造价值，实现自我价值。

（二）磨砺艰苦奋斗意志

在求学的道路上，大学生可能会遇到各种困难和挫折。这些经历让他们深刻体会到生活的艰辛和不易，从而更加珍惜现有的学习机会和生活条件。这种艰苦奋斗的精神不仅是对中国传统美德的传承，更是大学生未来职业生涯的宝贵财富。它激励着大学生不畏艰难、勇往直前，为实现自己的梦想而努力奋斗。

（三）提升职业素养与技能

勤工俭学为大学生提供了一个提前接触职场、了解社会需求的机会，在这个过程中，他们不仅可以学习到职业规范、职业道德等职业素养，还可以通过实践锻炼提升自己的专业技能。这种理论与实践相结合的学习方式，有助于大学生更好地适应未来的职场环境，为未来的职业生涯打下坚实的基础。

（四）激发学习热情与信心

勤工俭学活动让大学生亲身体验到知识的力量和价值。通过运用所学知识解决实际问题，他们不仅加深了对书本知识的理解，还增强了学习的动力和信心。这种正向的激励作用可以激发大学生的学习热情，促使他们更加主动地投入学习中去，不断提升自己的综合素质和能力水平。

三、勤工俭学对大学生能力的要求

勤工俭学作为大学生接触社会、锻炼自我、实现经济独立的重要途径,对参与者的能力要求远不止于简单的体力劳动或浅层的知识应用。它更像是一座桥梁,连接着校园和职场,考验着学生们在多个维度上的成长和蜕变。以下是对大学生参与勤工俭学所需能力的进一步探讨,旨在促进他们更全面、深入地发展。

(一)自主学习能力

在勤工俭学的实践中,自主学习能力对于大学生而言尤为重要。它不仅关乎在正式或非正式学习环境中自我求知、做事、发展的能力,更是个人成长与职业发展的基石。自修是大学生必须掌握的核心技能之一,面对日新月异的知识体系和复杂多变的工作环境,大学生需要通过自主学习,快速掌握新技能,解决工作中遇到的新问题。这种能力不仅可以帮助他们在勤工俭学中脱颖而出,还可以为未来的职业生涯奠定坚实的基础。

(二)沟通能力

良好的沟通能力是大学生勤工俭学过程中的关键能力,它不仅体现在语言表达和倾听上,更涵盖了个人形象、言谈举止等多个方面。在与同事、客户或雇主交流时,大学生需要展现出自己的专业素养和沟通能力,以建立和谐的人际关系,获得他人的理解和支持。通过不断的练习和实践,大学生可以逐渐提升自己的沟通能力,为未来的职场生涯打下坚实的基础。

(三)时间管理能力

时间管理能力是大学生勤工俭学过程中必不可少的一项技能。在学业和工作的双重压力下,大学生需要学会合理分配时间,确保既能完成学业任务,又能胜任勤工俭学的工作。通过制订科学的时间管理计划,大学生可以更加高效地利用时间,避免在忙碌的生活中迷失方向。此外,良好的时间管理能力也有助于培养大学生的自律性和责任感,为未来的职业发展做好准备。

知 识 拓展

四象限时间管理法

四象限时间管理法是由著名管理学家科维提出的,他把工作按照重要和紧急两个不同的维度进行划分,基本上可以分为"四个象限"(图2-10):既紧急又重要、重要但不紧急、紧急但不重要、既不重要也不紧急。运用该方法,可以将需要处理的事情按照轻重缓急进行划分,从而便于作出决策。

具体来说,可以采用以下态度处理各象限的事务:对于既重要又紧急的事情应严格把控,保持在一定的范围,防止其扩大,给自己徒增压力;对于重要但不紧急的事情应多花时间和精力,为长远利益做好铺垫;对于紧急但不重要的事情,应尽量将范围缩小,避免不必要的时间浪费;对于既不重要也不紧急的事情,应尽量避免它的出现。

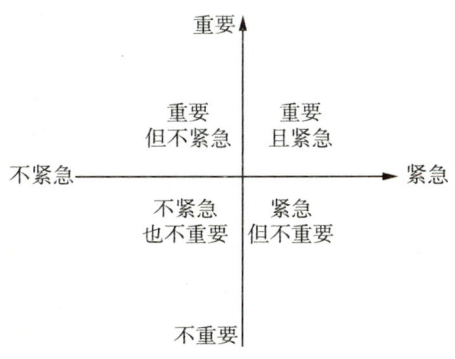

图 2-10 四象限时间管理法

(四)信息处理能力

在信息爆炸的时代,信息处理能力已成为衡量大学生综合素质的重要指标之一。在勤工俭学过程中,大学生需要掌握各种信息工具的使用方法,有效地采集、加工和发布信息,这不仅有助于提高工作效率,更能展现出大学生的专业素养和综合能力。因此,大学生需要注重培养自己的信息处理能力,掌握计算机及网络技术的基本知识,为未来的职场竞争做好准备。

(五)问题解决与创新能力

在勤工俭学的过程中,学生可能会遇到各种预料之外的问题和挑战。这要求他们具备敏锐的问题意识,能够迅速识别问题所在,并运用所学知识和技能寻求解决方案。此外,创新能力也是推动工作向前发展的关键,应鼓励学生跳出传统思维模式,勇于尝试新方法、新思路,以创新的方式解决问题,提高工作效率和质量。

四、参与勤工俭学需要注意的问题

勤工俭学作为学生们在学业之余自我提升与锻炼的重要途径,需要细心规划与周全准备。

(一)强化法律认知

大学生参与勤工俭学期间,法律意识的薄弱可能使他们面临权益受损的风险。由于大学生作为劳动者的法律地位往往不明确,当他们与雇主产生纠纷时,容易陷入维权困境,因此,大学生必须增强法律观念,明确自身权益。在参与勤工俭学前,务必与雇主签订详细的协议书,明确双方权利与义务,包括意外伤害的处理办法及争议解决机制。当权益受到损害时,应及时向学校或相关部门求助,切勿盲目追求高薪而忽视法律保护,以免陷入传销等非法活动。

(二) 提升安全意识

勤工俭学虽能让大学生更早接触社会,但也伴随着诸多安全隐患,大学生应时刻保持警惕,注意交通安全,避免在勤工俭学过程中发生意外。此外,应严格遵守工作规范,不擅自离岗,不违规操作设备,以免造成人身伤害。对于存在较大安全风险的工作,如高空作业、接触有害物质等,大学生应坚决拒绝,并及时向学校反馈。此外,在校外勤工俭学时,最好结伴而行,相互照应,以提高自我保护能力。

(三) 结合专业学习

大学生在选择勤工俭学岗位时,应优先考虑与自身专业相关或有助于职业规划的职位,这样不仅能通过实践锻炼提升专业技能,还能为未来的职业发展打下坚实基础。学校也应加强对勤工俭学的引导和管理,鼓励学生参与与专业相关的实践活动,实现教育与生产劳动的有效结合。

(四) 平衡学习与工作

大学生应正确处理勤工俭学与学习的关系,避免本末倒置,在追求物质利益的同时,不应忽视学业的重要性,应该合理规划时间,以确保勤工俭学不会影响正常的学习进度。同时,大学生应该树立正确的价值观和消费观,避免盲目追求物质享受而荒废学业。通过勤工俭学,大学生应努力实现自我提升和成长,为将来步入社会打下坚实的基础。

(五) 拓展人际关系网络

大学生在勤工俭学的过程中,将有机会接触到来自不同背景与领域的人士,应该珍惜这些机会,主动与他们交流、建立联系,以拓展自己的人际关系网络。这些人际关系可能会为大学生提供宝贵的职业建议、实习机会或合作契机,从而对其个人成长与未来发展产生积极影响。

(六) 关注个人成长与发展

勤工俭学的最终目的是促进个人的成长与发展。因此,在参与过程中,大学生需要时刻保持自我反思和总结的习惯,定期回顾自己在工作中的表现和收获,并思考如何进一步提升自己的能力和素质。同时,大学生也应该关注自己的身心健康状况,以确保在忙碌的学习和工作之余能够得到充分的休息和放松。

课 堂 练习

勤工俭学能力挑战任务

假设你被分配到一家初创科技公司担任助理职位,你的主要职责包括协助市场部门进行数据收集、分析,以及参与一些日常行政工作。此外,你还需要在不影响学业的前提下,合理安排时间,以确保任务能够顺利完成。请按照以下步骤完成挑战任务:

1. 准备阶段

了解公司背景、市场部门的工作内容及岗位要求,明确自己的实践目标和任务。

2. 学习与实践

根据实践目标,分阶段进行自主学习、沟通练习、时间管理规划、信息收集和处理,以及问题解决与创新的实践。

3. 成果展示

准备一份 PPT 或报告,以展示你的学习成果和实践经验。这些内容包括自学掌握的技能、沟通实例、时间管理计划、市场分析报告以及问题解决与创新的方案。

4. 反思与总结

在实践结束后,进行个人反思和总结,分析自己在勤工俭学过程中遇到的困难和挑战,以及如何通过实践提升自己的各项能力。

第四节　志愿服务知识窗

一、志愿服务概述

随着社会的快速发展,人们之间的联系日益紧密,同时也面临着更多的挑战与问题,志愿服务以其独特的方式,成为促进社会和谐的重要力量。它打破了人与人之间的隔阂,让不同背景、不同职业的人们因为共同的善念而聚集在一起,共同为解决社会问题贡献自己的力量。在这个过程中,人们逐渐学会了相互理解、尊重和包容,社会的凝聚力得到了显著增强。

(一) 志愿服务

志愿服务是指志愿者、志愿服务组织和其他组织自愿、无偿地向社会或他人提供的公益服务。这一定义规范了志愿服务的主体、特征、对象和行为。

从事志愿服务的主体包括志愿者、志愿服务组织和其他组织。志愿者是以自己的时间、知识、技能和体力等从事志愿服务的自然人。志愿服务组织是指依法成立,以开展志愿服务为宗旨的非营利性组织,可以采取社会团体、社会服务机构、基金会等组织形式。其他组织是指依法依规从事志愿服务但尚未登记注册的组织,而学校志愿服务社团则属于其他组织的范畴。

志愿服务的特点是自愿和无偿。自愿是指服务主体从事服务符合主观意愿,而非被迫进行。高校大力推动志愿服务,将志愿服务作为劳动教育的路径之一,提倡学生自愿从事志愿服务,一方面可以树立劳动光荣的意识,强化服务思维,让劳动成为一种自然而然的好习惯;另一方面可以提高劳动素养,培养劳动品质,树立乐于助人的奉献精神、积极向上的阳光心态和团结协作的团队思维。无偿是指服务主体从事服务不以获取报酬为目的,如果参与营利性活动就不属于志愿服务范畴。

一般来讲,志愿者参加志愿服务没有劳动报酬,但根据服务岗位和实际需要,可以获得适当的交通、误餐和劳务费等补贴，这些补贴并不是志愿者的报酬，而是对志愿者参与志愿服务产生的额外支出的补贴或是对付出劳动的象征性补贴。这两个特征是志愿服务与其他劳动实践区别的关键所在。

志愿服务的对象是社会和他人。强调志愿服务是通过自我劳动直接对社会或他人产生积极的影响，岗位实习的劳动实践是通过劳动直接对自身进行改造，间接产生了一定的社会效益。这两类劳动教育路径不同，也突显出作为劳动教育的志愿服务的独特意义。

志愿服务的本质是公益服务。这与志愿服务的无偿性特征前后呼应，同时把志愿服务行为最终落脚在"服务"上，提供服务正是劳动的一种，也说明了志愿服务作为劳动教育路径之一的合理性。

知识拓展

志愿精神

广义的志愿精神涵盖了志愿者在服务过程中所展现的各种积极正面的精神状态。而在狭义上，志愿精神可提炼为四个关键词：奉献、友爱、互助与进步。

奉献指的是在摒弃了回报、名利与特权考量后，个体全心全意、无偿地投身于服务他人、贡献社会及推动人类发展的行为。它是志愿服务的核心，贯穿于所有志愿服务活动的始终。志愿者、志愿组织及其他相关机构，秉持着奉献社会、服务他人的初衷，将个人融入国家发展与社会进步的宏大叙事中，勇于承担社会责任，以大局为重，共同促进国家治理的完善与社会温度的提升。

友爱则体现为人际关系中基于相互理解、信任与支持所展现出的亲切情感。在志愿服务过程中，这种情感自然流露，成为连接志愿者与服务对象的情感纽带。无论双方是否相识，友爱的态度都能迅速拉近彼此的距离，构建和谐的互动关系。友爱的基石在于尊重与信任，它促使双方以平等、真诚的态度进行沟通与合作，共同营造美好的社会环境。

互助强调的是志愿者在他人遭遇困难时伸出援手，帮助其改善现状、提升能力、实现发展；同时，受助者在摆脱困境后，也能积极回馈社会，帮助他人。这一理念凸显了人的社会性特征，即个体间相互依存、相互影响。通过互助，服务主体和服务对象的角色可以相互转化，形成"我为人人，人人为我"的志愿服务循环，从而促进社会的和谐与共赢。

进步是指志愿者在参与志愿服务的过程中，不仅实现了个人能力的提升与成长，还推动了社会的整体进步。这一进步涵盖了个人与社会两个层面：个人层面上的进步表现为志愿者在服务中获得的技能提升、经验积累与自我超越；而社会层面上的进步则是由无数个体的进步汇聚而成的推动社会发展的强大力量。此外，志愿服务还为服务对象带来了正向激励和改变，成为推动社会进步的又一重要力量。

（二）大学生志愿服务

大学生志愿服务是指大学生作为志愿服务主体，在课余时间利用自身所学和特长，为社会提供的各类志愿服务。大学生志愿服务不仅符合志愿服务的基本精神，还展现出大学生独特的青春风貌和专业特点，具体体现在以下几个方面：

1. 主体的年轻化与专业性

大学生志愿服务的主体是大学生，他们正处在青春年华，充满活力与好奇心，经过一定阶段的专业学习，已经掌握了一定的职业技能。在志愿服务中，他们既能展现年轻人的热情与创造力，也能将所学专业知识应用于实践，为服务对象提供更为专业、有效的帮助。然而，由于年龄和社会经验的限制，大学生可能在志愿服务中遇到一些挑战，如对某些问题的理解不够深入，服务时间也可能因学业压力而显得较为零散。

2. 平台的多元化与校园化

大学生参与志愿服务的平台多种多样，既包括学校官方组织（如团委、学生会等）发起的项目，也包括各类校内社团（如技能社团、公益社团等）开展的活动。此外，随着互联网的发展，越来越多的志愿服务 APP 和平台为大学生提供了便捷的参与渠道。尽管如此，校园仍然是大学生参与志愿服务的主要阵地，校内平台在组织和动员方面发挥着重要作用。

3. 活动的特色化与专业化

大学生志愿服务活动往往紧密结合学生的专业特点和兴趣爱好，形成了一系列具有鲜明特色的服务项目。技术类专业的学生可以参与社区维修、科技普及等活动；服务类专业的学生则可以开展养老助残、心理健康辅导等服务。这些活动不仅丰富了志愿服务的内涵，还提升了志愿服务的专业性和实效性。此外，大学生志愿服务注重创新与实践相结合，鼓励学生发挥想象力和创造力，设计出更多新颖、有趣的志愿服务形式。

（三）中国特色志愿服务的发展

中国特色志愿服务具有鲜明的价值导向，将培育和践行社会主义核心价值观贯穿全过程，自觉服务党和国家工作大局，与全面建设社会主义现代化国家同向同行，成为凝聚实现中国梦强大力量的重要纽带。

1. 中华文化中的志愿之"根"

志愿服务所体现的互帮互助、和谐友爱的社会状态和人际关系早已在中华传统文化中生根发芽，儒家、墨家、道家等都对这一和谐的社会状态进行了阐述。

"仁"作为儒家思想的核心，所包含的仁爱精神正是志愿服务倡导的内涵，在很多经典著作中都有所体现。《孟子·离娄下》中的"仁者爱人"就阐述了君子的仁爱之心，同时说到"爱人者，人恒爱之"，用辩证思维称赞仁人的行为，鼓励众人以此为标杆，做仁爱之人，也将获得别人的尊敬；《孟子·梁惠王上》中的"老吾老，以及人之老；幼吾幼，以及人之幼"，作为孟子对君王的治国建议，反映了当时社会崇尚并努力实现互爱互敬的人际关系。

"兼爱"是墨家思想体系的基础，强调人与人之间超越阶层的平等相爱，正如《墨子·

兼爱》中所说的"视人之国若视其国,视人之家若视其家,视人之身若视其身",这种同情的心理正体现出志愿服务的友爱之意,即对待他人如同对待自己一样的尊重、爱护。

"人本"观点是道家思想的一大重要内容,提倡以人为本,善待他人和社会。老子在《道德经》中指出"孔德之容,惟道是从",强调人要心胸宽阔才能与他人和自然和谐相处;而"上善若水,水善利万物而不争,处众人之所恶,故几于道"则提倡做人如水、柔和、低调、谦逊、包容万物,这种品质正是志愿精神的核心;"圣人不积,既以为人己愈有,既以与人己愈多"鼓励每个人善于给予别人帮助与关怀,才能实现社会和谐。这些经典著作中所述的内容在朝代更迭中不断被丰富完善,是一批又一批仁人志士毕生追求、奋力实现的社会状态,促进了我国古代社会关系的向善发展。

到了近代,在"三座大山"的压迫下,国内各方力量持续博弈,传统的社会格局被打破,这一时期社会发展近乎停滞。中华人民共和国成立后,伴随着内忧外患的解决,中国共产党带领人民开始进行社会主义改造和建设。1963年3月5日,毛泽东同志亲笔题词"向雷锋同志学习",自此,每年的3月5日被确定为学雷锋纪念日。此后在全国掀起的"学雷锋"热潮为我国志愿服务的发展奠定了思想和行动基础,"雷锋精神"深入人心,其中体现的服务人民、助人为乐、向善向上这些品质正是现代志愿服务的重要内涵,也为中国特色志愿服务的发展奠定了基础。

2. 现代意义的志愿之"苗"

现代意义的志愿服务最早起源于西方,1970年联合国成立志愿者组织并得到各国政府的支持,1985年联合国大会通过决议,确定每年的12月5日为"国际志愿者日"。志愿服务在我国的发展承载了中华文化的基因,适应了我国的政治制度,带有中国印记,具有中国特色。

我国现代意义的志愿服务始于改革开放后,得益于稳定的社会环境和回暖的经济状况。20世纪80年代,我国志愿服务进入自发探索阶段,越来越多的热心人士致力于志愿服务事业,创建并发展了一批志愿服务组织,其中有以下三个标志性组织:

(1) 1987年,广州市诞生了全国第一条志愿服务热线——"中学生心声热线",针对中学生群体,主要依靠电话咨询方式提供服务,促进了以"热线"为渠道的志愿服务形式在我国的普及。

(2) 1989年,天津市和平区朝阳里社区成立全国第一个社区志愿者协会,把焦点聚集在微型社会中,让志愿服务深入社区、进入家庭、贴近生活,促进社区居民之间互帮互助。

(3) 1990年,深圳正式注册成立"深圳市义工联",这是我国第一家正式依法登记注册的志愿者社团,开创了志愿服务法治化、规范化发展的先河。志愿服务在这一阶段的发展,主要依靠群众自发的力量,探索各种组织形式,从无到有,不断积蓄力量、动员资源,推动志愿服务在中国的发展。

3. 中国特色志愿服务的蓬勃发展

自1992年我国确立建设社会主义市场经济以来,志愿服务的发展在党和国家的明确规划下进入了组织推动的新阶段。这一时期,共青团作为党的后备军,积极引领青年志愿者队伍的壮大,通过其活力展现,有效激励并带动了各年龄段人群投身于志愿服务事业。基于前期积累的经验,1994年中国青年志愿者协会正式成立,获得了以江泽民同志为代表的党和国家领导人的高度关注与支持,彰显了国家对志愿服务事业的重视。

至1998年,全国范围内已成立31个省级青年志愿者协会,并建立了众多青年志愿者服务站与服务队,极大地激发了青年群体参与社会服务、奉献爱心、助人为乐的热情。在此阶段,志愿服务在组织的推动下,实现了从地方性、自发性向全国性、规范性的跨越,与我党全心全意为人民服务的宗旨紧密相连,赢得了社会的广泛认可与关注。

进入21世纪,我国志愿服务事业迈入多元化发展的新阶段,国家与社会力量携手并进,共同推动其稳步前行。特别是2008年,北京奥运会、汶川地震等重大事件,激发了社会各界对志愿服务的强烈共鸣,大量志愿者投身其中,通过媒体的广泛传播,志愿服务逐渐成为社会风尚与现象级话题,公众以参与志愿服务为荣,积极追求成为合格志愿者。据统计,自2003年起,我国志愿服务组织数量年增长率高达95%,平均每个组织管理的志愿者数量亦显著增加至300余名。

2017年,中国共产党第十九次全国代表大会明确提出"推进诚信建设和志愿服务制度化,强化社会责任意识、规则意识、奉献意识",首次将志愿服务制度化纳入国家发展规划。随后,党的十九届四中全会进一步强调坚持和完善中国特色社会主义制度,健全志愿服务体系,从政策与制度层面为志愿服务事业的持续发展提供了坚实保障。同年,《志愿服务条例》及多项相关意见与政策的出台,标志着我国志愿服务正式步入全国统一的法治化轨道,有效满足了志愿服务快速发展的法治需求,为其长远发展奠定了坚实基础。这一系列举措不仅彰显了我国志愿服务事业的蓬勃生机,也预示着具有中国特色的志愿服务之路将越走越宽广。

(四) 志愿服务的类别及意义

志愿服务的类别多样,包括但不限于以下12类服务:

1. 大型活动服务

大型活动服务是指在全国、省、市、县(区)的行政区域内,为大型社会公益活动提供现场引导、信息咨询、语言翻译、礼仪接待、团队联络、应急救助、技术指导和秩序维持等服务。有助于展现城市的良好风貌,推动社会文化、体育、艺术等的发展,保障大型活动的顺利开展,用坚韧、勇气和活力感染周围的人,展现乐于奉献、兢兢业业、团结协作和开拓创新的精神。

2. 应急救援服务

当自然灾害、重大事故、公共卫生和社会安全事件发生后,当地人民政府设立应急指挥机构统一指挥协调,开展防灾救灾、心理干预、医疗卫生和排危重建等服务。体现的正是一方有难、八方支援的友爱与团结,通过各类援助,使受灾地区尽快战胜各种灾害,为灾区人民带去希望和温暖。新冠肺炎疫情暴发时,全国各地志愿者纷纷向武汉集结,伸出驰援之手,将医疗技术和救援物资等带过去,让封锁的武汉不再孤独,虽然街上空无一人,虽然道路不再通达四方,但是有志愿者的爱心传递,汇聚起抗击疫情的宏伟力量,最终取得了抗疫的首战大捷。

3. 社会公共服务

社会公共服务是指为协助党政部门或者其他各类社会机构实现各种公共服务职能

而提供的如维持秩序、教育群众和疏解情绪等服务。这类志愿服务有助于维护社会秩序，增强群众的文明意识。志愿者已经成为城市文明的使者，成为最鲜亮的宣传名片，通过自己的行为，让更多的群众了解文明行为，并自觉践行文明行为，共同维护城市的美好环境、社会秩序。

4. 生活帮扶服务

生活帮扶服务是指为孤寡老人、病残人员、农村留守人员和外来流动人员等弱势群体提供必备的生活物资、精神慰藉和文化娱乐等服务。这类服务项目通过为他人提供帮助，让受助者在身心上获得关怀，感受到社会和他人的温暖，树立积极向上的生活信心。

5. 支教助学服务

支教助学服务是指为贫困地区提供的支教、捐书、赠学和送戏下乡等服务。这类服务项目有助于为贫困地区的孩子带去更优质的教育资源，让想学习的孩子能够有机会学习，让贫穷不再是制约知识学习的一个因素，让教育资源的分配更加优化。教育是能改变孩子一生的事业，通过志愿者的努力，这些孩子们能够接触到更丰富的知识、更潮流的信息、更便捷的平台，也许就是一句话、一个行为、一个眼神，也许是细水长流的浸润，能让孩子们树立更远大的目标，用知识改变未来。

6. 卫生保健服务

卫生保健服务是指为城乡社区居民提供的义诊、健康保健等服务，为贫困地区开展的送医、送药、常见疾病防治知识宣传等服务。这类服务项目通过医疗技术、医药物资的保障，可以为群众提供便捷的医疗服务和物品，增强安全健康意识。医药类院校的学生们经常定期参与义诊和健康知识宣传，为社区居民，尤其是老年群体开展一些基本的检测，用自身所学帮助和服务更多的群众，在奉献中诠释自我价值。

7. 法律服务

法律服务是指为公民、法人或其他组织提供的相关政策法规宣传、讲解等服务。这类服务项目有助于提高居民的法律意识，通过志愿者的宣讲，让群众能够辨别违法行为，自觉抵御违法分子的侵扰，树立安全意识，学会恰当地保护自我。

8. 环境保护服务

环境保护服务是指开展各类节能减排、护水护绿、防治污染等活动及环保知识宣传。这类服务项目有助于改善生态环境、培养环保意识。一些环境保护行动难以通过个体来实现，因此常常需要通过专业的团队来完成，环保志愿服务就是其中之一。环保服务既可以在学校里自觉抵制长明灯、长流水现象，保护公共资源，也可以化身宣传使者，普及环保意识，强化社会的环保行动。

9. 科技推广服务

科技推广服务是指开展各类科普知识宣传、技术推广和运用等服务。这类服务项目有助于增强居民的科技意识，宣传实用科技，推广运用身边的科技服务和便捷群众生活。当今，科学技术日新月异，以老年人为代表的群体难以接触最新科技，通过科技推广，能够便捷他们的日常生活，使科技服务生活。

10. 治安防范服务

治安防范服务是指提供治安宣传、治安巡逻、公共财物看护、禁赌禁毒、社区矫正和防范违法犯罪等服务。这类服务项目有助于满足群众对于安全的需求,通过安全巡逻、隐患排查等方式,将安全隐患降到最低,常见于社区治理中,有助于为社区居民打造和谐美好的居住环境。

11. 公共文明引导服务

公共文明引导服务是指针对公共场所各类不文明行为,提供劝导、引导和纠正等服务。这类服务项目有助于抵制不文明行为,通过劝导、引导,让行为不文明的人意识到自身行为对他人和社会的危害,宣传文明举止,为构建和谐有序的社会环境作出贡献。例如,公共场合禁烟引导、有序排队引导、文明养犬引导等都属于这类服务。

12. 群众文化服务

群众文化服务是指开展群众文化活动组织、文化培训和文艺演出等服务。这类服务项目依托志愿者的文艺特长,进一步丰富群众的文化生活,满足人民对美好生活的需要,让群众在文化活动轻松愉快的氛围中,陶冶情操、放松心情、感受美好,尤其对一些老年人来说,还能丰富退休生活,获得精神上的满足。

知识拓展

志愿者标志

1. 中国志愿者

中国志愿者标志以汉字志愿服务的"志"字为基本原型,以中国红为基本色调,配有"中国志愿服务"的中英文字样(图 2-11)。多处巧妙地以志愿者英文单词 volunteer 的首字母"V"构图,其中"志"字的上半部分是一只展翅飞翔的鸽子,下半部分由中国书法中草书的"心"字构成,同时也是一条飘逸的彩带。整体寓意志愿者通过奉献服务他人,推动社会进步,同时也象征着志愿者将爱心连接在一起,形成积极向上的合力,服务社会。

图 2-11 中国志愿者标志

2. 中国青年志愿者

中国青年志愿者标志的整体构图为心的造型,同时也是英文"青年"的第一个字母

"Y";图案中央既是手,也是鸽子的造型;为红色和白色搭配(图2-12)。寓意青年志愿者向他人伸出援助之手,共建和谐美好的社会,立足新时代,展现新作为。

1994年2月24日,共青团中央发布了"中国青年志愿者"标志(通称"心手标")。2020年4月,共青团中央、中国青年志愿者协会发布《中国青年志愿者标志基本规范》,对中国青年志愿者标志"心手标"的使用作出规范性要求,强调"心手标"禁止任何形式的商业目的使用或其他不当使用。

图2-12　中国青年志愿者标志

二、大学生参与志愿服务与劳动的关系

党中央明确把志愿服务确立为劳动教育的途径之一,对大学生来讲,参加志愿服务与劳动有紧密的联系,符合劳动教育的基本原则,有助于实现劳动教育的育人目标。

在深入探讨大学生参与志愿服务与劳动之间的联系时,不难发现,这两者不仅是学生个人成长道路上不可或缺的环节,更是培养其社会责任感、实践能力及团队合作精神的有效途径。

(一)有利于自身树立正确的劳动观

大学生参与志愿服务有利于自身树立正确的劳动观,具体如下:

1. 有利于树立劳动最光荣的观念

志愿服务的初衷就是在奉献中服务他人、服务社会,每位志愿者都抱着这样的初衷,在服务的过程中让善的种子生根发芽、绿树成荫,为服务对象撑起一片阴凉,播洒仁爱的情怀,践行"仁者爱人"的优良传统。在奉献的过程中,用自身擅长的知识和技能,帮助每一位需要帮助的人,从这一光荣的行为中体会劳动的光荣;在服务的过程中,感悟劳动的艰辛,从而尊重劳动,珍惜劳动成果,增进对劳动人民的感情。

2. 有利于树立劳动最崇高的观念

志愿服务是通过自己的无偿劳动创造价值的过程,价值创造本身就是一份崇高的事业,再融入无偿奉献的精神境界,让志愿服务更加朴实无华、充满真挚。大学生在服务的过程中,为社会贡献自我劳动价值,不计报酬、不计回报,开阔了劳动视野和胸怀。这种去功利化的劳动意识正是崇高劳动观念的体现。当看到他人因为自己的劳动而感到幸福时,他们会更加喜悦和满足,这种精神层面的回报是物质回报难以实现的,也能产生更加深刻而长久的影响。

3. 有利于树立劳动最伟大的观念

"党的十八大以来,广大志愿者、志愿服务组织、志愿服务工作者积极响应党和人民号召,弘扬和践行社会主义核心价值观,走进社区、走进乡村、走进基层,为他人送温暖、为社会作贡献,充分彰显了理想信念、爱心善意、责任担当,成为人民有信仰、国家有力量、民族有希望的生动体现。"越来越多的学生积极参与志愿服务,将小我融入大我,自觉承担起民族复兴的重任,担当社会责任,用辛勤劳动和谐人际关系、维持社会秩序、改善社会治理、创造社会价值、推动社会发展,为实现社会善治贡献力量。

4. 有利于树立劳动最美丽的观念

"赠人玫瑰,手留余香",当从事志愿服务时,将会为自己的劳动而感到高兴,虽然过程中会有艰辛、劳累和坎坷,但走过风雨之后,将收获成长,再回望来时的路,一切都变得更加美好并值得珍惜。首先,志愿从来不只是单向付出,他人在受助之后往往也会露出喜悦的微笑,这种微笑正是美好的来源,可以驱除阴霾,把善传递给每个人。

其次,在志愿服务中更能够找到志同道合的朋友。选择投身于志愿服务的人,都有一个共同的品质——"善",每个人都是闪着光的个体,简单而纯洁,虽然最初认识时互相不知道姓名、不知道年龄、不知道具体信息,但是因为是从事志愿服务,就会让他人觉得这是一个值得尊敬的人,是一个有着高尚情操和优良素质的人。

在志愿服务中,身边都是有着这类共同品质的人,更容易因为这种特质相互吸引,收获简单而美好的友谊。依托单纯的初衷建立起信任,通过沟通、交流、接触,在信任之上逐渐熟悉并成为朋友。

周围的所有人都在收获美好,拥有晴朗的心境,整个团队的氛围都是积极向上的,在这样的氛围中提供服务,自己也会很好地融入进去,将这份美好坚持下去。最后,志愿者与服务对象之间也能够建立美好的友谊,因为助人与受助本来就是一种美好的关系,助人者散发着善良的气息,受助者在关爱之中温暖自己也温暖他人,双方很容易放下戒备,以真心换取真心。

(二) 有利于培养自身劳动精神

大学生参与志愿服务有利于培养自身劳动精神,具体如下:

1. 有利于培养勤俭精神

首先,志愿服务的无偿性使得志愿者只能通过服务获得适当的物质回报,这能够让志愿者保持勤俭,而且志愿者的初衷也并非获取物质利益,这也反映出志愿者勤俭的精神。

其次,志愿服务项目撬动的资金较少,无论是学校社团志愿服务项目还是共青团推动的项目,拨付或筹集的资金不会太多,志愿者在志愿服务过程中要思考如何用最少的资金实现最优的结果。

最后,受助者的行为会影响志愿者,志愿服务对象中有一部分是资源相对匮乏的群体,他们的生活状态比较局促。例如,支教助学地区往往是偏远山区,学生们的生活条件都不宽裕,通过与这些孩子以及他们的家庭相处,志愿者更能了解生活的不易,体会挣钱的艰辛,从而形成勤俭的劳动精神。

2. 有利于培养奋斗精神

志愿服务的效果有好坏之分,优秀的志愿服务都是通过志愿者们的奋斗实现的。志愿服务的过程是辛苦、枯燥的,需要通过奋斗来克服自身的退却心理,用毅力坚持下去,用不懈的付出实现服务目标。同时,身边有一群一起奋斗的同伴,在相互激励、相互陪伴中,更能够坚持下去,实现自我的突破,用奋斗创造服务的果实。

3. 有利于培养创新精神

一方面,每一项志愿服务既有延续性又有创新性,延续性是固定的服务内容,创新性是每次服务中面对的新情况、新问题,需要志愿者运用创造性思维去解决,从而培养创新的劳动精神;另一方面,通过志愿服务,大学生能够将专业知识、社会技能等运用到实践中,通过手脑并用,锻炼专业能力,不断提高创新服务能力。

4. 有利于培养奉献精神

志愿精神的首要内容是"奉献",这与劳模精神中的"甘于奉献"相契合。在从事各类志愿服务的过程中,无论是体力劳动还是脑力劳动,无论是专业劳动还是一般劳动,都让大学生能够在服务中激发奉献的情感,越投入越愿意付出,就越会懂得以适当的方式付出友爱之心。目前,许多大学生志愿者将志愿服务视为毕生的追求和热爱的事业,通过无偿奉献来创造价值。

(三) 有利于提高自身劳动技能

大学生参与志愿服务的过程正是提高自我劳动技能的过程。一般情况下,在开展志愿服务前,团队会对志愿者进行专业培训,提高服务技能,学习服务中的沟通、礼仪、心理调适等内容;再结合不同类型的志愿服务进行专项培训,有针对性地提高专业领域知识和能力。在志愿服务中,志愿者针对某一具体的服务岗位,进行反复的实践,这个过程就是把理论运用于实践,在实践中检验理论并完善理论体系的过程,通过反复的自我实践,在肯定之否定规律的作用下,不断总结经验,螺旋式上升,收获完备的技术和技能。

此外,志愿服务通常是团队服务,一个服务岗位通常有多名志愿者,身边有一群同伴和自己做着一样的服务内容,相互之间增加了共同语言,并在探讨和交流中共同提升、互相督促,在有趣的实践过程中完善自我。

例如,支教助学志愿服务在前期培训中,组织者会着眼于教学能力、知识体系的培养,这有助于大学生丰富教书育人的知识储备和提高教学能力,同时组织者也会提前了解服务地的风土人情,帮助大学生更快地适应支教环境,并据此设计符合当地风俗民情的教学方案,提高教学的针对性和实效性。

在服务的过程中,大学生到服务地,为当地的学生开展真实的课堂教学,通过反复的探索,在一段时间的实践后,能熟练地表达课程观点,提高教学质量;同时也会提高自己的口才,强化心理素质;也能够在与学生的沟通中提高交际能力,和不同性格的学生、家长相处,应对各种突发情况,能在不同的环境下说适宜的话、做适宜的事。这些都是仅仅依托学校学习和社团工作难以模拟和获得的技能。

三、大学生参与志愿服务活动实务

志愿服务围绕志愿服务项目展开,志愿服务项目是指在一定的周期内,面向特定服务对象或领域开展的,具有明确的服务目标、服务时间、服务内容和服务保障的志愿服务活动。为了方便大学生参加志愿服务活动,本部分将从校内社团组织的志愿服务和学校团委推动的志愿服务入手,介绍代表性志愿服务项目。

一般情况下,无论是校内社团还是团委组织的志愿服务项目,其流程主要包括六个环节,分别为项目策划、项目发布、选定志愿者、基础培训、开展服务、总结提升。

(1)项目策划由志愿服务组织进行操作,根据志愿服务计划和相应的资源,确定项目的主题、内容、形式、时间、地点和人数等。组织确定后,进入下一步流程。

(2)项目发布可以依托线上线下宣传平台进行。线上平台可以依托志愿服务组织的宣传阵地,也可以通过志愿者网络社群,如微信群等发布项目信息;线下平台可以通过团委、学生会和班级骨干通知相应的志愿者或更广泛的学生群体,宣传范围根据项目需求确定。

(3)选定志愿者参与项目时,需要根据志愿服务技能和项目的具体需求,结合志愿者的特长进行筛选,选择最适合的志愿者,以确保服务质量。一些大型项目往往还有面试环节,以此筛选出能力素质适宜的志愿者。

(4)开展基础培训,向志愿者介绍项目的具体信息,明确服务时间、地点以及为开展服务所需进行的前期准备,尤其是各项具体的志愿服务项目开展过程中特别需要注意的内容,如着装的要求、沟通的宜忌、需自备的物品等,专业领域服务要进行志愿者专业能力的培训,以确保符合项目要求。

(5)开展服务是最核心的步骤,是志愿者直接向服务对象提供服务的过程,按照项目主题和服务对象的需求,志愿者可以开展各类志愿服务,以达成服务目标。服务过程具有灵活性,应根据服务对象需求的不同提供相应的服务,服务过程中也可能出现突发状况,这都对志愿者的临场应变能力提出了更高要求。

(6)总结提升环节是对项目开展的经验总结、不足反思和优秀表彰,旨在为类似项目积累经验,树立优秀榜样,让志愿者们在学习中不断成长,提高服务素养,培养服务技能,成为更加优秀的自己。

案 例

小鹏的西部志愿之旅

选择用一段时光去铸就永恒的回忆,小鹏以青春为笔,在"西部计划"的画卷上描绘出斑斓的色彩。他响应号召,前往西部,深入基层,前往祖国最需要的地方,用自己的行动诠释着责任与担当。

小鹏的志愿服务之路并非坦途。初抵服务地,面对荒凉的环境,虽已做好心理准备,但现实的艰苦仍超出预期。然而,他深知自己不能退缩,因为责任和担当如同明灯,照亮了他前行的道路。他咬紧牙关,坚持了下来,逐渐适应了那里的生活。

在服务过程中,小鹏逐渐发现了北屯的独特魅力。这里民风淳朴,人们团结互助,给了他家的温暖。他被兵团人的拼搏奉献、艰苦奋斗精神深深打动,这种精神如同种子,在他心中生根发芽。最终,他做出了一个决定:留在西部,扎根边疆,成为一名兵团人。

小鹏的选择并非偶然,而是他内心深处对责任和担当的深刻理解。他深知自己作为青年一代的使命,就是要用青春和汗水为祖国的西部建设贡献自己的力量。他用自己的行动证明了"90后"的担当和作为,激励着更多青年投身到祖国的西部建设中来。

小鹏的故事是无数西部志愿者的缩影。他们用自己的青春和热血书写着人生的华章,在艰苦磨砺中培育优秀品质,在无私奉献中传递温暖与爱心。他们用自己的实际行动诠释了"人不能只知道索取,奉献才是人生的意义"的真谛。正是有了他们的默默付出和无私奉献,西部才焕发出了勃勃生机和无限希望。

启示:小鹏的西部志愿之旅是一段充满挑战与收获的旅程。他用自己的行动证明了青年一代的责任与担当,同时也为更多青年树立了榜样。在未来的日子里,我相信会有更多的青年像他一样,积极参与到祖国的西部建设中来,为实现中华民族伟大复兴贡献自己的力量。

(一)校内社团组织的志愿服务项目

大学中比较常见的志愿服务类社团有青年志愿者协会、红十字会等,根据每个学校的具体情况,分为校级和院级两个层级。同时,根据学校特色,也会另设其他公益类社团,开展特色志愿服务项目。

总体而言,校内社团组织的志愿服务涵盖了社会服务和校园服务,社会服务的常规项目包括敬老爱老、病残帮扶、义务家教和应急救援等,校园服务的常规项目包括学生服务和校园环保等。

1. 敬老爱老项目

目前,中国老龄人口逐渐增多,独生子女的父母逐步迈入老龄化阶段。一些老年人虽然物质生活不用操心,但精神比较空虚;一些老年人行动不便但子女又不在身边照顾日常起居;一些老年人社会交往减少、信息闭塞,因此容易上当受骗。这导致现实养老需求越来越庞大,但是社区养老产业的发展有限,这就需要大学生志愿者们的加入,以力所能及的劳动满足老年人的多样化需求。

(1)服务对象

敬老爱老项目的服务对象为养老院或联系对接的社区老年人。

(2)服务内容

敬老爱老项目的服务内容包括为老年人提供高质量陪伴、帮助老年人购买日常物品、为老年人打扫卫生、组织老年人开展文娱活动、向老年人进行知识宣传等。所有能够满足老年人需求的项目都属于大学生志愿服务敬老爱老项目的范畴。

2. 病残帮扶项目

由于命运的打击,社会上存在那么一个角落可能照不进阳光,这里的人可能随时有生命的威胁,如先天性心脏病、白血病、脑瘫、视力低下和残疾等,这些群体需要全社会更多的关心和爱护。病残帮扶项目旨在为病残人士提供募捐、陪护和日常陪伴等服务,通过志愿者的帮助,在一定程度上减轻病残家庭的陪护压力,为服务对象提供更多的精神支持和像家人、朋友一样的关怀,带给他们欢乐和幸福。

(1) 服务对象

病残帮扶项目的服务对象是患有疾病或身体残障人士及其家庭。

(2) 服务内容

病残帮扶项目的服务内容包括为病残人士开展募捐、提供日常陪护、在专业的指导下进行康复训练等,旨在给予病残人士精神上的关怀,帮助他们更加坚强地面对困难,鼓起勇气,树立信心,早日康复。

3. 义务家教项目

当前,由于发展的不平衡和不充分,教育资源的分配也存在不平衡现象,但是对于每个孩子来说受教育的权利是平等的。义务家教项目是对不平衡教育资源的再次分配,通过大学生擅长的知识领域,弥补教育的缺口,让更多的孩子接触更多的知识,树立更加远大的目标,成为社会主义建设的栋梁之材。

(1) 服务对象

义务家教项目的服务对象为教学资源相对不足的小、初、高在校学生。

(2) 服务内容

义务家教项目的服务内容是为孩子提供学业指导、陪伴孩子成长和开展兴趣爱好教学等,让学生提升学习技能、掌握学习经验、弥补知识欠缺、增强学习兴趣。

4. 应急救援项目

中国历来就有"一方有难,八方支援"的优良传统,大灾大难面前,学生志愿者们挺身而出成为坚强的防御线,无论是汶川大地震时的前线支援、自愿献血、心理安抚,还是抗击新冠疫情的社区防疫、运送物品、科普宣传等,都有学生逆流而上的身影,他们用爱心温暖灾区人民,展现了青年的担当。

(1) 服务对象

应急救援项目的服务对象是受灾地区的各类组织或人民群众。

(2) 服务内容

应急救援项目的服务内容是根据灾区需求提供各类服务,包括无偿献血、前线救援、心理安抚、科普宣传等,为灾区的企事业单位、城市基层党组织、人民群众带去关怀和温暖,帮助人民群众从灾情影响中恢复正常的生活,让城市恢复正常的运转和生产。

5. 校内学生服务项目

学校对于学生来说就是一个小社会。学校建设不仅仅是学校教职工的事,更是每位生活在其中的同学的责任,大家各自发挥所长,展现自己的才华,通过参与和奉献让学校变得更加有温度。

(1) 服务对象

校内学生服务项目的服务对象包括在校学生和学校教职工。

(2) 服务内容

校内学生服务项目的服务内容涵盖方方面面,如为保持学校的井然有序,在人流量大的时间段维持校园秩序、在各种学生活动中提供支持服务、为图书馆清洁并进行图书整理、为校内需要帮助的同学组织关爱活动等。

6. 校园环保项目

通过组织学生参与校园环保项目,维护学校的良好环境,更重要的是通过参与环保志愿服务活动树立环保意识,形成环保之风,把环保行为作为自身要求,在每一个细微的行为中维护校园环境,自觉做到不乱扔垃圾、节约用水用电、爱护校园设施设备等。

(1) 服务对象

校园环保项目的服务对象是校园环境。

(2) 服务内容

校园环保项目的服务内容一方面是组织爱护校园环境行动,如组织开展植树活动、校园卫生清扫、校园河道清理、校园公共设施维护、长明灯长流水的制止和光盘行动等,通过具体的环保行动参与校园环保,在长期志愿服务的劳动中养成良好的行为习惯;另一方面是进行环保意识宣传,如组织开展校园垃圾分类的宣传、废旧电池回收的宣传等,让更多的同学树立环保意识,加入校园环保行动中,共建美好的校园环境。

(二) 学校团委推动的志愿服务项目

在共青团中央组织、各级团委的大力推动下,学生志愿服务项目得到了蓬勃发展,在各类别活动中,逐渐涌现出一批具有特色、参与广泛、效果显著的项目。

1. 全国学生运动会志愿服务

全国学生运动会志愿服务作为大型活动服务的代表项目,围绕推动和支持全国学生运动会(简称"学运会")展开。学运会由教育部、国家体育总局、共青团中央联合主办,将全国大学生运动会和中学生运动会合二为一,属于全国最高级别的学生体育赛事。作为学生的体育盛典,志愿服务的主体也是学生群体。

(1) 服务对象

全国学生运动会志愿服务的服务对象主要包括教练员、运动员、观众、媒体、赞助商等。

(2) 服务内容

全国学生运动会志愿服务的志愿者主要在场馆(包括竞赛场馆、训练场馆和非竞赛场馆)进行志愿服务,主要承担竞赛场馆及周边重要场所的观众、交通、赛事、新闻和文化等志愿服务。该内容涵盖了交通服务、住宿引导、安全保卫、医疗卫生、观众服务、沟通联络、竞赛组织支持、场馆运行支持、新闻运行支持和文化活动组织支持等多个方面。如:礼仪志愿者承担颁奖仪式的服务和接待工作,法律志愿者负责竞赛场馆的法律咨询、协助和培训等服务。

(3) 招募要求

全国学生运动会志愿服务的招募要求为自愿参加学运会志愿服务;能够参加赛前的培训及相关活动;能够在赛会期间承担相应的岗位职责,在安排的时间和岗位全程服务;具备志愿服务岗位所需的专业知识和技能。

(4) 招募方式

全国学生运动会志愿服务的招募方式由学校团委组织,申请人自愿报名,经过材料审核、测试与面试、培训、考核、背景审核等流程确定参与志愿服务的志愿者,再确定对应的岗位,并发出录用通知及签署志愿服务协议,正式履行志愿者任务。

（5）志愿者培训

全国学生运动会志愿服务的志愿者培训包括通用培训、场馆培训和岗位培训。通用培训涵盖了通用知识、通用技能和职业素养三个方面。场馆培训的内容涵盖了相关场馆的竞赛知识、场馆及周边的布局、功能、内部设施、场馆管理规章制度等方面。岗位培训的内容主要包括岗位细则（专项业务知识和技能）、工作任务、业务流程和作业标准等。

（6）志愿者保障

全国学生运动会志愿服务的志愿者保障包括制发志愿者证、提供工作制服装备、提供工作期间的餐饮、提供工作期间的人身意外伤害保险以及赛事期间提供一定的公共交通服务等。

2. 关爱农村留守儿童"七彩假期"志愿服务

共青团中央联合中央文明办、教育部、民政部于2016年共同发起实施关爱农村留守儿童"七彩假期"志愿服务项目（简称"'七彩假期'志愿服务项目"），该项目是共青团"关爱行动"系列项目的重要子项目之一,旨在带领和帮助近百万名少年儿童度过快乐、充实的暑假。该服务受到广大少年儿童、家长的热烈欢迎和积极肯定。

"七彩假期"志愿服务项目按照"假期集中服务,用好已有阵地,鼓励长期结对,支持示范项目,助力脱贫攻坚,扶智扶志相结合"的工作原则,动员引导广大高校青年学生以教育关爱服务团的形式,统筹使用关爱行动七彩小屋、青年之家、青少年宫、流动少年宫等各类青少年综合服务平台和学校、乡村等综合服务设施作为志愿服务阵地,在暑假期间为贫困地区农村留守儿童和随迁子女提供志愿服务。

（1）服务对象

关爱农村留守儿童"七彩假期"志愿服务的服务对象是贫困地区的农村留守儿童和随迁子女。

（2）服务内容

关爱农村留守儿童的"七彩假期"志愿服务是指在暑假期间,围绕学业辅导、亲情陪伴、素质拓展、自护教育、思想引领和心理辅导等内容,开展10天以上的"七彩假期"志愿服务。

（3）招募要求

组建"七彩假期"志愿服务团队至少要符合以下条件：由高校团委、高校青年志愿者协会、高校志愿服务社团组建；团队人数3人及以上；能连续服务10天以上时间；学校能保障实践活动经费。

（4）招募方式

各级团组织、青年志愿者组织及高校社团等实体,可根据具体服务需求,自主组织并成立"七彩假期"志愿服务团队,面向学生群体进行积极招募,鼓励他们投身于此项志愿服务中去。我们提倡并支持暑期三下乡社会实践团队、中国青年志愿服务项目大赛获奖项目团队、机关企事业单位的志愿服务力量、青年教师、少先队辅导员、西部计划及研究生支教团志愿者、返乡学生等多元化群体,积极参与并贡献于"七彩假期"志愿服务项目。

（5）志愿者培训

志愿者的培训内容涵盖了"七彩假期"志愿服务项目实施的具体要求，未成年人教育领域知识以及根据农村留守儿童的需求，围绕学业辅导、亲情陪伴、素质拓展和心理辅导等方面进行的专项培训。

（6）志愿者保障

关爱农村留守儿童的"七彩假期"志愿服务的志愿者保障包括为志愿者提供人身意外伤害保险等保障；可以在"志愿中国"七彩假期志愿服务专区注册成为志愿者；为团队发放一定数量的食宿、交通补贴和活动经费，提供资金保障；中国青年志愿者协会为有需要的志愿服务团队提供包含活动标识、辅导教具、学习用品在内的"七彩假期"活动包。

3. 中国青年志愿者服务春运"暖冬行动"

共青团中央联合国家发展改革委、公安部、交通运输部、应急救援部、中国民航局、中国铁路总公司等7部门于2015年共同发起中国青年志愿者服务春运"暖冬行动"（简称"暖冬行动"），旨在通过青年力量助力春运工作，服务好涉及亿万人民群众切身利益的重要民生工程。

鼓励青年人做人民群众的奉献者，用热情的服务展现志愿者风采，用无私的奉献温暖旅客的回家路；做文明出行的传播者，引导旅客遵守秩序，相互礼让，带动传递遵规守序的社会风气，营造良好的春运氛围，增强人民群众对春运服务的满意度和认同感；做志愿精神的践行者，大力弘扬志愿精神，用青春行动讲好春运故事、志愿故事。

（1）服务对象

中国青年志愿者服务春运"暖冬行动"的服务面向春运旅客的普遍性需求和老、幼、病、残、孕等重点旅客群体。

（2）服务内容

中国青年志愿者服务春运"暖冬行动"的服务内容为在火车站、机场、道路客运站、港口码头、高速公路服务区等场所，围绕以下五个方面开展服务，具体见表2-12。

表2-12 服务内容

服务内容	具体要求
引导咨询	通过发放车次排班表、城区公交线路图、提供信息咨询、候车引导、换乘指导和指路咨询等服务
秩序维护	协助车站进行安全隐患辅助排查、文明劝导、进出站引导和安全宣讲等秩序维护和乘客疏导工作
重点帮扶	开展为老幼病残孕旅客拎包服务、困难旅客帮扶和绿色通道接力等
便民利民	开展失物招领、热水供应和紧急药箱等服务
应急救援	当遇到极端恶劣天气或其他突发事件导致旅客滞留时，协助相关单位开展应急救援、引导安抚、餐饮服务和后勤保障等应急类志愿服务

（3）招募要求

中国青年志愿者服务春运"暖冬行动"的招募要求如下：身体健康，能吃苦耐劳，自愿参加"暖冬行动"志愿服务项目；服从指挥，听从安排，遵守纪律；耐心细致，热情周到，举止文明；富有社会责任感和爱心，能履行志愿者义务，弘扬志愿者精神；遵守国家相关的法律法规和车站有关部门的相关规定。

（4）招募方式

中国青年志愿者服务春运"暖冬行动"的招募方式为：志愿参加的组织和个人登录"志愿汇"手机 APP，至春运"暖冬行动"专项活动页面报名参加春运志愿服务活动；提交报名表时，可以在"志愿汇"上下载文件，并将填写好的报名表格交到当地铁路单位团委，或者交到当地共青团组织，由共青团组织统一对接铁路单位团委。

（5）志愿者培训

中国青年志愿者服务春运"暖冬行动"的志愿者培训遵循"谁负责、谁培训"的原则，围绕春运志愿服务内容，加强服务礼仪、服务技巧、安全知识和突发事件应急处理等方面的岗前岗中培训。

（6）志愿者保障

中国青年志愿者服务春运"暖冬行动"的志愿者保障包括提供统一的志愿服务服装，为学生志愿者出具参与假期社会实践证明，以及在"暖冬行动"结束后对志愿服务活动中表现突出的个人进行表彰。

4. 中国青年志愿者助残"阳光行动"

共青团中央联合中国残疾人联合会于 2014 年实施中国青年志愿者助残"阳光行动"（简称"阳光行动"），旨在通过开展多种形式的阳光助残项目，关怀残疾人，让他们感受社会温暖，广泛传递正能量。

（1）服务对象

中国青年志愿者助残"阳光行动"的服务对象以残疾青少年为主，同时将尽力帮助其他残疾人及其家庭。

（2）服务内容

中国青年志愿者助残"阳光行动"旨在依托康复机构、托养机构、就业培训基地、扶贫基地、特教学校、助残站点、社会组织和残疾人家庭等，重点围绕五个方面内容开展志愿助残工作，具体见表 2-13。

表 2-13 志愿助残工作内容

工作内容	具体要求
日常照料	开展生活照料、看护陪伴、邻里互助、心理疏导、励志分享、出行便利和法律咨询等志愿服务，以及导医、导购和交通等行业助残服务，帮助残疾人和残疾人家庭平等参与、共享社会生活
就业支持	开展就业知识辅导、职业技能培训、企业用工和残疾人就业需求调查、创业帮扶、残疾人就业创业政策宣传和手续办理等志愿服务
支教助学	通过开展送教上门、培智教育、残疾人扫盲、扶残助学等志愿服务，为普通学校中的残疾学生和不能到学校接受正常教育的适龄重度残疾儿童，以及残疾人家庭中辍学或在读子女等提供帮助
文体活动	开展陪伴残疾人读书、看电影、送文化进社区、残疾人特殊艺术辅导和残疾人赛会服务等志愿服务，积极开展帮助、支持残疾人参与体育活动等志愿服务

续表

工作内容	具体要求
爱心捐赠	动员社会公众、企业和机构等捐款捐物,主要用于现有基础上的志愿助残服务站点(重点在农村)建设,帮助特别困难的残疾青少年等

(3) 招募要求

中国青年志愿者助残"阳光行动"的招募要求为志愿者按照志愿团队要求进行招募。通常选拔工作热情高、有充足的时间和精力、有较强工作能力的优秀志愿者作为项目专员(志愿者骨干力量),组建一支规模适中、结构合理、相对稳定的项目专员队伍;广泛动员各类大中专院校、机关企事业单位和社会各界优秀青年参加服务,从中选配有志愿服务经历且具备教育学、医学、心理学和护理学等专业或工作背景的人员成为项目专员。

(4) 招募方式

中国青年志愿者助残"阳光行动"的招募方式为由志愿者骨干带头,志愿者自愿报名参加服务团队,在基层团组织和残联组织的推动下,以团队形式结对帮扶。

(5) 志愿者培训

中国青年志愿者助残"阳光行动"旨在按照要求开展志愿者一般技能和助残所需特殊技能的培训。初任志愿者项目专员,应在加入 3 个月内进行培训。各级团组织、残联应参照标准,逐级培训骨干志愿者,原则上,每年都要对项目专员进行一次系统培训。

(6) 志愿者保障

中国青年志愿者助残"阳光行动"的志愿者保障包括各级共青团、残联组织支持志愿者开展志愿服务期间的保险、交通和培训等工作。此外,志愿助残工作典范还被纳入中国青年志愿者优秀个人奖、组织奖、项目奖和全国自强与助残等表彰范畴,搭建项目平台支持基层助残志愿者骨干培训、示范基地培育和项目实施推广等工作。

四、大学生参与志愿服务需要具备的能力

志愿服务的过程对于大学生来说是一个考验,既有对待人接物的考验,也有对行为举止的考验,还有对自身心理素质的考验,大学生需要重点关注以下三个问题,并在志愿服务过程中进行良好的应对和处理:

(一) 掌握沟通技巧

对外沟通是志愿者必备的技能,在志愿服务过程中,需要与志愿服务对象、团队其他志愿者和志愿服务组织者等进行沟通。

语言具有强大的力量,可以让陌生人之间迅速建立联系、可以让团队协作发挥最大效用、可以传递正能量、可以温暖和治愈人心,良好的沟通会使志愿服务效果事半功倍。沟通的具体目标有:熟悉彼此、传达观点、学习提升、凝聚力量、展示关爱和化解矛盾。要实现沟通的目标,大学生志愿服务参与者可以从知识储备、口头表达能力和倾听能力等方面提升沟通技能。

1. 增加知识储备

知识储备是沟通的"资源库",是沟通内容的来源。知识储备的积累是长期的、持续的、潜移默化的过程。古语有"熟读唐诗三百首,不会作诗也会吟",熟读的过程就是知识储备的过程,知识储备达到一定的阶段,就学会了相应的"话术"。但是知识储备的过程也有技巧性、针对性,不能漫无目的地学习、阅读、浏览,应该运用技巧和方法,做到学有所获、学有所得、学有所长。提高知识储备可以从以下几个方面入手:

(1) 多阅读,培养良好的阅读习惯

集中学习是对某一内容进行专门学习,这是深入的、专业的,有助于建立完善的知识体系;碎片化学习是利用零碎时间进行的学习,这是广泛的、兴趣性的,有助于拓宽知识面。在日常生活中,做好集中学习、碎片化学习的计划,如每天睡前半个小时进行集中学习,拿起书本进行阅读、利用手机阅读电子书或者采取听书的形式,针对一个专业性的问题进行学习;在碎片化的时间,如课间休息、中午休息和乘坐交通工具时,可以进行有针对性的碎片化阅读,以便做好广泛的知识储备。

(2) 阅读要养成积累习惯,遇到需要的、有用的、感兴趣的,多记录、多记忆

记录时,借助新技术、手机应用程序进行归纳整理,便于随时随地记录和再次阅读、记忆,如依托于手机软件"备忘录""Pages""WPS"等应用程序随看随记,或者借助于微信的"收藏"功能,对感兴趣的文章进行收藏,便于再次阅读。

(3) 重点积累古文、故事、时政等方面的知识,不断提高自身修养和知识储备

古文是中华优秀传统文化的结晶,学习古文,就是学习五千多年的中华传统文化,在这一过程中,我们可以提高自身的文化底蕴和文化自信。故事的积累可以成为沟通过程中的话题素材,可以是自身的故事也可以是他人的故事,或者是哲理性的、趣味性的、励志性的故事。时政的积累可以让自己在沟通中与时代背景紧密结合,因为时政是当下正在发生的热点事件,也是大家关注的焦点,可以有效促进沟通。

2. 培养口头表达能力

口头表达能力是沟通的"输出器",是把内心所思所想用语言传达给对方的主要形式。大学生有时候觉得用语言很难清楚地表达出自己的想法,或者自己说出来的话并不是自己想要表达的意思,这都反映出口头表达能力的欠缺,需要通过口头表达能力的训练,使自己能够顺畅地把想表达的意思准确地表达出来。

口头表达具有独特的特征,包括互动、随机、适宜和平等。互动是指口头表达和有来有往的沟通方式,每个主体既是述说者又是聆听者。作为述说者,要根据自己的表达意图和对方的接受能力表达自己的观点。作为倾听者,要仔细揣摩对方的表述、态度、情绪等,并根据反馈进行再次的语言组织和表达。在互动的过程中,可以拓展个人思维、进行观点的碰撞和交流,实现沟通目标。

随机性是指口头表达的对象、时间、环境具有随机性。在服务过程中,所面对的服务对象通常具备随机性,涵盖不同年龄段以及不同性别等各个年龄段,同时涉及男性与女性等不同性别。口头表达的时间同样不固定,当肢体语言无法满足服务需求时,口头表达便成为必要手段,其发生具有随机性,时间难以预测。此外,口头表达的环境也呈现多样性,包括正式与非正式场合,一对一或一对多的交流方式,以及室内与室外等不同场

景。鉴于这种随机性,进行口头表达时需精准把握服务对象的特征,选择合适的表达时机,并充分考虑周边环境的影响。

适宜的口头表达要求人在不同场合下进行恰当的表达。具体而言,情感展现需因对象而异,面对中老年人时应体现尊重与敬爱,与同龄人交流时可适当融入幽默元素,而与青少年沟通时则需展现关爱与呵护。在内容表达上,正式场合应避免使用俚语和方言,确保内容大方且简洁;而在非正式场合,则可依据服务对象的特点灵活调整,适当运用俚语可增添表达的朴实感,方言的融入则能拉近与服务对象的距离。

平等是口头表达中的基本原则,指的是参与交流的双方(无论人数多少)在地位上应保持平等,不受年龄、职位或经历等因素的影响,彼此间应相互尊重。同时,表达机会也应均等,每个人都有权发表自己的观点,无需担忧是否会被允许表达,因为机会是公平给予每个人的。

知识拓展

提升口头表达能力的方法

提升口头表达能力,需要从多个维度入手。首先,需精通分析、综合、概括等技巧,以精准判断信息,并将其转化为个人独到见解。这一过程不仅体现了口头表达的逻辑性和条理性,更是展现个人思维深度和广度的重要途径。通过有效分析,筛选有价值的信息,再结合综合与概括能力,构建出条理清晰的表达框架,以实现高效沟通。

其次,灵活运用幽默、含蓄等表达手法,为口头表达增添趣味与深度。幽默能够营造轻松氛围,化解沟通障碍,传递积极向上的情绪,拉近与听众的距离。而含蓄表达则体现了对他人的尊重与理解,使内容更易被接受,彰显个人素养。

再者,树立自信是口头表达中不可或缺的一部分。自信如同坚实后盾,为个体传递信心与力量。唯有对自己的观点深信不疑,方能赢得他人的理解与认同。这种自信源自对内容的深入掌握和对环境的熟悉驾驭。通过反复练习与模拟,提升对内容的熟悉度与环境的适应力,从而在表达中更加自如地展现个人观点。在志愿服务领域可以通过模拟面试等方式进行实战演练,提前熟悉表达场景,以便更加准确地传达个人见解。

3. 培养倾听能力

倾听能力是沟通的"孵化器",是沟通的重要组成部分。有效倾听要在听的过程中感受对方的情感、理解对方表达的观点、酝酿自己的表述。

好的倾听者能够赢得他人的欣赏和赞扬。培养倾听能力要从以下几个方面入手:

(1) 静下心来,听对方的表达

沟通中切忌打断对方的话,这是基本的倾听素质。倾听时需静下心来,给对方足够的时间,让他能够把意思表达清楚。

(2) 透过表达获取信息

了解对方的表达逻辑,将表达内容精练为多个层次,对每一层次的内容进行概括,提炼信息。一些情况下,当对方采取委婉的方式进行表述时,要敏锐地感知对方透露出的信息,如果涉及不方便谈起的内容,要注意避免。

(3) 共情

表达都是带有情绪的,在倾听的过程中要站在对方的角度去思考,具有共情和通情的能力,抓住情绪才能更好地获取对方表达的信息。

(4) 观察

倾听不仅是耳朵的工作,也是感官整体的工作,沟通过程中的一个细节、一个动作都能展示出对方的心态和思维,在倾听的过程中要注意观察,如在提供志愿服务的时候,发现对方因时间紧张而不断地看手表,那么就要适当精简要表达的内容,缩短沟通的时间。

(二) 通晓服务礼仪

中国自古就是礼仪之邦,志愿服务因其公益性、奉献性更是集礼之大成。志愿服务礼仪包括基本礼仪和沟通礼仪,为了提升志愿服务效果,拉近志愿者与服务对象的距离,个体需要将尊、爱、善的状态融入自我形象和行为中,展现志愿者的内在美,维护志愿者的美好名片,树立榜样的力量,传递友爱与奉献。

1. 基本礼仪

志愿服务基本礼仪是志愿者在提供服务的过程中向服务对象展示的整体形象和服务环境。

(1) 整体形象

整体形象是志愿者给服务对象留下的第一印象,会影响服务对象全程的心理感受。志愿服务的整体形象包括表 2-14 所列内容。

表 2-14 志愿服务的整体形象包括的内容

内容	具体要求
外在着装	志愿者上岗时,应统一着志愿者服、工作服;尽量穿着长裤;女生宜穿平底鞋,着高跟鞋时鞋跟不超过 3 厘米(特殊要求者除外);佩戴工作证,党员志愿者可佩戴党员徽章;着装应保持干净、整洁
个人形象	男生头发简单、干净、不宜过长,女生头发盘起来或者扎马尾均可;面部干净,女生不化妆或者淡妆即可,口红使用日常颜色,不宜用大红、橘红等太明艳的颜色;手保持干净,不要留长指甲,不抹指甲油
饰品佩戴	饰品以不超过一件为宜,不佩戴夸张的配饰

(2) 服务环境

志愿服务开展的环境会给服务对象带来不同的感受,如果志愿者需要提前布置服务场地,则有必要考虑根据活动主题调整场地色调。

热闹、活泼、温馨的活动适宜采用暖色调,如开展一次留守儿童的素质拓展活动,宜用淡黄色、粉色等作为场地布置的主色调。

专业、规范、理性的活动适宜采用冷色调,如进行法律知识科普,宜用蓝色、紫色等。

庄严、肃穆的活动适宜采用黑、白、灰色,如用灰色调布置救灾志愿服务的场地。

2. 沟通礼仪

作为志愿者与服务对象之间的桥梁，沟通礼仪具有非常重要的地位，具体包括以下三个方面：

（1）语言

沟通时的语言要求见表2-15。

表2-15　沟通时的语言要求

内容	具体方法
友爱的人际称呼	志愿服务讲求的是人与人之间的友善情怀，志愿者之间、志愿者与服务对象之间的称呼不必过于关注其职务头衔高低。推荐使用亲属式称呼，如周叔、张姨、李哥和王姐等或姓名式称呼，如小杨和小李等
文明礼貌用语	遇到服务对象时，主动问候并施以见面礼，隆重且正式的问候场合应辅以握手。例如，点头微笑的同时询问"您好，请问有什么可以帮您的吗？" 服务过程中，善于使用礼貌词汇，如"您""请""抱歉""对不起"等。使用文明词汇，力求谦恭、尊重，忌粗话、脏话，以展现志愿者良好的素养
沟通内容适宜	与长辈对话要突出尊重，与平辈、小辈对话可以增加活泼感；在正式的服务场合不宜过多地交谈与服务内容无关的内容；服务对象不主动提及时，不问家庭背景、收入、健康状况等

（2）表情

沟通时的表情要求见表2-16。

表2-16　沟通时的表情要求

内容	具体方法
眼神	沟通时，目光注视对方的眼睛或眼睛、鼻子和嘴巴的三角区域，眼神自信大方，不宜飘忽不定、四处打量，也不宜长时间凝视
微笑	微笑是志愿者最美的名片，沟通中面带微笑是友善态度和积极心态的表达，也许双方素未谋面，互相并不认识，但是互相传递的微笑可以带给对方轻松的、舒服的感觉。沟通中的微笑以嘴角上扬、眼眉柔和带笑为宜，打招呼或再见时的微笑以露出8颗牙齿、脸部肌肉上扬为宜

（3）肢体

在站立沟通时，于正式场合，应维持身体直立或轻微前倾的姿态，双手自然下垂或优雅地手掌合拢并置于腹部位置，双脚应并拢站立或保持与肩同宽的间距。相反，在非正式场合，为了营造轻松愉悦的交流氛围，肢体动作可以适当放松。

在进行围坐沟通时，于正式场合，应仅坐椅子的2/3，避免倚靠椅背，上身微向前倾，双手则自然置于大腿之上。男士的双腿可适度分开，与肩同宽；而女士则应将双腿并拢，或选择正放或侧放的优雅姿势。在非正式场合，尽管可以根据个人习惯适度放松，但仍需避免跷二郎腿或躺坐等不雅行为。

当需要指引方向时，应保持站立姿态，身体微向前倾，手臂自然弯曲，单手五指并拢，明确指向所需指引的方向。此外，应该充分利用周围的明显标志作为辅助，并特别注意提示可能存在的台阶等安全隐患。

在呼叫对方时,应站立并单手举起,保持该姿势一段时间,以吸引被呼叫者的注意。在此过程中,应避免使用食指直接指向对方,以体现对他人的尊重和礼貌。

(三)做好心理调适

心理调适是指通过心理技巧改变个体心理活动的绝对强度,降低或加强心理力量,从而改变心理状态性质的过程。在志愿服务中,可能会因为各种原因导致心理状态的改变,如志愿服务带来的满足感、成就感、幸福感,团队协作的愉快、诙谐、轻松等是积极的心理变化。但同样也会带来各种消极的变化,如高强度、长时间、费劳力的服务会导致志愿者出现注意力不集中、反应迟钝、判断和理解能力下降等情况。服务目标难以实现、服务对象不满意、在服务中受挫、在志愿服务中难以适应、能力不足等情绪,这些都容易让志愿者产生焦虑和担忧等负面心理。

心理调适在志愿服务中占据举足轻重的地位,它能够确保志愿者维持健康向上的心态,展现出充满阳光与活力的态度。在志愿服务过程中,每一行为均蕴含着情绪的色彩,而负面情绪若未能妥善管理,将削弱志愿服务的正面影响,甚至在团队内部迅速扩散,给服务对象造成不愉快的体验。因此,掌握心理调适技能对于志愿者而言至关重要。以下为三句箴言与四个行为准则,大学生应铭记于心:

1. 告诉自己"低落也是正常的情绪"

每个人都有心情跌宕起伏的时候,这是正常现象,我们既要接纳正面情绪,也要接纳负面情绪,不过于高亢也不过于低沉。在志愿服务过程中,接纳自身的情绪,刺激正面情绪,调整负面情绪,不需要一味迎合而完全忽视自身感受,这不利于志愿服务效果的实现。保持情绪的适度紧张,可以让服务更加有节奏,激发潜能获得身心的满足。情绪的正常表现就是该哭就哭、该笑就笑、该安静就安静、该兴奋就兴奋,不要完全压抑自己的情绪,告诉自己"这是正常的状态,偶尔的低沉是情绪的正常波动,没有必要恐慌焦躁"。

2. 告诉自己"冷静一下"

志愿服务中,面对情绪的高低起伏,要学会稳定情绪。志愿服务过程可能面对各种情况,这与平时的生活和学习状态非常不同,容易产生焦躁不安、紧张不适、尴尬生硬的状态,告诉自己"冷静一下"。

焦虑不安时,不妨给自己一小段时间,可以是放空自己、出去透气、屏蔽外界声音或者去一趟卫生间,从导致焦虑的环境中跳脱出来,想一想参加志愿服务的初衷,想一想快乐的时光,对着镜子笑一笑,冷静一下,不要一直纠结于让自己焦虑的事情,换个思路、换个场景,再次回到志愿服务工作中。

紧张不适时,不妨给自己一小段时间,紧张的状态往往是由于过于关注别人对自己的看法,过于在意别人的目光和眼神,其实,对方也是正常的、有情绪的人,把对方看作朋友,把精力多放在服务的具体工作中,跟着自己的思路,展示正常的行为风采。

尴尬生硬时,不妨给自己一小段时间,可以通过嘘寒问暖的聊天让双方更加亲近,可以以一种幽默的形式打破严肃和沉闷的氛围。

3. 告诉自己"我可以的"

遇到不顺畅的事情时,通过积极的自我暗示,给予自己力量,要坚定信心,告诉自己

"我可以的""我有能力完成",相信自己,才能激发潜力,想想过往成功的时刻、成功的事情,面对这一挑战我也可以顺利度过。不要刻意放大眼前经历的困难和挑战,若把它放在整个人生的过程中,它只是微不足道的,只是促进自己成长的一件小事,努力探寻积极的意义,告诉自己"一切都能够过去""糟糕的一天又不是糟糕的一生""穿过暴风雨,我将成为更勇敢的自己""黑暗总在光明之前"等,过了心里这个坎,往往就没有过不去的坎。

4. 试着做"深呼吸"

志愿服务的过程可能是简单的重复性工作,也可能是艰难而卖力的劳动,长时间提供服务,难免会因为工作枯燥乏味或超过身体承受度而产生压力,这个时候,试着做深呼吸,闭上双眼,什么都不用想,什么也不用做,不去管周围的声音和事物,放空思绪,放松身体,利用短暂的时间从劳累中缓解。

5. 试着把情绪"倒出来"

情绪也需要一个出口,就像泳池的水,一个劲地加水,而不出水,终有一天会水满则溢,志愿者在面对负面情绪时,试着把情绪倾倒出来。

可以把烦恼写出来,如开设一个微博,将产生负面情绪的来龙去脉记录下来,给情绪一个出口,心情往往会舒畅很多。可以和朋友交谈,见面小坐,抑或通过电话、微信,把烦恼困惑说出来,通过朋友之间的交流,一个拥抱,一句"我相信你",一句"会过去的",就是力量的源泉,一方面宣泄了情绪,形成情感共鸣,也能尝试寻求解决之道;另一方面可以转移注意力,做一些自己想做但一直没有时间和心情去做的事情,例如,看一本文学书,从温柔细腻的语言中获取踏实和慰藉;或者在天气不错的时候出门散步,感受路边小吃店的热火朝天,看公园里大树冒出新芽,感受细小的温暖和幸福;约上朋友运动健身,一起挑战自我、挥汗如雨,在热血中感悟生命的美好和朝气;戴上耳机听听喜欢的音乐,让身体随旋律自然摆动,在节奏中释放情绪……通过各种形式转移注意力,暂时放开困扰自己的问题,进行自我修复,把状态调整到最佳。

6. 试着探寻"为什么会有消极情绪"

"没有无缘无故的爱,也没有无缘无故的恨",不仅爱与恨是有原因的,所有情绪的产生都是有原因的,只是一些情况容易探寻,而一些情况存在深层次、复杂纠缠的原因不容易发现。试着探究"为什么有消极情绪",找到情绪产生的根源,在调节好暂时性情绪之后,找准根源,对症下药。针对负面情绪,通过归因可以找到产生的原因,如果是不能按时完成任务带来的焦虑,可以提前计划、做好规划,如果是服务能力不足带来的伤害,可以再努力提高能力。

7. 试着寻求专业机构的帮助

在志愿服务过程中,当发现自己出现过度焦虑、长时间失眠、精神紧绷、情绪低落、食欲缺乏等情况,而且难以通过前述途径消减时,可以试着寻求专业机构的帮助。不要认为寻求专业机构帮助是一件不正常的事情,也没必要认为只有负面情绪达到一定程度之后才需要帮助,试着在困惑难以解决的初期就及时和专业机构的老师联系,也可以选择学校的心理咨询室、拨打当地的心理咨询热线电话、专科门诊咨询专家等。

践 行 篇

活动一 "我的饮食我做主"校园饮食文化节

随着生活水平的提高,大学生的饮食健康意识逐渐增强,但往往因忙碌的学习生活而忽略了合理膳食的重要性。为了引导学生关注自身健康,掌握基本的家庭烹饪技能,同时弘扬中华饮食文化,特举办"我的饮食我做主"校园饮食文化节。通过一系列实践活动,学生可以在享受美食的同时,学会规划饮食、动手制作,培养独立生活能力和家庭责任感。

一、活动主题
"我的饮食我做主"校园饮食文化节

二、活动时间
大赛为期一周,包括开幕式、工作坊、创意大赛、闭幕式及颁奖典礼等环节。

三、活动流程
(一)开幕式(第一天)

1. 时间

9:00~11:00

2. 地点

学校操场或礼堂

3. 内容

(1)领导致辞,强调了饮食健康与家庭劳动技能的重要性。

(2)举办饮食健康知识讲座,邀请营养师或烹饪专家进行讲解。

(3)宣布文化节活动安排及奖项设置。

(4)开放美食展示区,展示各地特色小吃和营养餐盘,激发学生兴趣。

(二)家庭烹饪工作坊(第二天至第四天)

1. 形式

分组进行,每组5~6人,配备专业厨师或老师进行指导。

2. 内容

基础烹饪技能:刀工、火候控制、调味技巧等。

主题烹饪课程:如"家常菜制作""营养早餐设计""地方特色菜"等。

家庭劳动体验:鼓励学生参与食材采购、清洁餐具等家务劳动,体验家庭烹饪的全过程。

互动环节:设置问答、比赛等,增加学习趣味性,巩固学习成果。

(三)创意饮食大赛(第五天)

1. 参赛对象

全校学生都可以个人或团队报名。

2. 比赛内容

主题创作：围绕"健康、美味、创意"三大主题，设计并制作一道或多道菜品。

现场展示：参赛者需现场制作并介绍菜品，展示烹饪过程及创意理念。

评委评分：由校领导、教师代表、烹饪专家及学生代表组成评审团，从口味、创意、营养搭配等方面综合评分。

（四）闭幕式及颁奖典礼（第六天）

1. 时间

14:00～16:00

2. 地点

学校礼堂

3. 内容

（1）播放文化节精彩瞬间回顾视频。

（2）宣布创意饮食大赛获奖名单，并颁发证书及奖品。

（3）学生代表分享了他们参与文化节的感悟和收获。

（4）校领导在总结发言中，鼓励学生将所学技能应用于日常生活，并持续关注饮食健康。

（五）后续活动

1. 饮食健康宣传周

文化节结束后，在校园内进行持续一周的饮食健康知识宣传，包括设置宣传栏、发放宣传册等。

2. 家庭烹饪挑战赛

鼓励学生回家后与家人一起完成一道菜肴，并将其拍照上传至学校公众号或社交媒体，评选"最佳家庭合作奖"。

四、注意事项

1. 确保活动安全，特别是烹饪过程中的用火用电安全。

2. 强调饮食卫生，教育学生养成良好的个人卫生习惯。

3. 鼓励全员参与，特别是要关注并帮助那些对烹饪不感兴趣的学生，以激发他们的兴趣。

4. 充分利用网络资源，如建立线上交流群，分享食谱、经验等，促进学生间的交流与学习。

活动二 "创文明教室，造温馨寝室"两室文化节

近日，学校为了营造和谐、文明的学习与生活环境，策划了"创文明教室，造温馨寝室"的两室文化节。此次活动旨在通过一系列富有创意性和实践性的环节，激发学生的集体荣誉感和创造力，共同打造舒适、和谐的学习与休息空间。

一、活动主题

"创文明教室，造温馨寝室"两室文化节

二、活动时间

本次文化节定于学期中段的某个周末举行,为期一天,具体日期需结合学校校历安排,提前一个月进行宣传筹备。

三、活动流程

(一)上午时段:创文明教室篇

1. 开幕式

在学校礼堂举行简短而隆重的开幕式,由校领导致开幕词,阐述活动意义,并宣布文化节正式开始。

2. 文明教室标准宣讲

邀请班主任或学生会代表,向全体学生讲解文明教室的标准,包括教室卫生、物品摆放、文化氛围营造等方面。

3. 分组设计

以班级或小组为单位,进行教室设计方案的讨论与规划。鼓励学生们发挥创意,结合专业特色,设计出既实用又美观的教室布置方案。

4. 实施布置

在老师或学生会成员的指导下,各班级或小组开始进行教室布置工作。此过程强调团队合作精神与动手实践能力。

5. 成果展示

各班级或小组完成布置后,组织师生进行参观交流。设置投票环节,评选出"最佳创意教室"和"最整洁教室"等奖项。

(二)下午时段:造温馨寝室篇

1. 寝室文化讲座

邀请心理咨询师或优秀寝室长,就如何营造温馨、和谐的寝室氛围举办讲座,并分享他们的经验和建议。

2. 寝室美化大赛

鼓励学生们对寝室进行个性化装饰,如挂画、摆放绿植、设置照片墙等,以展现寝室成员的共同愿景与生活习惯。

3. 寝室风采展示

通过照片、视频等形式,展示各寝室的改造成果和独特魅力。通过设置网络投票平台,可以增加互动性和参与度。

4. 交流分享会

组织寝室成员之间的交流分享会,旨在分享寝室改造过程中的趣事、感悟和收获,增进彼此间的了解和友谊。

5. 闭幕式与颁奖

在文化节尾声,举行闭幕式,对在教室与寝室文化节中表现突出的班级与寝室进行表彰与奖励。校领导在总结发言中,强调文明两室建设的重要性和持续性。

四、注意事项

1. 活动前需要做好充分的宣传动员工作,以确保每位学生都能够积极参与。

2. 布置过程中应当注意安全,避免使用易燃、易碎等的危险物品。
3. 鼓励原创意识和环保理念,尽量利用废旧物品进行改造装饰。
4. 尊重他人劳动成果,参观时保持安静有序,不随意触碰或破坏布置物品。
5. 活动结束后及时清理现场,恢复教室和寝室的原貌,保持环境整洁。

活动三 "绿色校园我守护"植树护绿活动

近日,学校发起了一场名为"绿色校园我守护"的植树护绿活动,具体如下:
一、活动主题
"绿色校园我守护"植树护绿活动
二、活动时间
日期:2023年4月15日(星期六)
时间:9:00～15:00
三、活动流程
(一)活动启动仪式(9:00～9:30)
1. 地点
学校操场
2. 内容
(1)主持人开始介绍活动的背景、目的和意义。
(2)学校领导致辞,强调绿色校园的重要性及学生参与环保的责任。
(3)环保知识小讲座,邀请环保专家或老师简短分享植树造林对环境的积极影响。
(4)全体师生共同宣誓,承诺积极参与环保行动,共同守护绿色校园。
(二)植树技能培训(9:30～10:00)
1. 地点
植树区域附近空地
2. 内容
由专业园艺师或老师讲解植树的基本步骤、注意事项及后期养护方法。示范如何正确挖坑、栽植、浇水、施肥等技巧。
3. 植树实践(10:00～12:00)
(1)地点
学校指定的植树区域
(2)分组安排
① 将学生按班级或小组划分,每组分配指定的植树区域和树苗。
② 每组配备一名指导老师或志愿者,负责监督指导。
(3)活动流程
① 学生们在老师的带领下,认真按照培训内容进行挖坑、栽植、浇水等工作。
② 鼓励学生亲手制作并挂上"认领牌",标注植树日期、姓名和寄语,以增强他们的责任感。
4. 休息与交流(12:00～13:00)

(1) 地点

学校食堂或指定休息区

(2) 内容

① 提供午餐(简餐或自带),让学生稍作休息。

② 组织学生分享植树心得,交流环保经验。

5. 环保知识竞赛(13:00～14:00)

(1) 地点

学校礼堂或操场

(2) 内容

① 通过问答、抢答等形式,考查学生对环保知识的了解程度。

② 设置奖项,对表现优异的学生给予奖励。

6. 活动总结与表彰(14:00～15:00)

(1) 地点

学校操场

(2) 内容

① 对活动进行总结,回顾活动亮点与收获。

② 表彰在植树活动中表现突出的个人或小组,颁发证书或奖品。

③ 全体师生合影留念,记录这一美好时刻。

四、注意事项

1. 活动全程需确保学生安全,遵守安全操作规程,避免发生意外伤害。
2. 强调环保理念,教育学生爱护环境,不乱扔垃圾,保护植树区域。
3. 鼓励学生团队合作,共同完成植树任务,培养团队精神。
4. 建立植树区域的养护机制,指定专人或小组负责后期浇水、除草等养护工作。
5. 通过校园广播、宣传栏等渠道,加大对活动的宣传力度,提高师生参与度和环保意识。

活动四 "志愿服务我参与"公益服务活动

为了培养大学生的公益意识,增强他们的社会实践能力,学校近日举办了"志愿服务我参与"公益服务活动。通过此次活动,大学生将亲身感受到帮助他人的快乐,加深对社会的理解,为构建和谐社会贡献自己的力量。

一、活动主题

"志愿服务我参与"公益服务活动

二、活动时间

(一) 筹备阶段

提前一个月开始,包括活动策划、志愿者招募、培训、物资准备等。

(二) 实施阶段

可以选择周末或节假日,为期一天。

（三）总结反馈阶段

活动结束后一周内，完成活动总结、表彰及反馈收集工作。

三、活动流程

（一）前期筹备

1. 活动策划

明确活动目的、内容、形式及预期效果，制定详细的活动方案。

2. 志愿者招募

通过校园广播、海报、社交媒体等多种渠道发布招募信息，吸引广大大学生积极参与。

3. 培训

对招募到的志愿者进行公益理念、服务技能、安全知识等方面的培训。

4. 物资准备

根据活动的需要，准备必要的物资，例如宣传材料、工具、防护用品等。

（二）活动宣传

利用校园广播、海报、横幅、社交媒体等渠道，广泛宣传"志愿服务我参与"公益服务活动，提高师生及社会公众的知晓率和参与度。

（三）活动实施

1. 集合出发

活动当天，志愿者们在指定地点集合，进行签到、分组、发放物资等准备工作。

2. 现场服务

根据活动方案，志愿者将前往指定地点开展服务。例如，可以到社区清理环境卫生、为孤寡老人送温暖、为残障人士提供帮助等。

3. 互动交流

在服务过程中，鼓励志愿者与被服务对象进行互动交流，增进彼此之间的了解和信任。

4. 记录分享

志愿者可以通过拍照、录像等方式记录服务过程，并在社交媒体上分享自己的感受和经验。

（四）后期总结

1. 活动总结

组织志愿者召开总结会议，分享服务过程中的收获和感悟，并提出改进意见。

2. 表彰奖励

对表现突出的志愿者进行表彰和奖励，激励更多同学积极参与志愿服务活动。

3. 收集反馈

通过问卷调查、访谈等方式收集被服务对象和志愿者的反馈意见，为今后的活动提供参考。

四、注意事项

1. 在活动过程中，务必确保志愿者的安全，遵守交通规则，注意防范意外事故的发生。

2. 在与被服务对象交流时，必须保持礼貌和尊重，不得有任何歧视或冒犯行为。
3. 志愿者之间需要相互协作、密切配合，共同完成服务任务。
4. 在服务过程中要注意环保，不乱扔垃圾，保护生态环境。
5. 通过各种渠道宣传活动的意义和价值，吸引更多人关注和支持志愿服务事业。

模块三

技能劳动

学习目标

知识目标
▲ 理解马克思主义劳动观,认识到劳动的价值和意义。
▲ 理解劳动在人类社会进步中的推动作用。
▲ 了解职业规划的基本原则和方法。

技能目标
▲ 掌握各种劳动技能,包括但不限于操作技能、沟通技巧、团队协作能力等。
▲ 具备自主学习和终身学习的能力,能够不断适应新技术、新岗位的发展需求。
▲ 能够制定并实施职业规划方案,包括自我评估、职业定位和目标设定。

素质目标
▲ 尊重劳动、热爱劳动,具备吃苦耐劳、勤奋敬业的精神。
▲ 具备创新精神和团队协作能力,能够在团队中发挥自己的优势,共同完成任务。
▲ 具备良好的心理素质和抗压能力,能够应对各种挑战和困难。

思政目标
▲ 树立正确的世界观、人生观和价值观,具有爱国主义情感和民族自豪感。
▲ 遵守社会公德和职业道德规范,具备社会责任感。
▲ 关注社会热点问题,积极参与社会实践活动,为社会做出自己的贡献。

导学篇

劳动技能的锤炼之功

课前导读

劳动技能是指个体在从事劳动过程中所需具备的各种技术和能力,这些技能不仅涉及具体的职业或行业要求,还包括了广泛的基础能力和高级技能。它们是劳动者在社会生产中运用知识和经验,通过练习而获得的完成某种任务的能力。

劳动技能和专业素养是大学生未来职业生涯的基石。劳动技能包括实际操作能力、问题解决能力等,是大学生将理论知识转化为实践成果的关键。专业素养涵盖了专业知识、职业道德、行业规范等多个方面,是大学生在特定领域内获得认可与尊重的必要条件。通过系统地学习和实践,大学生能够不断提升自己的劳动技能和专业素养,为未来的职业发展打下坚实的基础。

劳动体验和职业规划是大学生对自我认知和未来展望的深化过程。劳动体验让大学生亲身体验到劳动的价值与意义,感受到劳动的艰辛与快乐,从而增强对劳动的尊重与热爱。同时,劳动体验也为大学生提供了了解社会、认识职业的机会,有助于他们更加清晰地认识到自己的兴趣、优势与不足。在此基础上,大学生可以制定更加科学、合理的职业规划,明确自己的职业目标和发展方向,为未来的职业发展做好充分准备。

劳动实践和岗位实习是大学生将理论知识与实践经验相结合的重要途径。通过参与实际的工作项目,大学生能够在实践中检验自己的所学,发现知识盲区与技能短板,并及时进行弥补与提升。同时,岗位实习也为大学生提供了与职场人士交流学习的机会,让他们更加深入地了解职场文化、工作流程与团队协作等方面的内容。这些实践经验对于大学生未来的职业发展具有非常重要的意义,能够帮助他们更好地适应职场环境,提高职业素养和竞争力。

学习任务

1. 预习相关章节

建议提前阅读本书中关于劳动技能、专业素养、劳动体验与职业规划、劳动实践与岗位实习等章节的内容,以了解基本概念和理论知识。

2. 搜集资料

通过图书馆、网络等途径,搜集关于校园绿化项目的相关案例和资料,为学习情境做好准备。

3. 小组讨论

与同学组成学习小组,围绕学习情境进行讨论和交流,分享彼此的想法和见解。

4. 制订计划

根据学习情境和自身情况,制订详细的学习计划,并明确学习目标和时间安排。

5. 实践探索

积极参与校园绿化项目的实践活动,将所学知识应用于实际操作中,是深化对劳动教育的理解和认识的重要途径。

名人名言

1. 劳动是社会中每个人不可避免的义务。

——卢梭

2. 体力劳动是防止一切社会病毒的伟大的消毒剂。

——马克思

3. 人生在勤,不索何获。

——张衡

情境思考

学校计划开展一项校园绿化项目,旨在提升校园环境质量,增强师生的环保意识。假设你是项目负责人,需要组织团队进行项目规划、预算编制、植物选种、施工监督以及后期维护等工作。在这个过程中,你需要运用所学的劳动技能和专业素养,结合劳动体验,对职业规划进行深入思考。

思考题：

1. 在校园绿化项目中，如何运用所学的劳动技能来提高工作效率和质量呢？

2. 通过参与校园绿化项目，你对环保和可持续发展的认识有何变化？

3. 你认为劳动精神在职业规划中扮演着怎样的角色？

4. 请结合你的专业背景，谈谈如何在未来的职业生涯中继续发扬劳动精神，实现个人价值和社会贡献的双赢。

认 知 篇

第一节　劳动技能与专业素养

一、劳动技能

劳动技能是指个体在从事生产活动或提供服务时所具备的各种技术、能力和知识的总和。它涵盖了从基础的体力劳动技能到复杂的脑力劳动技能，是劳动者适应岗位需求、完成工作任务、实现个人价值和社会贡献的重要基础。

在现代社会，劳动技能不仅关乎个人的生存与发展，更直接影响社会经济的繁荣与进步。随着科技的不断进步和产业的转型升级，新的劳动技能不断涌现，对劳动者的素质要求也越来越高。因此，不断提升自身的劳动技能，适应时代发展的需要，已成为每个劳动者必须面对的重要课题。具体来说，劳动技能主要包括专业技能与社会技能等。

（一）掌握专业技能

专业技能是与通用技能相对应的概念。高等教育阶段的专业技能是指大学生基于专业知识学习而形成的思维活动能力和职业实践能力,这些能力是以通往未来就业渠道和职业岗位计划为导向的,是大学生劳动技能提升的重点。具体而言,专业技能是指对特定专业知识的应用能力,这种能力首先体现为一种思维活动,能够改变人们对事物的看法,指导人们通过特定行为达到预期目的,当这种行为付诸实施并产生相应结果时,就表现为一种职业实践能力。

1. 掌握专业技能的方法

大学生掌握专业技能是一个多方面、综合性的过程,涉及理论学习、实践操作、持续学习等多个方面。以下是一些具体的方法和建议:

(1)明确学习目标

大学生需要明确自己的学习目标,掌握所学专业的核心技能和知识领域。明确的目标有助于规划学习路径,提高学习效率。

(2)课堂学习

按时上课并积极参与课堂讨论是获取专业知识的基础。在课堂上,认真听讲,做好笔记,及时理解和消化老师讲解的内容。不懂就问,积极向老师请教,不要把问题积累下来。及时解答疑惑有助于更好地掌握专业知识。

(3)课前预习与课后复习

课前预习有助于提前了解课程内容,带着问题听课,从而提高听课效果。

课后及时复习巩固所学知识,以防止遗忘。复习时,可以结合教材和课堂笔记进行,加深对知识的理解和记忆。

(4)实践操作

理论知识与实践操作相结合是掌握专业技能的关键。大学生应该积极参与实验、实训、课程设计等实践活动,并将所学知识应用于实际操作中。

此外,通过参与项目、竞赛等活动,可以锻炼自己的实践能力和团队协作能力。

(5)持续学习

掌握专业技能是一个持续不断的过程,大学生应保持对新技术、新知识的敏感度,利用业余时间学习相关课程、阅读专业书籍和文献。

通过参加线上或线下的专业培训、讲座、研讨会等活动,可以拓宽知识面,提升技能水平。

(6)培养学习兴趣

学习兴趣是掌握专业技能的重要动力。大学生可以通过参加兴趣小组、社团活动等方式,培养对所学专业的兴趣和热爱。

在学习过程中,注重培养自己的创新思维和解决问题的能力,从而激发学习动力。

(7)考取专业证书

考取与所学专业相关的证书是证明自己技能水平的一种方式。大学生可以根据自己的需求和职业规划,选择适合自己的证书进行备考。

(8)利用在线资源

互联网时代为大学生提供了丰富的在线学习资源。大学生可以通过慕课、在线课程等平台,学习专业知识和实践技能。建议加入专业社群或论坛,与同行分享心得和经验,共同进步。

(9) 参与实习

实习是大学生将所学知识应用于实践的重要途径。通过实习,大学生可以深入了解职场环境,提高职业技能和职业素养。

(10) 制订学习计划

制订合理的学习计划有助于大学生更好地安排学习时间和任务。在制订计划时,要充分考虑自己的实际情况和需求,确保计划具有可行性和针对性。

2. 选择适合的劳动工具

大学生在选择适合的劳动工具时,首先需要明确任务的具体要求和性质。劳动工具的选择应当与工作的类型、环境、所需效率及安全性等多方面因素相匹配。

(1) 电工类常见工具

在日常生活中,人们会频繁地使用到表 3-1 中所列的基本的电工工具。

表 3-1 电工类常见工具汇总

名称	简介	图示
试电笔 (测电笔)	试电笔用于检查导线和电器设备是否带电,笔体中有氖泡,测试时如果氖泡发光,则说明检查对象带电。需要注意的是,测试时一定要用手触及试电笔末端的金属部分,否则,因带电体、试电笔、人体与大地之间没有形成回路,试电笔中的氖泡不会发光,会造成误判,使人误认为带电体不带电	
螺丝刀 (改锥)	常见的有一字螺丝刀和十字螺丝刀(或称梅花螺丝刀),主要用于拧螺丝,其操作利用了轮轴的工作原理,轮轴越大时越省力,所以使用粗把的螺丝刀比使用细把的螺丝刀更省力	
电工刀	电工刀是电工常用的切削工具,主要用于剖切导线、电缆的绝缘层。电工刀是可折叠的,使用完后应将刀刃折回刀柄	
尖嘴钳	尖嘴钳是一种常用的钳形工具,主要用于剪切线径较细的单股与多股线,以及给单股导线接头弯圈、剥塑料绝缘层等,其优点是能够在较狭小的工作空间中操作	
老虎钳 (钢丝钳)	老虎钳是一种夹钳和剪切工具,属于省力杠杆,多用于起钉子或夹断钉子和铁丝等	

续表

名称	简介	图示
扳手	扳手是一种常用的安装和拆卸工具,通常用于拧紧螺栓、螺钉、螺母等较为费力的对象。在使用扳手时,可以通过大拇指拨动螺纹调节器,调整扳手的开口大小,以适应待拧转对象的大小	

知识拓展

常见的家用电器维护方法

常见的家用电器维护方法见表3-2。

表3-2 常见的家用电器维护方法

电器名称	问题	检测维护
电饭煲	灯不亮、不加热	检查电源线、保险管是否通电,以及其他脱落或烧断的电线和锅内电线是否接错或脱落。如果有办法,请重新接好线。如果按下加热键,触点合不上,那么需要调整触点间距。如果发热盘内加热管烧坏了,则需要更换发热盘
	煮夹生饭	出现夹生饭的原因一般是限温器里的磁环磁力变弱。处理方法是:将电饭煲拆开之后检查它的磁环是否断裂,看看它的吸力怎么样,如果出现了损坏,就要更换磁环
	煮好饭后不能保温	电饭煲保温效果变差,这种情况是因为保温开关的常闭触点表面积了灰尘或脏污,增大了触电电阻,最后使触点闭合而导致电路不通,发热管不工作。这时可用细砂纸将触点的表面清洗干净,进行打磨,等到光滑之后就可以使用了
	煮煳饭	煮饭变煳的现象也是常有的事情,可能是保温开关的常闭触点烧结粘合在了一起,虽然此时饭已经煮熟、限温器的闸也已关闭,但保温开关仍然在给发电管通热,这样时间一长,饭就煳了,这时可用一把小刀将触点分开,然后用细砂纸将触点的表面清洗干净
	漏电	可以用电笔上的灯亮与否来判断是否漏电。有时可能是接错线,解决的方法是对照其他新规检查或重新布线。如果检查出发热盘内加热管漏电,那么就需要换盘。如果是进水或受潮,那就需要晾晒了
微波炉	加电无反应,保险管完好	可以检查机械定时器、磁控管限温器。电脑控制微波炉:观察电脑板上的保险管,检查电脑板上的电源变压器、磁控管限温保护器。在排除故障后,可换上保险管试机(适用于机械控制式微波炉)
	微波不加热,噪声大或振动大	重点检查微波系统,如高压二极管、高压变压器、高压电容器、双向二极管、磁控管等是否存在故障
	微波加热慢,火力明显减小	此故障通常是由于磁控管老化,少数是因为功率控制选择开关或功率继电器触点不良
	启动或停止键失灵	此故障一般见于电脑控制式微波炉,应检查薄膜开关是否损坏

续表

电器名称	问题	检测维护
电磁炉	电磁炉接通电源后，风扇不转动，排气孔无风	检查电源插头，如果有松动，应该重新插牢；一般高频电磁炉都有负载检测电路，如果空烧就会停止加热，待电磁炉冷却后，放上盛有食品的锅便可重新烧煮；检查熔丝，如发现已熔断，查明原因后，更换同规格的熔丝；冷却风排气孔应经常保持清洁，如发现堵塞，应及时予以疏通
	烧煮时有振动和振荡噪声	建议更换平底锅，使其锅底与电磁炉灶台平板贴合；应检测取样电路，看是否是由耦合电路开路造成的，如耦合电阻断路，更换后电磁炉便能恢复正常

（2）木工类常见工具

木工是一种常见的劳动，一些使用率较高的木工工具见表3-3。

表3-3　木工类常见工具

工具名称	简介	图示
羊角锤	羊角锤既可用于敲击、锤打，又可用于起拔钉子。捶打钉子时，锤头应平击钉帽，使钉子垂直进入木料；起拔钉子时，宜在羊角处垫上木块，增强起拔力。捶打时应注意锤击面的平整完好，以防钉子飞出或羊角锤滑脱伤人	
手工锯	手工锯是一种把木料或其他需要加工的物品锯断或锯割开的工具，使用时用手握住手柄，在木料上来回推拉	
电钻	电钻有多种类型，包括手电钻、冲击钻、锤钻。其中，手电钻的功率最小，仅适用于钻木材；冲击钻能够在砖、砌块、混凝土等脆性材料上钻孔；锤钻则可以在多种硬质材料上钻孔，使用范围最广。在使用电钻时，应先准备好大小合适的钻头，并转动电钻下方齿轮的转环，然后松开电钻的夹头，增加夹柱之间的缝隙后放入钻头，旋紧钻头上面的小孔后，插上电源，接着按下电钻把手上的电源开关即可钻孔。钻孔时压得越重，电钻的转速就会越快	
卷尺	卷尺是一种计量工具。木工中常用的是钢卷尺，使用时需先将卷尺拉出，然后按下制动按钮，测量完毕后松开制动按钮，小心且缓慢地将卷尺收缩起来	
斧头	斧头是一种砍削工具，主要用于伐木和切削木材。当需要砍伐时，应双手握住手柄进行大力操作；当需要切削时，可单手握住手柄进行精细操作	

续表

工具名称	简介	图示
砂纸	砂纸是一种打磨工具,用于打磨金属、木材等表面,使其光洁平滑。砂纸分为干磨砂纸和耐水砂纸两种。干磨砂纸(木砂纸)用于打磨木器、竹器的表面,而耐水砂纸(水砂纸)用于在水中或油中打磨金属或非金属工件的表面。在使用砂纸时,用有沙砾的一面接触对象,来回打磨即可	
锉刀	锉刀是用于锉削木料、金属、皮革等对象表层,使其光滑平整的小型加工工具,包括平锉、半圆锉、方锉、三角锉、圆锉等类型。在使用锉刀时,应一手握着刀柄,一手按压锉刀前端,进行来回推拉	

(3) 常见农具

大学生在农业劳动中应该学会使用一些常见的农具来提高劳动效率。表 3-4 简要介绍了一些常见的农具。

表 3-4 常见农具汇总

名称	简介	图示
扁担	扁担是一种扁圆长条形的、用于放在肩上挑东西或抬东西的工具,常见的扁担有木制的和竹制的。使用扁担时,扁担两头尽量保持一样的重量,放长绳子,降低重心,以减轻肩膀的压力。用扁担挑水时,应尽量走小碎步,这样可以尽量避免桶内的水洒出来	
镰刀	镰刀是用于收割庄稼和割草的农具,由刀片和木把构成。使用时一手握着庄稼,一手用镰刀来回推拉。注意,使用镰刀时不要误伤了自己,新手特别容易割伤自己的脚和腿	
铁锹	铁锹是一种常见的耕地、铲土工具,其长柄多为木制,头部有多种类型,包括尖头铁锹、方头铁锹。使用铁锹时可以借助脚力,用脚使劲将铁锹踩入泥土中,这样有助于提高劳动效率	
锄头	锄头是一种常见的农具,可用于挖穴、耕垦、盖土、除草、碎土、中耕、培土等各种作业,使用时以两手握柄,举起锄头,从上往下做回转冲击运动	
石磨	石磨是一种用于把米、麦、豆等粮食加工成粉、浆的工具。推动石磨既不能太快也不能太慢,应根据粮食的种类选择合适的速度匀速推动	

续表

名称	简介	图示
杆秤	杆秤是一种利用杠杆原理称量质量的简易工具,一般由木制的带有秤星的秤杆、金属秤锤、秤盘、提绳等组成。在使用杆秤时,应先挂上秤锤,再在秤盘上装上物品,然后提起提纽,推动秤绳,使秤保持平衡后即可读出物品的重量	

3. 培养安全意识

培养劳动安全意识是一个全面而系统的过程,它涉及个体在劳动环境中对潜在危险的认知、预防、应对及事后处理的能力。这一过程的核心在于通过教育、培训和实践,让劳动者充分认识到劳动安全的重要性,掌握必要的安全知识和技能,从而在工作过程中能够主动识别风险、避免危险,确保自身和他人的安全。

具体来说,培养劳动安全意识包括以下几个方面:

(1) 用电安全

实验室、实训车间和实习单位电路复杂、电气设备较多,大学生实践教学需要频繁与电接触,不规范的用电行为将导致人身伤亡,同时必然对实验实训仪器设备和企业的生产设备、厂房等造成严重财产损失,情节严重的将导致重大伤亡事故。

在触电事故发生时,首要且紧急的步骤是迅速切断电源。触电可能导致人体痉挛或丧失知觉,进而使触电者紧握带电体而无法自行解脱。因此,在抢救触电者时,首要任务是采取有效措施使触电者尽快与电源分离。

具体操作包括但不限于:立即拉下电源开关或拔掉插头,以确保电源被彻底切断;若无法找到电源开关或插头,则应利用干燥的木棒、竹竿或绝缘手套等工具,安全地将触电者与电源分离;在必要时,可使用绝缘工具(如绝缘电工钳、带有木柄的斧头等)切断电线,以彻底消除电源;如果遇到高压触电事故,需要特别注意跨步电弧的危险,并立即通知相关部门进行停电操作,以便专业救援人员能够安全地进行救援工作。

知识 拓展

灭火器的选择

常见灭火器的选择和使用方法见表3-5。

表3-5 常见灭火器的选择和使用

灭火器种类	内装药剂	用途	效能	使用方法
泡沫灭火器	硫酸氢钠、硫酸铝和其他发泡剂	扑灭油类火灾,慎用电气火灾	10升型号射程8米,喷射时间60秒	倒过来,摇晃,打开开关,喷射
酸碱灭火器	碳酸氢钠水溶液、硫酸	扑灭木材、棉花、纸张等火灾,电气、油类火灾忌用	10升型号射程10米,喷射时间50秒	倒过来,溶液立即喷出

续表

灭火器种类	内装药剂	用途	效能	使用方法
二氧化碳灭火器	液态二氧化碳	扑灭贵重仪器、设备和电气火灾,钠、钾、镁、铝、乙烯忌用	3千克型号射程3米,喷射时间30秒,有毒	打开开关,随即喷出
干粉灭火器	碳酸氢钠干粉、高压二氧化碳	扑救石油、石油产品、油漆、有机溶液和电气等火灾,乙烯、二氧化硫等火灾忌用	8千克干粉喷射时间15秒,射程45米,无毒	提起圆环,干粉立即喷出

(2) 化学药品伤害事故处理方法

处理化学物品伤害需要根据其特性采取相应的措施。对于灼伤,应避免使用冷水清洗,通常先以90%~95%浓度的酒精消毒(图3-1),随后涂抹苦味酸软膏作为初步处理。

若灼伤处皮肤完整,可考虑涂抹饱和碳酸氢钠溶液、碳酸氢钠粉糊状物、獾油或烫伤膏;若皮肤出现红痛或红肿(一级灼伤),可尝试使用橄榄油或酒精浸湿的棉花敷于伤处;若皮肤起泡(二级灼伤),应保护水泡,避免破裂,以防交叉感染;如果皮肤已经破损,则需要涂抹紫药水或1%的高锰酸钾溶液,然后及时就医。对于三级灼伤,即皮肤呈现棕色或黑色,应立即送医,并在此之前用无菌消毒纱布进行简单包扎。

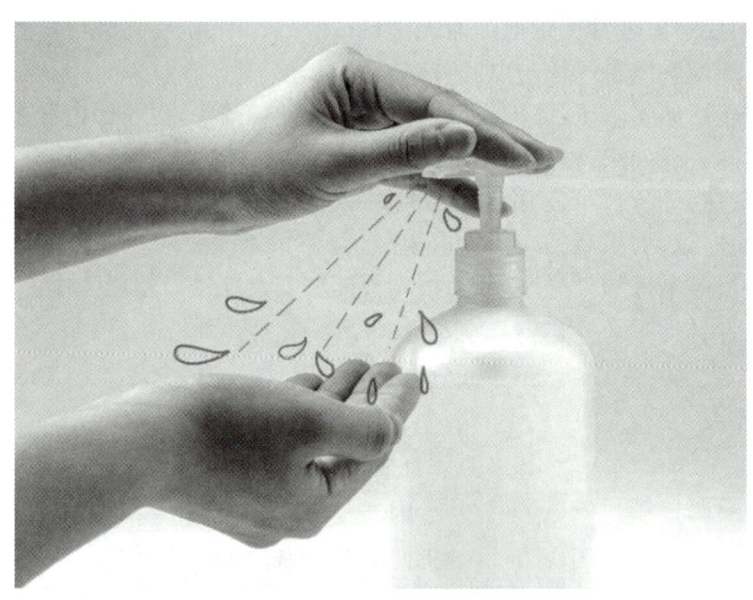

图3-1 用酒精消毒

针对强酸灼伤,首要步骤是使用大量自来水反复冲洗,然后采用5%的碳酸氢钠溶液或5%的氢氧化铵溶液洗涤,最后再用自来水冲洗。如果酸液溅入眼睛,应立即用大量清水冲洗并送医。酚类灼伤需要先用大量自来水清洗,然后再用肥皂和水洗涤,但需要避免使用乙醇。

溴腐蚀伤需先用苯或甘油清洗伤口,再用自来水冲洗。对于磷灼伤,需要使用1%的硝酸银、5%的硫酸铜或高锰酸钾溶液清洗伤口并包扎。

如果吸入了有刺激性或有毒气体,如氯气、氯化氢,可以尝试吸入少量酒精和乙醚混合蒸气来解毒。硫化氢或一氧化碳中毒时,应立即通风,让伤者呼吸新鲜空气,但需注意氯气、溴中毒时不可进行人工呼吸,若出现严重症状则应立即送医。

毒物入口后,应先将5~10毫升稀硫酸铜溶液加入温水中,然后催吐,吐出毒物后立即送医。水银中毒需要注意其可能通过呼吸道或皮肤吸收,严重中毒症状包括口中金属味、流涎、牙床及嘴唇发黑、淋巴结及唾液腺肥大等。中毒初期可采用炭粉或呕吐剂洗胃,或强灌蛋白(如1升牛奶加3个鸡蛋清)、蓖麻油等解毒并催吐,随后立即送医急救。

4. 个人劳动保护用品的使用

在个人劳动保护用品的使用中,除了常见的安全帽、防护眼镜等基本装备外,针对特定的工作环境,还需配备一系列专业且精细的防护用品,以确保劳动者的身心健康与安全。

(1) 合理使用口罩、面罩

按规定检查所使用的防护用品完好情况,了解不同的呼吸防护用品适用场景和具体防护功能;依据不同的劳动环境和所面对的有害物质及其危害程度正确佩戴防毒口罩和防毒面罩等;依据产品特性和劳动环境适时更换口罩、面罩。如果已经使用过防护工具,但仍感到有异味、刺激、恶心等不适症状,应立即离开劳动环境。

建议及时检查或更换呼吸防护用品,科学保存呼吸道防护用品,建议定期检查并及时更换呼吸面罩内的活性炭。

(2) 正确使用护耳器

大学生进入工作环境前应了解护耳器的降噪功能,掌握护耳器佩戴后的语言、手势等沟通方式,能够正确辨别机器声、报警声等,并坚持在噪声环境下佩戴护耳器(图3-2),应经常检查、清洗并适时更换损坏部件。

图3-2 护耳器

(3) 手套的选用

不同的劳动手套具有不同的防护功能,如抗化学手套的穿透性、渗透性、降解性等指标决定其防护能力,大学生应根据劳动场所化学品成分、化学品特性和与化学品的接触频率,依据不同防护需求挑选抗化学手套,并检查其是否有破损、老化情况,同时应注意橡胶、塑料、乳胶等不同类型的防护手套在使用完后应及时冲洗、晾干,以避免高温保存。

绝缘手套(图 3-3)应定期检验电绝缘性能,并严格使用环境,如乳胶工业手套仅适用于弱酸劳动环境。

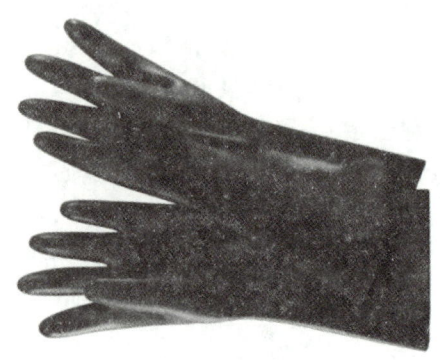

图 3-3 绝缘手套

(二) 提升社会技能

提升社会技能是一个重要且持续的过程,它涉及个体在日常生活中与他人建立有效关系、沟通、合作以及解决冲突的能力。这些技能在职场上至关重要,也是个人成长和幸福的关键。

大学生提升社会技能的方法多种多样,这些方法不仅有助于增强个人的综合素质,还能为未来的职业生涯打下坚实的基础。以下是一些具体的提升社会技能的方法:

1. 参与社团组织和各类集体活动

(1) 参与社团组织

社团组织对于大学生而言,是其拓展兴趣爱好、结识志同道合伙伴的重要场所。通过社团活动,学生可以有效提升自身的领导力、团队协作能力和组织协调能力,为个人全面发展奠定坚实基础。

学生可以根据自己的兴趣和特长,选择加入学术研究、文化艺术、社会公益等各类社团,全身心地投入社团的各类活动中去。

通过参与社团活动,学生不仅能够丰富课余生活,还能在实践中提高自己的综合素质和能力。

(2) 参与集体活动

参加学校组织的各类集体活动,如运动会、文艺晚会、社团文化节等,对于培养学生的集体荣誉感和团队协作精神具有重要意义。

学生应积极响应学校组织的各类活动,主动参与,出谋划策,身体力行。通过参与集体活动,学生能够增强对集体的归属感,提高团队协作和沟通能力,促进个人与集体的和谐发展。

2. 自主学习与技能提升

（1）掌握实用技能

在当今社会，掌握实用性技能对于提升大学生的就业竞争力具有不可忽视的作用。学生可以通过在线课程、职业培训或自主学习等途径，学习计算机编程、数字媒体制作、摄影摄像等实用技能。掌握这些实用技能不仅能够丰富学生的知识体系，还能在未来的求职路上增强竞争力，为学生未来的职业发展打下坚实基础。

（2）提升阅读与写作能力

广泛阅读和坚持写作是提高大学生思维深度和表达能力的重要途径。学生应积极阅读各类书籍，包括文学、历史、科学等多个领域，同时坚持写作，如撰写读书笔记、学术论文等。通过阅读与写作的结合，学生能够开阔视野、丰富内心世界、提高自己的思考能力和文字表达能力。

3. 拓展人脉与提升社交能力

拓展人脉和提升社交能力是个人成长和职业发展中不可或缺的重要方面，这不仅关乎建立更多的人际关系，更关乎如何有效地沟通、理解和影响他人，以及如何在各种社交场合中展现自己的价值和魅力。

（1）认识新朋友

对于大学生来说，广泛拓展人脉是获取更多资源和机会的重要手段。学生可以通过参加各类聚会、社团活动、社交媒体平台等方式，积极结识新朋友。结交新朋友能够帮助学生拓宽视野、提升社交能力，为未来的学习和工作积累宝贵资源。

（2）社交技巧的培训

熟练掌握社交技巧，对大学生建立良好的人际关系具有重要意义。学生可参加专门的社交技巧培训课程，或阅读相关书籍进行自学，不断磨炼自己的社交技巧。通过专业的培训和学习，学生能够有效提升自己的社交能力，建立起广泛而深入的人际关系网，为个人发展创造有利条件。

二、提升专业素养

专业素养是一个人在其专业领域所具备的综合能力和品质，它不仅包括扎实的专业知识和技能，还涵盖了丰富的专业知识储备、深厚的专业理论基础、精湛的专业技能以及必要的组织管理能力。这些能力和品质是个人在专业领域内立足和发展的基础。

案例

小李的专业素养提升之路

小李是一名计算机科学专业的大学生，从入学之初，他就深知专业素养的重要性。在大学四年里，他不断努力提升自己的专业素养，不仅在专业技能上取得了显著进步，还逐渐形成了独特的专业思维方式。

在学习专业知识的过程中，小李特别注重培养自己的专业思维。他深知，仅仅掌握书本上的知识是远远不够的，更重要的是要学会用专业的思维方式去分析和解决问题。

于是,他积极参与各种学术讨论和项目实践,不断思考和交流,逐渐形成了自己的专业思维体系。

小李的专业思维具有以下三个显著特点:

一种基于历史经验的思维方式。他善于从历史中汲取经验和教训,通过对比和分析不同时代的计算机科学发展历程,不断加深对专业知识的理解和认识。

二是要有立足现实状况的思维。他始终保持清醒的头脑,不被幻想和空想所迷惑,而是从实际出发去思考和解决问题。在参与项目实践时,他能够准确地评估自己的能力边界和项目需求,并制定出切实可行的解决方案。

三是追求更高更好的思维方式。他始终保持着积极向上的心态,不断追求创新和突破。在完成一个项目后,他总是会认真总结经验教训,并思考如何改进和提升自己的专业技能。

通过不断的努力和实践,小李的专业素养得到了显著提升。他不仅掌握了扎实的专业知识和技能,还具备了丰富的专业知识储备和深厚的专业理论基础。此外,他还具备精湛的专业技能和必要的组织管理能力,能够独立承担一些复杂的项目任务。

在毕业之际,小李凭借自己的专业素养和出色的表现赢得了多家知名企业的青睐。他最终选择了一个与自己专业兴趣相符的科技公司工作,并在工作中继续发挥自己的专业优势和创新精神。

启示:专业素养是一个人在专业领域内立足和发展的基础。通过培养专业思维、掌握扎实的知识和技能、不断追求创新和突破,大学生可以在大学期间不断提升自己的专业素养,为未来的职业发展打下坚实的基础。

(一)培养专业思维

在通过学习专业知识形成专业技能的过程中,专业思维的形成是一个关键的环节。所谓专业思维,就是能够迅速准确地将遇到的问题归类的思维。因为迅速,所以专业,因为准确,所以高效。一个人只有用专业的思维方式考虑问题,才有可能在看待事物时具备独特的眼光和与众不同的处理方式,即专业的技能。

1. 基于历史经验的思维

万事万物都是不断变化的,专业也是动态发展的,因而专业思维会表现出明显的历史继承性。今天的专业知识体系正是对过去每一个阶段新知识的累积叠加,当下的专业思维方式也就是对以前专业思维的延续和更新。牛顿的三大运动定律和万有引力定律曾经统治物理学两百余年,在这样的思维方式下,人们关于时空的认识是绝对的,认为时间总是均匀地流逝,空间总是平直均匀地分布。

直到 20 世纪初,普朗克、爱因斯坦等人相继提出能量量子化概念和相对论,人们才逐渐认识到,时间的流逝快慢与物体的运动速度密不可分,微观世界或高速运动状态下的时空会发生扭曲。

表面上看,相对论的提出是对物理学思维方式的重大变革,但在低速运动的宏观世界,牛顿绝对时空思维仍具有非常广泛而完美的应用,因而只能说相对论是对绝对论的继承和拓展,而不能说相对论是对绝对论的碾压和颠覆。

2. 立足现实状况的思维

拥有专业思维的人都清楚自己的能力边界,他们了解事物运行的复杂性和专业知识的有限性,不会觉得自己无所不能,他们看待和处理问题更倚重从现实出发。基于此,业余人士和专业人士的最大区别是,前者认为世界按照他们的想象运转,而后者则是立足现实去适应和改造这个世界。从这个角度看,专业技能差异的背后经常表现为专业思维方式的差异,越是能立足现实进行思考的人,越能清晰地看到自己的优势和不足,从而通过踏实学习扬长避短,在工作中表现出更强的专业技能。

被称为"文艺复兴时期最完美代表"的达·芬奇可谓是人类历史上绝无仅有的全才,他在理、工、医、文、艺等几乎所有学科中都取得了显著成就,但其最伟大的成就还是绘画,这与他从 14 岁开始连续数年不间断地进行绘画基本功训练密不可分。而达·芬奇之所以能够做到这一点,正是因为老师韦罗基奥的点拨,使他形成了立足现实的艺术思维。

3. 追求更高更好的思维

专业思维承认专业知识的局限性,但并不会因此囿于当下、裹足不前,而是能够放眼长远、开放心态、乐于倾听,重视专业知识的连续性和专业发展的持续性,清楚地知道自己该做什么和不该做什么,并将失败视为自己获得成长的过程。拥有专业思维的人通常都心怀一种使命感,期待在专业领域达到更高的水平、实现更好的效果,因而是一种积极向上、追求创新的战略性思维方式。

作为伟大的政治家和革命导师,毛泽东提出的"没有预见就没有领导"的战略思维,既是对广大领导干部职业预见能力的要求,也是他自己追求大同世界使命感的体现,是在广泛调查研究的基础上对中国革命和建设事业进行科学预见的结果。

(二)重视专业实践

获取专业技能需要专业知识的指导和专业思维的引导,更需要在实践活动中持之以恒地学习、模仿、操作和训练。《中华人民共和国高等教育法》规定,高等教育的任务是培养具有社会责任感、创新精神和实践能力的高级专门人才,发展科学技术文化,促进社会主义现代化建设。尽管各高校对于大学生专业实践的要求不尽相同,各专业的实践方式也千差万别,但通过多样化的专业实践提升大学生专业技能的目标却是明确的,这同时也是新时代高等教育阶段加强劳动教育的重要路径之一。

1. 凝练和发挥专业优势

通用知识的优势在于广度,有助于开阔视野,通用技能在各种社会活动中有着广泛的应用,如计算机基本操作能力、驾驶能力、接待能力、书写能力、口头表达能力等;专业知识的优势在于深度和精度,有助于深化认识,每一种专业都存在专属的研究范畴,专业技能只有在特定的实践活动中才能获得用武之地,如律师的辩护技能主要用于法庭、园艺师的栽培技能主要在园林中展示、飞行器设计师的技能则需要航天航空环境等。

2. 培养实干精神和职业专注力

专业知识必须通过刻苦的理论学习才能掌握,强调的是知晓专业;专业思维只有通过积极地思考才能获得,强调的是懂得专业;专业技能则需要在实践活动中反复操练才能拥有,强调的是运用专业。大学生能否将在校期间所学的专业知识转化为创造社会财富的能力,除了对专业本身的认知和理解以外,还需要实干精神,专注于实际工作需要与专业优势相结合,这些都需要进行足够的专业实践训练。

3. 强化创新精神和社会责任感

专业技能最终要通过一个个鲜活个体的劳动过程才能体现出来,但任何一种专业技能的形成都往往是一群人共同钻研并通过一代代人传承创新的结果。因此,专业技能既是个人的本领,也是全社会的共同财富。任何一位大学生只有怀揣社会责任感进入职场,才能让所学的专业技能在推动社会进步中发挥积极作用,也只有将创新的精神运用于其所学专业,才能在工作实践中发现专业知识的漏洞,改进专业思维的缺陷,不断提升专业技能,为专业本身的进步创造条件和提供可能。

(三) 成为专业人才

人才是一个与普通劳动者相比较而产生的内涵略显模糊的概念。从略微宽泛的角度来讲,人才是指那些拥有一定的知识或技能,具备进行创造性劳动的潜质或已经对社会做出过突出贡献的人,是人力资源队伍中那些能力和素质较高的劳动者,也被视为国家经济社会发展的第一资源。

在学科分散发展的古代社会,像亚里士多德、达·芬奇、张衡、沈括等这样百科全书式的全才或通才大师并不少见。但在近代两次工业革命的推动下,学科分工越来越细,学科渗透越来越深,凭借个人能力很难全面掌握。专门人才或专业人才开始取代全能通才成为现代人才的一个重要特征,而专业技能恰恰是专业人员成才之路上必不可少的助推器和护身符。

1. 衡量人才的重要指标

良好的人品、渊博的学识、超凡的技能、高效的行动力等都是衡量人才的重要标准,缺少了任何一方面都会使得人才的含金量大打折扣。在教育落后、知识贫乏的时代,专业人才短缺往往成为经济社会发展的最大掣肘;相反,在教育兴旺、人才辈出的时代,国家财富创造的速度和人民生活改善的程度也会非常惊人。

改革开放以来,我国各个领域建设都取得了举世瞩目的成就,这与国家大力兴办教育,尤其是通过高等教育培养出一批批理论功底扎实的专业人才密不可分。但经济社会转型遇到的瓶颈问题也说明,顺应经济高质量发展的要求,转变人才评价理念的方法,调整高等教育人才培养目标定位,逐步增强对高等人才专业技能培养的力度,改变我国专业技能人才短缺的境况不仅重要而且必要。

2. 建立人才自信心

自信心在人才成长过程中发挥着定心丸的作用,唯上唯书无主见者多为庸才,前怕狼后怕虎不敢突破者难成大器。良好的专业技能既是年轻人找工作的敲门砖,也是职场新人提升自信心的秘诀。自信心会受到先天性格等因素的影响,但更多源自多角度比较而产生的成就感。

拥有良好专业技能的人能够通过劳动创造看得见摸得着的价值,在纵向比较中看到自己的成长进步,在与周围人的横向比较中看到自己的领先优势,从而树立起工作的自信。党的十九大以来,党中央逐渐将坚定中国特色社会主义"四个自信"提升到了国家战略层面,这既是对全球化时代对外交往中外来文化渗透的抵御,也是指引广大青年学子消除经济社会转型期内心迷茫感、挫折感、无助感的有力武器。

3. 提升人才认可度和社会地位

一个人在工作中取得的成绩或在事业上所达到的高度受很多因素影响,领导提携、家庭环境、工作机遇等有时起着决定性作用,但归根结底还得靠自身的真才实学。工作能力尤其是专业技能一旦得到认可,将会产生持久的社会效应。在国内外各种关于人才的分类中,技能人才既不同于以广博知识见长的学术人才、以社会经验称道的管理人才,也不同于身处生产一线直接掌握某项应用技术手段的技术型人才,而是特指在生产技能岗位工作,具有高级以上技能等级或具有专业技术资格的人员,是具有一定社会认可度和社会地位的高级人才。

中华全国总工会、中央广播电视总台于2018年联合启动举办的"大国工匠年度人物"评选活动,取得了广泛积极的社会效应,有力地弘扬了劳模精神、劳动精神、工匠精神,掀起了学习大国工匠、争当工匠人才的热潮。

(四) 恪守职业道德

恪守职业道德是职业人士在职业生涯中必须坚守的重要原则。它不仅是对职业规范的遵循,更是个人品德和职业精神的高度体现。职业道德涵盖了诚实守信、尊重他人、公正公平、勤勉尽责、保护隐私等多个方面,要求职业人士在从事职业活动时,始终保持高度的责任感和使命感,以良好的职业态度和职业行为来维护职业声誉和社会形象。

1. 职业道德的特征

道德是社会学意义上的一个基本概念,不同的社会制度,不同的社会阶层都有不同的道德标准。职业道德是从业者在职业活动中应该遵循的符合自身职业特点的行为规范,是人们通过学习与实践养成的优良职业品质,它涉及从业人员与服务对象、职业与职工、职业与职业之间的关系。不同的职业人员在特定的职业活动中形成了特殊的职业关系,这些关系包括职业主体与职业服务对象之间的关系、职业团体之间的关系、同一职业团体内部人与人之间的关系,以及职业劳动者、职业团体与国家之间的关系。

职业道德的特征如下:

(1) 职业性

职业道德的内容因职业不同而有所区别,反映着特定职业活动对从业人员行为的道德要求。每一种职业道德都只能规范本职业从业人员的职业行为,在特定的范围内发挥作用。

(2) 实践性

职业道德的形成过程就是职业实践过程,只有在实践过程中,才能体现出职业道德的水准。职业道德的作用是通过职业实践来调整职业关系,对从业人员职业活动的具体行为进行规范,解决现实生活中的具体道德冲突。

(3) 继承性

职业道德是在长期实践过程中形成的,也会被作为经验和传统继承下来。即使在社会经济发展的不同阶段,由于同样一种职业的服务对象、服务手段、职业利益、职业责任和义务等相对稳定,职业行为的道德要求的核心内容也将保持稳定,职业道德便呈现出在不同社会经济发展阶段的一致性,从而形成了被不同社会发展阶段普遍认同的职业道德规范。

(4) 多样性

不同的行业、不同的职业,有不同的职业道德标准。职业道德的职业性决定了职业道德的多样性。

2. 职业道德的内涵

职业道德的基本范畴是职业道德体系的重要组成部分,它是反映行业与行业之间、行业与社会之间、行业内部从业人员之间、从业人员与社会之间最普遍的道德关系的概念。职业道德范畴一般包括以下七个部分:

(1) 职业义务

职业义务包括在职业活动中,公民和法人按法律规定应尽的责任、在道德上应尽的责任及不要求报酬的奉献三部分。它是一定社会、一定阶级、一定职业对从业人员在职业活动中提出的道德要求,同时也是从业人员对他人、对社会应该承担的道德责任。

职业义务具有利他性和无偿性两个基本特点。利他性是指从业人员在尽职业义务时,实际上做出了有利于他人、有利于社会的行为,这种行为的客观效果是对他人有利,而不是对自己有利,甚至有时还要做出某种程度上的自我牺牲。职业义务的无偿性是指从业人员在履行职业义务时,不把履行职业义务与谋求个人权利和回报联系在一起,也就是说,它是一种"不要报酬"的奉献。

要更好地履行职业义务,首先要树立服务意识,这是由职业义务的无偿性决定的,同时要努力培养自己的职业义务感并自觉主动地履行职业义务。

(2) 职业权力

职业权力是指从业人员在其职业范围内或职业活动中拥有的支配人、财、物的能力。它主要包括两种类型:一是在政治方面的强制力量,如国家的权力、人民代表大会的权力、企业法人的权力等;二是在职责范围内的支配力量。

职业权力具有权威性、利己性、隐蔽性的特点。权威性是指在职业活动中对他人、对其他行业有很强的约束力量和支配力量。利己性指它可以给自己带来利益和好处,不像职业从业人员那样有义务做出某种牺牲,为他人、为社会谋利益。隐蔽性是指职业人员在行使职业权力时,有不被人警觉的一面。

想要正确行使职业权力,首先要树立正确的职业权力观,职业权力来源于职业本身,应当用之于职业发展,服务于人民事业。其次,要正确行使手中的权力,不能以权谋私,做超出权力范围的事情。最后,要敢于抵制滥用职权的不正之风,同不良行为作斗争。

(3) 职业责任

职业责任是指从事某种职业的个人对他人、集体(班组、部门、单位、行业)和社会承担的责任。各行各业的职业责任不同,但是都有一个共同要求,就是要忠于职守,尽心尽力,保质保量地完成工作。

职业责任具有差异性、独立性、强制性等特点。差异性是指社会分工不同,导致不同职业的性质、功能、业务范畴、技术要求等都不尽相同,因此其职业责任也不同。独立性是指不同岗位的职业权利有时相互独立,这种独立性决定了各自的职业责任具有排他性,不能受他人干预。强制性是指职业责任一般通过制定具体的规章制度、岗位职责、条例等来表现,这些表现形式具有强制性,所有职业人员必须遵守。

(4) 职业纪律

职业纪律是在特定的职业范围内从事某种职业的人们必须共同遵守的行为准则。

职业纪律具有一致性、特殊性、强制性的特点。一致性是指各行各业的职业纪律在组织、劳动、财经等方面的要求是一致的。特殊性指各行各业根据行业的特点又具有一些区别于其他行业的特殊纪律。强制性指职业纪律同其他纪律一样,是从业人员必须共同遵守的规则,不遵守职业纪律,就必须根据情节给予行政或经济上的制裁。

从业人员应当熟知职业纪律,避免无知违纪;应当严守职业纪律,不能明知故犯;应当自觉遵守职业纪律,养成严于律己的习惯。

(5) 职业良心

职业良心是指从业人员在履行义务的过程中所形成的职业责任感以及对自己职业行为的稳定的自我评价和自我调节的能力。职业良心有个体表现和群体表现两种形式。个体表现指从业人员在职业活动中对工作的负责精神、对他人的责任感、对自己职业行为的是非感、对错误行为的羞耻感;群体表现指职业良心在某某单位、某某行业的整体表现。

职业良心具有时代性、内隐性、自育性的特点。时代性是指职业良心是与时代相联系的一种道德表现。职业良心是人们在职业生活中逐渐形成的。内隐性是指职业良心是一种看不见、摸不着的道德情感。自育性指职业良心是在职业生活中,自我培养、自我教育形成的,是依靠自我约束、自觉参加逐渐形成的。

职业良心的培养要贯穿于职业活动整个过程中,职业活动开始前要进行筛选导向,职业活动过程中要进行监督调节,职业活动结束后要进行总结评判。

(6) 职业荣誉

职业荣誉是从业者对自己的职业行为所具有的社会价值的自我意识和自我体验。

职业荣誉具有阶级性、激励性、多样性的特点。阶级性指职业荣誉感与社会阶级相联系,不同阶级对于职业荣誉的认同也不一样。激励性指单位、社会通常把从业人员对单位、对社会的贡献的大小同荣誉联系起来,贡献越大,荣誉的级别也就越高。多样性是指职业活动的内容多种多样,获得职业荣誉的形式也多种多样。

从业人员要正确对待职业荣誉,争取职业荣誉的动机要纯,获得职业荣誉的手段要正,对待职业荣誉的态度要谦虚。

(7) 职业幸福

职业幸福是指从业人员在具体的职业活动中,由于奋斗目标、职业理想的实现而获得的精神上的满足和愉悦。

职业幸福具有阶级性、层次性、广泛性的特点。职业幸福的阶级性是与职业荣誉的阶级性相联系的,不同社会阶级对于职业幸福的理解不同。层次性是指不同层次的从业人员都有自己所处层次的职业幸福。广泛性是指每一种职业都有自己的职业幸福点。

从业人员追求职业幸福,要正确处理好以下三种关系:个人幸福与集体幸福之间的关系、物质幸福与精神幸福的关系、创造职业幸福和享受职业幸福的关系。

3. 职业道德的基本规范

职业道德修养是指从事各种职业活动的人员,按照职业道德基本原则和规范,在职业活动中进行的自我教育、自我改造、自我完善,使自己形成良好的职业道德品质,是一种自律行为。职业道德修养的提高,一方面依靠他律,即社会的培养和组织的教育;另一方面取决于主观努力,即自我修养。两个方面缺一不可,而且后者更重要。

职业道德修养的基本要求如下:

(1) 爱岗敬业

就是要热爱自己的工作岗位,热爱本职工作,要做到乐业、勤业、精业,干一行爱一行。

(2) 诚实守信

在人际交往与行为准则中,忠诚老实与信守诺言是基础。诚实守信的原则强调个体应秉持诚信无欺的态度,致力于提供高质量的服务或产品,并严格遵守所订立的合同条款,以此作为个人品德与职业操守的体现。

(3) 办事公道

从业人员在办事情、处理问题时,必须站在公正的立场上,按照统一标准和统一原则办事。同时,必须从客观实际出发,做出客观、公正的判断和处理。

(4) 服务群众

就是为人民服务,并且在服务过程中要做到热情周到、满足需要。

(5) 奉献社会

全心全意为社会服务、为人民服务,是为人民服务精神的体现。把社会利益、公众利益摆在第一,不期望回报和酬劳,是一种人生最高境界。

4. 提升职业道德修养的途径

根据现代职业生活的多元化特点和社会主义市场经济对从业人员职业道德修养的要求,应从以下几个方面来加强职业道德修养的培养:

(1) 学习理论,以模范人物为榜样

只有掌握了科学理论,才能坚持职业道德修养的正确方向。新时代的劳模为我们树立了加强社会主义职业道德修养的榜样。大学毕业生要虚心学习职业道德模范的典型事迹,不但要向这些模范人物学习,还要向身边的老师、同学、工厂的师傅学习,学习他们的长处,克服自己的缺点,把职业道德境界提升到一个新的高度。

(2) 坚持学习马克思主义伦理观

在马克思主义历史唯物主义的框架下,关于道德、社会主义道德及职业道德的深入阐释,构成了指导职业道德修养的坚实基础。这些观点不仅有助于从业人员构建科学的世界观、人生观与道德观,而且强调了在学习马克思主义的伦理观时,必须坚持理论与实践相结合的原则,以确保其被深刻理解和有效应用。

(3) 虚心接受职业道德教育

职业教育要常教常新,细水长流,随着形势变化而不断推进、完善。职业人员要知行统一、学以致用，一定要在改善行为方面下功夫，通过细小行为的改善，培养良好的职业习惯。

(4) 发挥榜样的先锋模范作用

学习先进模范人物还要密切联系自己职业活动和职业道德的实际，注重实效，自觉抵制拜金主义、享乐主义、极端个人主义等腐朽思想侵蚀，大力弘扬新时期的创业精神，提高职业道德水平，立志在本岗位多做贡献。

(5) 积极参加社会实践活动

参加社会实践是提高职业道德修养的根本途径。人的道德品质不是与生俱来的，而是在长期的社会实践中逐步形成和发展的。实践是人们养成道德品质的源泉，也是进行职业道德修养的目的和归宿。大学生在学习职业道德理论的基础上，只有不断融入社会，把自己的学习和社会实践活动结合起来，才能更深刻地认识自身的价值所在，正确审视自己的不足，并在社会实践中锻炼自己、陶冶自己、完善自己，最终提升职业道德水平。

(6) 积极开展职业道德评价

进行职业道德评价，不仅能使人们从数量和质量上把握职业道德的价值，从而公平合理、实事求是地对职业道德行为作出正确判断，而且能充分发挥职业道德评价的教育作用。在职业道德评价中，职业人员要虚心接受评价，正确对待批评。人非圣贤，孰能无过，虚心接受别人的批评是个人成长进步不可或缺的条件；同时，能够正确评价别人不仅能够帮助别人提高职业道德修养，也是自己职业道德修养提高的表现。

(五) 提升岗位胜任能力

提升岗位胜任能力，是指通过不断学习和实践，增强个人在特定职位上所需的知识、技能、态度和价值观，以更好地满足岗位要求，提高工作效率和绩效，实现个人与组织的共同发展。

1. 认知岗位职业素养

岗位是组织为完成某项任务而确定的由工种、职务、等级性质所组成的工作位置，是个体承担一项或多项责任以及为此赋予个体权利的总和。它是社会经济技术发展的产物，是按照一定标准化分工，由具体职责和任务、岗位工作规范和员工上岗能力指标要求组成的集合体。它是企业员工从事活动或工作的载体，同时也是员工生存发展的平台。

岗位职业素养和社会基本素养是不同的。岗位职业素养具有一定的职业个性，如救灾是社会责任，而爱岗敬业是职业责任。

岗位职业素养的内容主要包括以下几个方面：

(1) 岗位道德素养

岗位道德素养也被称为职业道德，是职业人最为重要的职业素质之一，也是从业人员在生产活动中必须遵循的行为准则。岗位道德素养主要表现为爱岗敬业、奉献精神、质量效益意识和岗位意识，这是从业者最基本的岗位素养。学生从学校走向岗位，就要按照岗位道德素养的要求，不断地自我修炼。

(2) 岗位担当素养

岗位担当素养主要指岗位责任。具体而言，员工应该对岗位任务、产品质量、企业发展、岗位规范以及问题具有担当精神。拖拉、不负责任甚至推脱责任都是岗位担当素养不高的表现。当企业遇到发展困难时,员工敢于担当是岗位应有的素养。对学生而言,择业就业意味着岗位担当的开始。

(3) 岗位服务素养

服务是将自己的劳动产品或劳务提供给对方的过程,简单地说就是为自己以外的人或单位做事情。个体在为别人提供服务的同时,也在享受别人的服务。因此,岗位的服务意识不能缺少,尤其是服务型岗位,服务特性更加凸显。服务态度和服务品质是岗位服务素养的核心内涵。因此,个体应该将岗位的服务质量和服务的有效性作为锤炼岗位服务素养的永恒主题并不断深化。

(4) 岗位安全素养

安全意识是岗位建设的第一要素。企业的工作规程和工作规范具有保护员工安全、岗位生产安全和产品质量安全的重要功能。没有安全就没有效率和效益,保障安全是对社会、组织、家庭及自己负责任和应尽的义务。

(5) 绿色环保素养

它是关于人与人、人与社会、人与自然和谐相处的绿色知识、生态伦理情怀、绿色意识和绿色行为的总和。学生是绿色素养提升的主导力量,必须把提高绿色素养与解决实际问题结合起来,真正做到学以致用,成为全球生态文明建设的重要参与者、贡献者、引领者。

(6) 岗位学习与创新素养

当今社会,创新已经成为国家、企业和员工个人发展的灵魂,也是社会竞争、岗位竞争的关键要素。大学生应该培养自身的创新意识,提高竞争力,岗位创新素养是新一代青年人必须具备的素养。创新源于对学习和工作的钻研,个体应该让创新成为工作习惯。

2. 岗位胜任的基本能力

岗位能力不仅有类型差别,如会计师和建筑设计师,也有层次差别,如技术工人,可分为初、中、高、技师和高级技师5个等级,每个等级的岗位能力要求均不同。管理岗位和技术岗位的能力要求存在很大的差距。由于大学生刚毕业,主要进入技能型岗位,因此这里主要介绍技能型岗位的通用能力要求。

(1) 岗位专业能力

无论个体学什么专业,将来选择什么岗位,都必须具备较强的专业能力,学好专业是学生的职责,也是择业的本钱。即使在就业之后,也必须不断地提升自己的工作能力,如果毕业后所选择的岗位与专业不对口,那么就应不断提升综合能力,拓展思路。

(2) 岗位学习能力

它是岗位专业能力的基础。岗位胜任素质和胜任能力与学习能力密切相关,一个学习能力弱的人或学习意识淡薄的人,不可能有持续的岗位胜任能力,更谈不上岗位创新。因此,对大学生而言,择业就业是人生岗位学习的开始,而不是学习的终止。

(3) 团队协作能力

大学生从学校走向企业,进入了一个新的组织,团队协作能力是必备的能力。培养团队协作能力主要是学会在不同的位置上各尽所能,与其他成员协调合作,与同事进行有效沟通,具有包容心,善于发现别人的长处,不能对个人得失斤斤计较。

(4) 自我管理能力

对于新入职的大学生来说,管理能力主要体现在做好自我管理方面。岗位的自我管理能力是岗位发展的基础,也是团队建设的重要因素之一。自我管理包括自我学习的管理、工作时间的管理、岗位行为规范和岗位精神的培养等方面。一个不遵守纪律又不想学习的员工,不仅不能实现个人发展,而且迟早会被社会淘汰。

(5) 岗位创新能力

除了具备岗位创新意识,还必须锻炼岗位创新能力。想创新且有能力创新,这是新时代企业对现代员工的客观要求,也是员工岗位发展的必然趋势,更是一名优秀员工的标志。大学生只有在校期间就重视培养创新能力,提升自己的竞争力,才能在岗位上得到更好的发展。

(6) 岗位沟通能力

沟通是人生重要的生存和工作技能,岗位工作也需要与各方沟通才能完成。沟通就是交流思想和想法,互相理解,互通信息,消除误会,提高效率,使组织更加协调。

3. 养成良好的职业习惯

职业习惯是指一个人长期从事某种职业而养成的那种极富职业特点的言谈举止。职业习惯的基本要求可以归纳为态度、效能和超越。

良好的职业行为习惯不是一蹴而就的,是通过日复一日的实践与锻炼而养成的,在平时的工作与生活当中要注意细节,从细节做起,具体表现在以下几个方面:

(1) 掌握企业行为规范与办公流程

俗话说:"无规矩不成方圆。"规矩在企业当中就是制度。规章制度可以保证企业的管理有序化、规范化。遵守公司的规章制度是一个员工应该具备的职业精神与职业素养的体现。

(2) 及时反馈工作中的问题

在工作当中遇到不懂的问题要及时请教,对于很多刚进入职场的新人来说,对于不懂的问题往往会自己去琢磨,不敢去问领导,怕给对方添麻烦,其实在遇到问题的时候应该及时请教,避免用自己的主观意识判断,最终酿成错误。遇到不会的问题及时请教可以及时止损。

(3) 做好工作计划与总结

工作计划是对即将开展的工作进行设想和安排,是个体高效完成工作的最有效手段。制订工作计划的方式既可以是文字形式,也可以是表格形式。工作计划包括表 3-6 中所列的四个必备要素。

表 3-6 工作计划的必备要素

必备要素	含义
工作内容	要明确工作目标、工作任务是什么
工作方法	要采取什么措施与策略去完成工作任务,也就是将"怎么做"具体明确

续表

必备要素	含义
工作分工	要明确是什么人来做什么。在安排的过程当中必须要做到胸有成竹,哪些先做哪些后做,应该根据轻重缓急合理安排
工作进度	要制定出完成期限,并将时间细分,预计各个阶段应该完成的事情,根据时间线开展工作

(4) 倾听工作安排,不懂就问

在领导布置任务时,要注意仔细聆听,包括团队的任务、目标,以及开展工作的方式方法和每个人员的分工。如果遇到听不懂的情况要第一时间向领导请教。在领导布置完任务之后,用自己的话向领导复述一遍任务,以便双方对于事情的理解与表述是一样的,避免造成偏差,导致工作失误还引起领导的不满。

(5) 服从工作安排,勇于承担责任

勇于承担责任是一种优秀的品质,也是在职场中生存的基础。无论职位高低,能力大小,都应该站在工作的角度,遇事独当一面,肩负起所在职位的责任。

(6) 主动进行工作汇报

当领导安排了工作的时候要主动向他汇报工作进展。美国著名管理经营专家马克·麦考梅克曾说:"谁经常向我汇报工作,谁就在努力工作,相反,谁不经常汇报工作,谁就没努力工作。"

主动汇报工作,有助于消除上下级之间因沟通不畅引起的误解。作为员工,不要等着领导问起才汇报工作,而要主动汇报,让领导及时了解个体的工作情况,察觉出员工工作中的问题,并给予指导和帮助,这样不但可以避免执行跑偏,还能有效地化解危机。

主动向领导汇报工作,不仅能体现出员工尽职尽责、认真工作的职业态度,还能给领导留下很好的印象。而且领导可以根据员工的工作进展,及时对后续工作做出安排。

4. 保持终身学习

终身学习是指社会每个成员为适应社会发展和实现个体发展的需要,贯穿于人的一生的、持续的学习过程。这一理念强调"活到老学到老"或"学无止境",它突破了传统教育模式的框架,将教育视为一个连续不断、贯穿终身的过程。

终身学习的产生与现代社会的快速变化密切相关。随着科技、经济、文化的不断发展,人们面临着日新月异的知识更新和职业变迁,只有不断学习才能跟上时代的步伐。同时,终身学习也是人们实现自我完善、提升生活质量的重要途径。

(1) 终身学习的内涵

终身学习的内涵如下:

① 学习是一种持续终身的活动

终身学习是指开始于人的生命之初,终止于人的生命之末,包括人的发展的各个阶段几个方面的学习活动,既包括纵向的一个人从婴儿到老年期的各个不同发展阶段的各种学习,也包括横向的从学校、家庭、社会等各个不同领域的各种学习活动。终身学习彻底改变传统的学习观念、学习思想,对学习赋予了全新的认识和理解。

② 学习是个体的一种自发的生活方式

"终身教育"是一种理念,"学习化社会"是一种保障措施,二者只为人的完善提供了条件,若要真正实现人的完善还必须通过个体的学习,内化为个人的经验,因此"终身学习"的重要内涵就是它是个体的一种自发的生活方式。在这样的生活方式中,学习者学会观察、听讲、表达自己的观点,提出问题和思考;他能够认识到自己所需要的教育,并能规划和评价自己的学习。

③ 学习方式是多样化、个性化的

终身学习尊重每个人的个性和独立性,重视学习者自主、自发地不断发展,它不仅使学习内容多样化的范围扩大,而且使教育、学习的技术与方法等也进一步扩大,学习者可以自主地从多种内容和方法中进行选择。此外,终身学习的目标也是多样化的,其中"学会认知、学会做事、学会共处、学会生存"是终身学习理念的重要支柱和最终目标。

(2) 终身学习的特点

终身学习的特点如下:

① 终身性

这是终身教育的最大特征。它打破了正规学校的框架,把教育看成个人一生中连续不断的学习过程,是人们在一生中所受到的各种培养的总和,实现了从学前期到老年期的整个教育过程的统一。

② 广泛性

终身教育既包括家庭教育、学校教育,也包括社会教育。可以说,它包括人的各个阶段,是一切时间、一切地点、一切场合和一切方面的教育。终身教育扩大了学习空间,为整个教育事业注入了新的活力。

③ 全民性

终身教育的全民性,是指接受终身教育的人包括所有的人,无论男女老幼、贫富差别、种族性别。联合国教科文组织汉堡教育研究员达贝提出终身教育具有民主化的特色,反对教育知识为所谓的精英服务,使具有多种能力的一般民众能平等获得教育机会。而事实上,当今社会中的每一个人,都要学会生存,而要学会生存就离不开终身教育,因为生存发展是时代的主流,要生存必须会学习,这是现代社会给每个人提出的新课题。

④ 灵活性与实用性

现代终身教育具有灵活性,表现在任何需要学习的人,可以随时随地接受任何形式的教育。学习的时间、地点、内容、方式均由个人决定。人们可以根据自己的特点和需要选择最适合自己的学习方式。

(3) 终身学习的意义

终身学习的意义如下:

① 终身学习是职业生存的需要

随着现代科学技术的发展,许多行业已不再是代代相传、永远不变。信息技术的迅猛发展,对人们的生活方式、学习方式产生着重要的影响,终身学习的重要性也越来越明显。"只有终身学习,终身受教育,才能终身就业",终身学习已经成为现代劳动力市场的一条基本规律。

当今世界，科技突飞猛进，信息量与日俱增，社会各个领域的科学知识不断由单一走向多元，不断向更深、更广的层面发展，因此，人们需要迅速学习和更新专业知识。随着社会主义市场经济的快速深入发展，职业分类也越来越细化、越来越规范，出现了很多新的职业领域。在工作中单靠原来学习的专业知识是远远不够的。

如果只满足于现在所学的专业知识，迟早会被社会淘汰。只有不断地充实和拓展自己的知识领域，适应新的职业和岗位要求，才能跟上时代的步伐。因此，每个职场人都必须认清终身学习对自身成长和发展的重要性，自觉地树立终身学习的观念，不断地提高自身的素质，以适应职业生存的需要。

② 终身学习是被尊重的需要

一个人想要受人尊重，首先得有一定的学识，具备较高的素质。学习是前提和必要条件，是人类生存和发展的重要手段，终身学习是个体实现自身发展的必由之路。"活到老，学到老"是每个人应有的学习观。人们已经感受到学习的必要性和重要性，主动提高自己内在素质的人越来越多。

终身学习对职场人来说更为重要。如果个体不能经常更新知识结构，对新知识、新技能保持好奇与敏锐，就有可能落后于时代的脚步，成为别人眼里的"老古董"，甚至被职场和社会淘汰。而且，人格的魅力在于通过知识积淀所形成的诸多良好的品质：修养、风度、气质、幽默感，对别人的尊重，以及对真理的追求与敬畏。因此，终身职业学习能使个体永葆活力，更有魅力，更受职场的欢迎。

③ 终身学习是提高幸福感的需要

幸福感是一种心理体验，既是对生活的客观条件和所处状态的一种事实判断，又是对生活的主观意义和满足程度的一种价值判断，它是建立在生活满意度基础上的一种积极心理体验。而幸福感指数，就是衡量这种感受具体程度的主观指标数值。终身职业学习可以使个体紧跟时代的脚步，获得社会的认可，个人的认知有所提高，职场发展顺利，因此，个人生活的满意度也会随之提升，从而提升幸福指数。

从对幸福感的影响因素的分析中不难发现，就业状况、收入水平、受教育程度等因素起着至关重要的作用，而这些因素无不可以通过终身职业学习去获得。对于个体来说，只有通过自己的刻苦努力，坚持不断地学习和实践，才能把握时代的脉搏、跟上时代的步伐，从而拥有较好的职业和收入，提升职业幸福指数。

④ 终身职业学习是适应社会和实现个人梦想的必然要求

21世纪是"知识爆炸"的时代，知识老化加速，职工更替频繁，社会变化急剧，任何人都不可能自始至终都拥有足以应对社会发展的知识。因此，必须通过学习，不断丰富自己。学习是人类生存和发展的重要手段，要想更好地适应社会、驰骋职场，终身职业学习是必由之路。

通过终身学习，可以促进自己的学识、能力和素质的全面发展，提高个人的社会竞争力，适应飞速发展的社会，进而实现个人梦想。

(4) 培养终身学习的习惯

在当今这个快速变迁的时代，培养终身学习的习惯已超越了选择的范畴，它成了一条必由之路，帮助个体适应不断变化的环境、提升个人素质、实现自我价值。一旦跨越了校园的界限,步入职场或生活的广阔领域,学习就不再局限于书本知识的积累,而是涵盖了技能精进、心态调适、人际交往等多个层面的综合发展。

① 主动学习的习惯

主动学习指把学习当作一种发自内心的、反映个体需要的活动。它的对立面是被动学习,即把学习当作一项外来的、不得不接受的活动。

主动学习的习惯,本质上是视学习为自己的迫切需要和愿望,坚持不懈地进行自我学习、自我评价、自我监督,必要的时候进行适当的自我调节,使学习效率更高、效果更好。

主动学习的习惯蕴含着丰富的内涵,它不仅仅是一种学习态度,更是一种生活哲学。它包含了以下六个方面的核心内容:

a. 要将学习视为自己的责任与使命,而非外界的强加。

b. 对学习要怀有如饥似渴的热情与渴望,不断追求新知。

c. 要对自己的学习成果进行及时且有效的评价,以便及时调整学习策略。

d. 面对不同的学习环境和需求,应主动调节自己的学习行为,使之更加适应。

e. 在遇到困难时,要保持坚韧不拔的精神,坚持不懈地寻求解决方案。

f. 对于他人的帮助,要以正确的态度去对待,既要感激,又要学会独立思考与解决问题。

培养主动学习的习惯,首先需要培养对学习如饥似渴的兴趣;其次,需要把学习当成自己的事情;再次,需要学会正确的自我评价。

② 不断探索的习惯

不断探索就是在未知的领域里,凭借自己的兴趣爱好、发现和寻找进行学习,多方寻求答案,解决疑问。

培养不断探索的习惯的要点如下:

第一,要对周围的某些事物、现象,对听到和看到的观点、看法有浓厚的兴趣。如果周围的任何事物和现象都无法引起你的丝毫兴趣,不能令你有所感触,不能让你心动,那就不可能让你产生真正的探索。探索首先来源于兴趣。

第二,要不断丰富自己的信息资源。信息资源既包括人的方面的资源,也包括知识方面的资源。

③ 自我更新的习惯

自我更新,就是不固守已经掌握的知识和形成的能力,从发展和提高的角度,对自己的知识、认识和能力进行不断地完善。

培养自我更新习惯的要点如下:

第一,要让自己心态开放;第二,培养对新事物、新现象的敏感性;第三,要善于进行反思;第四,要进行自我更新;第五,虚心学习;第六,重视别人的意见,主动纳言。

④ 学以致用的习惯

常常听到有学生抱怨学校里学的东西没有用,果真如此吗?学不致用,当然无用;学以致用,自然会有用。在我国现阶段的学校教学中,可能由于种种原因,教师并不能经常引导学生把刚刚学到的知识与生活实践联系起来,很少给学生出一些生活类的题目,而是把一段时期学习的某个专题,甚至多种学科的多个专题的知识结合起来,进行综合运用。

在"学以致用"的过程中,人们能够充分发挥自己的潜力。很多人对自己没有信心,认为自己这也不行、那也不行,肯定什么也做不好。所以,多做,就会发现自己能做的事情其实很多;少做,就会发现自己能做的事情越来越少。

培养学以致用的习惯的要点如下:

第一,要经常观察和思考。观察和思考是一切智慧的源泉。现象和规律都是客观地存在着,就像苹果园里的苹果年年都会往下掉,被砸中的人也不计其数,却只有牛顿因此发现了万有引力定律,这就是观察和思考的结果。几乎所有的发现都来源于细心的观察和思考。

第二,要学会"做"。"做"是学以致用这一习惯的核心,要不断动手做实验,验证自己提出的想法和观点。

⑤ 优化知识的习惯

在知识社会里,信息浩如烟海,有人说:"会游泳者生,不会游泳者亡。"这里的"游泳"指的是管理知识和处理信息。可以肯定地说,21世纪最重要的学习能力就是学会管理知识和处理信息。

中国改革开放的巨变,得益于对历史与现实的反思;人类之所以向往和平与发展并越来越重视环境保护,也得益于对历史与现实的反问。每一个人的真正进步,无不得益于对过去的反思。因此,人之所以为人,反思是特别重要的特点之一。

培养优化知识习惯的要点如下:

第一,要多思考。做错了题或写错了字,要自己主动思考,而不是急于向老师、父母和同学寻求正确答案。因为学习是一个"悟"的过程,而"悟"是别人无法替代的。做完了作业,首先要自己检查,然后再反思总结。

第二,要多复习。读书学习有一个把书变薄再变厚的过程,即读完厚厚的书或学完长长的课,经过反思会悟出最关键的东西,这就是把书由厚变薄。抓住最关键的东西,加以联想、引申、升华,薄薄的东西便逐步加厚,最终成为一本厚书,但是,这已经不是原来的书了,而是学习者个人独创的书,这就是把书由薄变厚。

第三,要多动笔。俗话说:"好记性不如烂笔头。"由于写作比讲话更加深刻、理性和严谨,因此多动笔成为反思的基本方法之一。譬如,写日记、写读书笔记等方法,值得大力推广,这对自己的成长有特殊意义。每个人的成长过程都是自我意识发展的过程,是个人与社会互动的过程,必定伴随着酸甜苦辣,而这些都需要自己去一一品味。

第四,要有效利用互联网。计算机与互联网有如此巨大的作用和影响,个体要学会健康有效地利用互联网。

课堂练习

雇主需要的素质与能力测试

1. 活动目标

了解职场所需的素质与能力,并树立自觉培养职场素质的观念。

2. 活动时间

25 分钟。

3. 活动内容

表 3-7 是被广泛预期的雇主所需要的系列素质与能力的要求。在阅读了每条素质与能力的要求之后，用 1~5 分的分值在每个维度上进行自我评定（在相应分值对应的格子中画"√"）。

表 3-7 雇主所需要的系列素质与能力要求表

问题	自我评定				
	1 分	2 分	3 分	4 分	5 分
1. 具备职位所需的教育背景，并且取得了良好的成绩					
2. 拥有相关工作经验或实习经历					
3. 沟通技能以及其他人际交往技能					
4. 动机、坚韧和活力					
5. 问题解决能力和创造力					
6. 判断力和常识					
7. 适应变化的能力					
8. 情绪成熟度（行为职业化，并且有责任感）					
9. 团队精神（拥有团队工作的能力和兴趣）					
10. 积极的态度（具有工作的热情和主动性）					
11. 客户服务导向					
12. 信息技术技能					
13. 网络搜索技能					
14. 愿意持续学习与工作、公司和行业相关的知识					
15. 幽默感					
16. 具备独立、负责和尽职的素养（包括良好的工作习惯和时间管理）					
17. 具有担任上级的能力（有主动承担和完成任务的责任，并且能影响他人）					

4. 评分标准

采用五档评分法：1 分＝非常低，2 分＝低，3 分＝中等，4 分＝高，5 分＝非常高。

5. 结果解释

（1）了解自己的优势和不足：那些自评得分在 4 分或 5 分的条目，将是你的优势，请继续保持；那些自评得分是 1 分或 2 分的条目，是你需要进一步提升的方面，建议考虑参加一些正规的、关于以上条目的自我发展、培训和教育。

（2）了解自己的职场竞争力：所有条目的平均得分在 4 分，说明有较好的职场竞争力,有更好的发展潜力;平均得分在 2~4 分,说明需要在保持优势的同时,对不足的方面进行加强;平均得分在 2 分以下,说明需要加强基础训练,从每一件小事做起,培养自己的职业素质。

第二节　劳动体验与职业规划

一、劳动体验

劳动体验是一种通过亲身参与劳动活动,从中获得感知、认知、情感和技能等多方面经验的过程。它不仅仅局限于简单的体力劳动,还包括智力劳动、服务性劳动等多种形式。在劳动体验中,个体能够深入理解和体会劳动的价值与意义,感受劳动的艰辛与快乐,从而培养起对劳动的尊重、热爱和珍惜之情。

通过劳动体验,人们可以学习到各种劳动技能,提升自己的实践能力和动手能力。同时,劳动体验也是一种情感教育和价值观塑造的过程,它能够让人们在劳动中感受到自己的成长和进步,增强自信心和责任感。此外,劳动体验还可以促进人与人之间的交流与合作,培养团队合作精神和集体荣誉感。

(一) 生产劳动

生产劳动是政治经济学领域的一个重要概念。马克思在对英国古典经济学家亚当·斯密的理论分析和批判中对生产劳动进行了重新定义。马克思对生产劳动进行了两个层次的阐释:

"生产劳动是给使用劳动的人生产剩余价值的劳动,或者说,是把客观劳动条件转化为资本、把客观劳动条件的占有者转化为资本家的劳动。"这一论述是马克思对生产劳动的核心定义,体现了整个社会生产关系中劳动的本质属性。

对生产劳动的补充定义,即"生产劳动是物化在商品中,物化在物质财富中的劳动"。马克思把对生产劳动的定义放在了资本主义生产关系条件下,无论是在当时还是在现在都具有重要的意义。

本文讨论的生产劳动是社会主义生产关系条件下的生产劳动。社会主义的生产劳动,是为充分满足劳动者的物质和文化生活需要而生产物质资料的劳动,是在社会主义生产关系下进行的物质生产劳动,包括体力劳动和脑力劳动,还包括从生产单位内部或从外部为直接生产过程提供服务的劳动。

1. 专业技术性劳动

专业技术性劳动是高校实现专业技能培养目标的重要方式,主要是将现代教育与生产劳动相结合,提高学生的实践操作能力和专业综合能力。大学生参加专业技术性劳动,既是完成专业学习的要求,同时也是丰富自身劳动体验的重要方式,旨在培养大学生的创新精神和实践能力,提高大学生的生产劳动素养。

目前,高校开展大学生的专业技术劳动主要有专业实训、岗位实习和企业实践三种方式。

(1) 专业实训

专业实训是各高校在专业人才培养过程中通过校企合作共建实训基地、校内专业实训基地等加强学生专业劳动实践的重要途径。专业实训基地的劳动教育主要在校内开展,学生在专业教师的指导下,按照人才培养方案和实训方案进行专业实训。

(2) 岗位实习

岗位实习是指大学生按照专业要求进入实际场所进行工作的过程。时间一般为半年到一年,大学生参加岗位实习不仅是对专业理论的实践,更是为进入职场打下基础。岗位实习结束后,需要撰写岗位实习报告,并对实习进行分析总结。

(3) 企业实践

企业实践是大学生结合自身实际情况,以实习或打工的形式在企业实际工作环境中,通过参加企业的具体工作获得劳动报酬、提升劳动技能的过程。大学生可以利用寒暑假选择专业对口的企业进行实践,通过诚实劳动培养自身的专业技能和素养。

2. 农业劳动

农业劳动是指在农业生产过程中,人们直接、间接从事农、林、牧、副、渔业生产,创造使用价值的具体劳动(图 3-4)。农业劳动过程是人类按照一定的经济目的,通过自身的活动来引起、调节和控制生物有机体(植物、动物和微生物)生长、发育和繁殖的过程。同时,农业劳动过程也是人类对农业社会再生产进行组织、控制和调节的过程。

图 3-4 农业劳动

在农业劳动过程中,既有直接从事农副产品生产的劳动,又有紧密围绕生产需要,改善农业生产条件和进行农业社会化服务的劳动;既有直接从事各项生产活动的体力劳动,又有与直接生产活动密切相关的科技、管理方面的脑力劳动。大学生可以根据自身专业、出生地域的不同选择适当的时间参加农业劳动。目前,大学生参加农业劳动的方式主要包括去劳动基地实践和到农村干农活。

劳动基地是开展农活劳动的实践基地或场所，通过参与基地活动，大学生可获得最直观的劳动体验。在城市地区，实现农活劳动体验一般是学校与农场签订合作协议，并在此基础上对学生进行分组管理，合理安排学生参与农场劳动实践。这些场所主要包括鱼塘、野炊场、养殖场、水果、蔬菜种植基地、农产品加工场和木工坊等。

大学生可以利用寒暑假期间回到家乡积极参加农活，在田野间感受乡村风貌，体会农产品的来之不易。相关专业学生也可以借助"三下乡"社会实践开展支农、助农活动，一方面提高自身的劳动素养，另一方面为家乡多做贡献。

（二）服务性劳动

服务性劳动是非生产性劳动，在这里特指直接服务于社会的、有组织的、有计划的、不计报酬的义务性劳动。它既为生产服务，也为生活服务，在现代经济社会中的地位越来越重要。大学生开展服务性劳动着重强调利用知识、技能、工具和设备等为他人和社会提供服务，特别是在公益劳动、志愿服务中强化社会责任，培养良好的社会公德。

1. 公益劳动

公益劳动是指服务于公益事业、不取任何报酬的劳动。开展公益劳动有助于培养学生为人民服务、为公众谋利益的良好思想品德，推动学生接触社会、深入生活，参加各种社会实践，形成良好的社会风尚。从内容上看，公益劳动包括工农业生产劳动和各种服务性劳动，如参加秋收、植树造林、打扫卫生、帮助烈军属和残疾人等。以上公益劳动都是在校外完成的，除此之外还有校内公益劳动。

校内公益劳动是指大学生自愿参加学校内部设置的各种公益劳动，如公共教室、专业实训室及其他公共场所的保洁。同时，大学生也可以将自身的专业知识和实践技能融入公益劳动中，如图书馆服务、办公室文秘、实验中心服务或者课程助理等，在参加公益劳动中积累工作经验和技能。

2. 志愿服务

志愿服务是志愿服务精神的现实体现，其核心是传承志愿服务精神，增强学生的社会责任意识、奉献意识。大学生参加志愿服务分为校内和校外两种形式。

校内志愿服务是指学校通过设置相应岗位或组织相关活动，为大学生提供参加志愿服务实践的机会和平台。例如，每年3月是各地高校集中开展学雷锋志愿服务月，倡导大学生以各种形式参加志愿服务活动。同时，学校可以依托图书馆义务管理岗、校园文明执勤岗、食堂文明监督岗和校园控烟巡逻岗等岗位，制定相关规定，动员和招募大学生志愿者，积极参加文明校园、美丽校园的建设。

校外志愿服务的形式多种多样，既可以参加各类社会实践活动，也可以参加大学生志愿服务劳动基地的活动。目前，各个高校根据自身的发展特色和所属区域的资源，选取所属区域的社区、企业和服务机构等，采取共建的形式进行多种类型的志愿服务劳动基地建设。在内容上主要涉及小学支教、农村支农、社区服务、扶助孤寡、展馆服务、法律宣传、医疗服务和知识讲座等多个方面。大学生通过参加这些社会性的服务活动，能够对社会存在的问题有更全面的了解，对于自身实践技能的训练也能起到促进作用，社会责任感得到培养和提高。

（三）劳动体验的意义

习近平总书记一直强调，"要在学生中弘扬劳动精神，教育引导学生崇尚劳动、尊重劳动，懂得劳动最光荣、劳动最崇高、劳动最伟大、劳动最美丽的道理，长大后能够辛勤劳动、诚实劳动、创造性劳动。"大学生是未来社会主义建设的生力军，是社会主义事业的建设者和接班人，应该在积极劳动中树立劳动意识、掌握劳动技能、提升劳动素养。"劳动者素质对一个国家、一个民族的发展至关重要。劳动者的知识和才能积累越多，创造能力就越大。面对日趋激烈的国际竞争，一个国家能否抢占先机、赢得主动，越来越取决于国民素质特别是广大劳动者的素质。"培养具有劳动素养的时代新人，是高校人才培养的题中之义。

1. 树立正确的劳动观念

劳动，是文明的源头，也是进步的因子。劳动，缔造了社会，也书写了历史、改变了世界。对个体来讲，勤劳是一种积极向上的良好品质，也是获得健康、实现梦想的必备条件。热爱劳动是中华民族的传统美德，时代在不断变化，但是劳动的核心观念没有变。新时代的大学生是朝气蓬勃的青年人，是新时代的弄潮儿，更应该是一个崇尚劳动、热爱劳动的时代新人。劳动能力是每一个人都必须具备的能力，虽然将来不是每个人都具有生产制造的能力，但是每个人都必须掌握一项劳动技能。因此，大学生要端正劳动态度，从身边的生活劳动做起，在学校的劳动教育过程中，树立正确的劳动观，养成勤于劳动的习惯。

2. 提升劳动技能和水平

劳动技能和水平是一个人劳动素养的重要体现，只有在具体的实践中，将理论付诸行动，才能更好地积累经验，提升能力和水平。大学生参与劳动实践，养成勤于思考、善于创新、锐意进取的劳动习惯，在劳动过程中锻炼独立工作的能力、团结合作的能力及创新创造的能力等，从而进一步提升职业能力。同时，大学生在劳动的过程中，能够进一步发现自身的知识结构、业务水平、专业能力与社会需求之间的差距，不断提升自身的能力和水平，为进入社会服务人民打下基础。

中华民族自古以来就是勤劳的民族。当代大学生要端正劳动态度，积极参与劳动实践，提高劳动技能。大学生应高度重视劳动素养的培养，在劳动的过程中提升专业技能和业务水平，成长为德智体美劳全面发展的综合素质型人才，用自己的辛勤劳动、诚实劳动和创造性劳动致力于中华民族的伟大复兴。

知识拓展

劳动体验的注意事项

劳动体验的类型丰富多样，但在参与过程中，需要注意的事项却具有普遍性。首先，安全问题是劳动体验的首要关注点。参与者必须严格遵守基地的生产安全规定，杜绝任何违规操作，以确保安全事故的零发生。其次，劳动体验应尽量与自身专业相契合，服务内容应贴近所学专业，以此实现知识的实践应用，促进理论与实践的深度融合，从而全面提升专业素质和综合素养。最后,个人文明礼仪同样不可忽视。在劳动体验过程中,应保持虚心学习的态度,文明礼让,积极维护公共秩序,共同营造一个和谐、有序的环境。

二、职业规划

大学生职业规划是一个复杂的活动,需要立足当下、着眼长远、内外兼顾、动静结合,只有将国家需要、自身兴趣、个人特长有机结合起来,才能通过职业规划引领职业成长。职业规划是对在校期间学习理性和工作期间职业理性的双重考验,其中,大学生所学专业以及逐步掌握的专业技能水平对其理性规划职业具有重要指导意义。

(一)职业规划制定的原则

大学生职业规划的制定、实施、评估和修正是一个复杂的系统工程,每个人根据自身特点所制定的个人职业规划都是不同的,内容可以丰富多彩,形式可以变化多样,但是其制定的过程依然要遵循一定的原则。

1. 系统性原则

个人职业规划的制定,应当综合考虑"天时、地利、人和"等多重因素,形成具有宏观指导意义的规划方案。在实施规划的过程中,务必注重各子计划、系统间的协同发展,严密审视可能存在的短板与不足,以防止"木桶效应"所引发的负面效应。同时,也需深刻认识到各目标间可能存在的矛盾和冲突,以确保职业规划的顺利推进和实现。

2. 长期性原则

职业规划是一个具有战略意义的指导计划。做职业规划时一定要有长远的眼光,能够考虑到5年、10年甚至更久以后个人、家庭及社会的发展变化。规划的制定必须在充分考虑各种影响的基础上从长计议。

3. 一致性原则

职业生涯目标的实现并不是一蹴而就的,因此需要对整个职业生涯目标进行分解,制定每一时期的阶段性目标以及计划完成的时间和具体实施措施,各个阶段目标必须与总目标保持一致,同时各阶段性目标与措施必须相互衔接,不能割裂开来。

4. 连续性原则

个人职业规划是一个系统、有机的整体,由每一个子计划构成,是一个可持续发展的过程。正是因为这种连续性,才使得有益的做法和经验在规划实施的每一个过程中得以传承,确保计划顺利实施。

5. 明确性原则

一个好的职业规划应该有明确而具体的目标。明确的目标能够对个体产生足够的激励作用,激发个体为实现规划而努力奋斗的积极性和主动性;明确的目标有利于任务的分解,帮助个体根据需求到更广阔的空间寻求资源;明确的目标便于个体及时找到自己在规划中所处的位置,以便及时校准偏差。

6. 可行性原则

可行性原则是指目标不要定得太高,也不要超出自己的能力范围,否则一旦难以实现就会挫伤自己进一步实施职业规划的积极性。个人的发展离不开企业(组织),个人必须根据社会的需求,认可企业(组织)的目标和价值观念,并将个人的价值观念、知识和努力集中于企业(组织)的需求上。

7. 激励性原则

目标的设立应该以个人的实际状况为依据,同时也应该考虑到今后的发展。扎根于现状而又对个人发展有促进作用的目标才是可取的目标,它对人现实的发展能产生激励作用,能激发人的潜能。

8. 个性化原则

在进行职业规划时,需要充分考虑企业、个体和环境三方面的差异性因素。职业规划能够体现一个人的个性,个性化的职业规划才是最好的职业规划。

9. 动态性原则

在职业发展的道路上,个人的职业目标并非一成不变,它可能因个人特点的变化或环境因素的影响而有所变化。同样,职业计划的实施也并非一帆风顺,当发现原先设定的计划不再具备实际操作性时,应及时对其进行调整,以确保职业发展的顺利进行。此外,随着社会的进步和变迁,社会对职业的需求也在不断变化,为了顺应这种变化,还需要对原有的行动方案进行必要的调整,以适应新的职业需求,从而更好地实现个人的职业目标。

10. 阶段性原则

进行职业规划时,要充分考虑职业发展的阶段性和时间性。个体所处的不同发展阶段,有不同的目的、任务,因此必须有步骤、有计划地安排和调整各个阶段的职业规划。

11. 全面评价原则

全面评价原则是指对职业生涯进行全面评价。人的发展是分阶段的,人的发展任务也是分阶段完成的,因此,要注意对阶段目标是否实现进行评价,使人在职业生涯发展的过程中不断有自我实现感。

知识拓展

七种非理性的职业规划方法

伍德(Wood)1990年整理出了以下七种一般人常用的生涯规划方法:

1. 自然发生法

例如学生填写高考志愿时,没有仔细考虑自己的性格、兴趣等,只根据分数所能录取的学校、科系,便填报了志愿。

2. 目前趋势法

目前趋势法是指跟随现在市场的趋势,盲目地投入新兴的热门行业。

3. 最小努力法

最小努力法是指选择最容易的科系或技术,但希望得到最好的结果。

4. 拜金主义法

拜金主义法是指选择报酬最好的职位,放弃自己的专业,选择钱多事少离家近的工作。

5. 刻板印象法

刻板印象法指以性别、年龄、社会地位等刻板印象来选择工作,比如女性较适合从事服务业,男性较适合搞政治、做工程师等。

6. 橱窗游走法

橱窗游走法指到各种工作场所,走马观花看一番,再选择最顺眼的工作。

7. 假手他人法

假手他人法指在思考自己的未来时,不知不觉把选择权交给别人,比如父母或家人,因为过去的大小事情都是由他们一手包办的;朋友或同学,因为他们是你最好的朋友,不会害你;老师、相关专家或辅导员,因为他们是专家,应该有超人一等的见解;社会,因为你是社会的一分子,所以必须履行公民责任,造福社会和人类。

这七种方法通常被称为知识导向、配合导向或人群导向的生涯规划方法。这些方法对职业规划有一些帮助,但是也有很大的不足,存在盲目性的特点,没有考虑个人的性格、兴趣、能力等是否适应,能否满足自己的价值观等问题,最终可能出现职业不适应,职业中充满不幸福,得不到自己满意的职业生涯。

(二)职业规划制定的步骤

职业规划是一个周而复始的连续过程,主要包括以下八个步骤:

1. 确定志向

规划职业生涯时,首先要确定志向,要有对自己职业生涯进行规划的想法和意识,要有意愿、主动地去规划自己的职业生涯,这样才能取得良好的规划效果。

2. 自我评估

系统的职业规划是一个"从内而外"的过程,因此在制定职业规划时,要先认识自己。诚实地自问:我有哪些人格特质?我的兴趣是什么呢?哪些东西是我生命中不能缺少的?我最看重的是什么?我有哪些与众不同的、赖以为生的技能?通过自我评估确定适合自身内在条件的职业定位。大学生可以利用职业测评软件,收集与自身性格、兴趣、能力、价值观相适应的职业定位。

3. 环境评估

环境因素对个人职业生涯发展的影响是巨大的,环境为每个人提供了活动空间、发展条件、成功的机遇。环境评估包括对社会政治、经济和组织环境的分析,旨在评估和分析环境条件的特点、发展与需求变化趋势、自己与环境的关系以及环境对个人提出的要求、环境对自己的影响等。

4. 明确职业生涯目标

就整个职业生涯而言,目标设定可以是多层次、分阶段的。远大的抱负很少能够一蹴而就,应当分解成若干易于达到的阶段性目标,确立一个适度的目标体系。由于职业生涯跨越一个人生命的多个阶段,人在不同时期的体能、精力、技能、经验、为人处世的特点有着明显差别,因此,有针对性地制定阶段性目标更为可行。

5. 职业生涯路线选择与决策

职业生涯路线是指一个人选定职业生涯目标后从哪个方向上实现自己的目标,无论是向专业技术还是行政管理方向发展,方向不同,要求就不同。

6. 制订行动计划与措施

行动计划与措施的制定需要分析自身条件与职业生涯目标的差距,以缩小差距为目的,制订出既可以实现又具有挑战性的行动计划与措施。

对于面临就业的大学生和刚入学的大学生而言,行动计划与措施制定的内容也有很大的不同。面临就业的大学生,撰写求职简历、应聘面试、找工作、参加组织培训和教育、构建人际关系网、谋求晋升等都是行动计划与措施的内容。

对于刚入学的大学生,在确定好职业生涯目标、选择好职业生涯路线后,要制订的行动计划与措施主要包括以下内容:

(1) 学业规划

学习专业知识、相关技能、做人的道理、成功的方法等。

(2) 成长规划

大学期间成长规划的主要内容包括:养成良好的生活习惯;培养健康的兴趣和良好的心态;树立正确的恋爱观;学会自我管理;培养良好的思维方式;培养科学的世界观;拥有梦想;学会顺势而为。

(3) 时间规划

大学生职业生涯发展需要具备各方面的素质和能力,特别是实践操作的能力。大学生主动参与各类实习实践无疑为成功求职增加了砝码,这种能力主要来自在校期间多方面的实践锻炼,尤其是社会实践。大学生应该制订社会活动计划,有意识地提升自己的实践动手能力,合理安排参加社团、社会实践和学习的时间。

7. 执行与实施

职业规划的执行和实施,可以采用PDCA[PDCA是英文单词Plan(计划)、Do(执行)、Check(检查)和Act(处理)的首字母的组合]法。PDCA循环法是由美国质量管理专家戴明提出的,也被称为"戴明循环"。该循环法有四个阶段:P阶段(计划阶段)、D阶段(执行阶段)、C阶段(检查阶段)、A阶段(处理阶段)。

(1) 计划(Plan)阶段

计划阶段的工作主要是找出存在的问题,通过分析,确定改进的目标及实现这些目标的措施和方法。

实现目标的过程就是缩小自身同目标之间差距的过程。只有明确自己的能力、知识、观念等现状与所确定的职业生涯目标之间的差距,才能有的放矢地采取措施弥补差距,保证目标的最终实现。

(2) 执行(Do)阶段

按照制订的计划和措施,严格地去执行。在实施过程中会发现新的问题或情况,如原来制订计划的条件发生变化,则应及时修订计划内容以保证达到预期目标。

(3) 检查(Check)阶段

在分阶段完成计划时,应该根据所确定的目标和要求,实事求是地对执行计划的结果进行正确的评估。即使未完全达到目标也没有关系，以后还有改进的机会。

（4）处理（Act）阶段

在处理（Act）阶段，首要任务是根据检查结果进行深入总结，将成功的经验和失败的教训纳入信息库，以丰富自身知识库，提高工作效率。同时，为了进一步提升个人能力并追求更高的目标，应启动新一轮的 PDCA 循环。

PDCA 循环以其环环相套、相互促进、持续循环、螺旋式提升与发展的特点，展现出其独特的优势。这四个阶段并非孤立存在，而是紧密相连、相互渗透的，各阶段之间也呈现出一定的交融现象。在实际应用中，应避免机械地理解和应用 PDCA 循环法，而是应根据实际情况，在检查过程中不断优化和调整计划。正是通过这种循环的迭代和提升，大学毕业生的就业水平才得以持续提升。

此外，对于未解决的问题，个体应进行深入分析，找出问题的根源，并将其作为制订下一个 PDCA 循环计划的重要资料和依据，以确保问题得到有效解决并推动循环的持续发展。

8. 评估与修正

职业生涯评估旨在深入分析各阶段预定目标与实际成果之间的差异，并探寻这些差异产生的根本原因。实施任何行动计划后，都可能会遇到以下几种情况：

（1）当目标基本能完成时，这表明目标设定合理，计划措施得当，行动恰当。

（2）如果目标过于容易达成，可能意味着目标设定得过低。

（3）当目标未能实现时，可能是由于目标设定得过高，或者虽然目标合适但计划和措施存在不足；也可能是由于目标和计划都合适，但执行力度不足。

为了有效地进行职业生涯评估，大学生可以采用反馈法、对比法、交流法、反思法、评价法以及调查总结法等方法来分析差距产生的原因。

针对上述可能的问题，有以下策略：

（1）目标过高或过低

如果目标设定得过高，超出个人能力范围，可能会损害自信心，因此应该适当降低目标；相反，如果目标设定得过低，无法充分展现个人能力，则应该适当提高目标。

（2）计划措施与目标不匹配

当发现计划和措施与目标不匹配时，例如目标是考取英语四级，但计划中英语学习时间不足，需要调整计划，确保关键目标得到足够的关注，同时可能需要调整其他相对次要的目标。

（3）执行力不足

为了提升执行力，需要定期检查计划的执行情况，并可能引入奖惩机制来激励自己。例如，如果英语学习计划因其他事务被打断，应每日进行自我检查，并采取奖惩措施来确保计划的顺利执行。

> 案例

小岩的职业生涯规划步骤

小岩是一名计算机科学与技术专业的大二学生,他热爱编程,尤其对人工智能和大数据领域充满兴趣。他利用课余时间参加了多个编程竞赛和开源项目,不断加深自己的专业技能。

小岩性格内向但善于思考,逻辑思维能力强,同时具备较好的自我学习能力。他通过完成课程项目、实习和兼职,认识到自己在解决问题和团队协作方面的优势,同时也意识到自己在沟通和表达方面的不足。

1. 环境分析阶段

(1) 行业趋势研究

小岩深入研究了计算机行业的现状和未来趋势,发现人工智能、大数据、云计算等领域的发展前景广阔,市场需求旺盛。

(2) 职业目标定位

结合个人兴趣和行业趋势,小岩将自己的职业目标定位为成为一名人工智能领域的软件工程师,致力于机器学习算法的研发和应用。

2. 制定策略阶段

(1) 短期目标

① 完成本学期的所有课程,并保持优异成绩。

② 参加至少两项编程竞赛,以提升自己的编程能力和实战经验。

③ 加入学校的AI社团,参与相关项目,可以拓宽人脉资源。

(2) 中期目标

① 争取在大三暑期进入一家知名互联网公司实习,积累实际工作经验。

② 深入学习机器学习、深度学习等核心课程,并取得相关认证证书。

③ 参与至少一个开源项目,可以提升自己的代码贡献度和影响力。

(3) 长期目标

① 毕业后进入一家具有创新精神的科技公司,成为人工智能领域的技术骨干。

② 持续关注行业动态,不断学习和掌握新技术,以保持竞争力。

③ 争取在5年内晋升为项目经理或技术负责人,并带领团队完成更多具有挑战性的项目。

3. 实施与调整阶段

小岩制订了详细的时间表和行动计划,并建立了定期回顾和调整的机制。他坚持每天学习新知识,每周完成一个小项目,每月进行一次自我评估。此外,他还注重与导师、同学和业界专家的交流,不断获取反馈和建议,以便调整自己的职业规划。

启示:

小岩通过系统的职业生涯规划步骤,从自我认知到环境分析,再到制定策略和实施调整,逐步明确了自己的职业目标和发展路径。他的努力和坚持不仅让他在学业上取得了优异成绩,也为未来的职业生涯打下了坚实的基础。由这个案例可见,职业生涯规划是一个动态的过程,需要不断地自我反思和调整,才能实现个人价值和社会价值的统一。

(三)撰写职业规划书

职业规划是一个持续不断的过程,需要明确自己的职业目标,分析自身的优势和劣势,并制订相应的行动计划,才能更好地实现自己的职业愿景。撰写职业规划书的意义在于为个人职业发展提供一个清晰、系统的蓝图,帮助个体明确职业目标,规划职业发展路径,并为实现这些目标制定具体的行动方案。

一份完整的职业规划书应包括以下内容:

1. 封面

职业规划书的封面内容包括个人基本信息,如姓名、学校、专业等。

2. 目录

职业规划书的目录需要根据正文内容确定(图 3-5)。

```
                    目  录
总论(前言、引言) ……………………………………
一、自我探索
    兴趣 ……………………………………………
    能力 ……………………………………………
    性格 ……………………………………………
    价值观 …………………………………………
    胜任能力 ………………………………………
    自我探索小结 …………………………………
二、环境分析
    家庭环境分析 …………………………………
    学校环境分析 …………………………………
    社会环境分析 …………………………………
    职业环境分析 …………………………………
    环境分析小结 …………………………………
三、职业定位
    SWOT 分析 ……………………………………
    职业生涯目标 …………………………………
    职业生涯发展策略 ……………………………
    具体路径 ………………………………………
四、计划实施 ………………………………………
五、评估调整
    评估的内容 ……………………………………
    调整的原则 ……………………………………
    备选方案 ………………………………………
结束语 ………………………………………………
```

图 3-5 职业规划书的目录

3. 正文

职业规划书的正文包括总论(前言、引言)、自我探索、环境分析、职业定位、计划实施、评估调整、结束语七个部分。

(1) 总论(前言、引言)

职业规划书的总论(前言、引言)主要写规划的目的及自己对规划意义的认识等。

(2) 自我探索

职业规划书的自我探索部分包括对兴趣、能力、性格、价值观、胜任能力等的测评结果,并进行自我探索小结。

(3) 环境分析

职业规划书的环境分析部分包括家庭环境分析、学校环境分析、社会环境分析、职业环境分析,并根据这些分析进行环境分析小结。

(4) 职业定位

职业规划书的职业定位部分内容是在自我探索及环境分析的基础上,通过 SWOT 分析法等确立自己的职业生涯目标、职业发展策略,并提出具体路径。

(5) 计划实施

计划实施即通过各种积极的具体措施与行动去争取职业生涯目标的实现,也就是对如何实现自己的职业生涯发展目标制订一个比较详细而又切实可行的行动计划和策略方案。

(6) 评估调整

评估调整是指听取多方意见,并检查是否符合具体、清晰、可量化原则,同时写明要评估的内容。

(7) 结束语

职业规划书的结束语部分主要对在自己进行职业规划的过程中帮助过自己的人表示感谢,并给自己鼓劲,表明自己能够完成职业规划所确定的目标的决心和信心。

第三节　劳动实践与岗位实习

一、劳动实践

生产劳动实践是指通过实际的劳动活动来创造物质和价值的过程,这种实践涵盖了各个行业,从农业、工业到服务业等不同领域都有生产劳动的存在。

总的来说,生产劳动实践是社会不可或缺的一部分,它对经济、社会和文化的发展都具有重要影响。对大学生尤其是职业院校学生来说,了解和尊重生产劳动的价值,同时不断提高自身的技能和职业素养,对个人和社会都有益处。

大学生进行的生产劳动实践主要是专业实训。专业实训是指将学生带到实训现场学习,通过对某一专业工种或岗位技能的模拟仿真训练,深化理论知识,使学生基本掌握实训工种的操作技术和工作方法的一种实践性教学活动。

(一) 专业实训认知

1. 专业实训的分类

专业实训可以分为单项实训、专项实训、综合实训、毕业设计等。

(1) 单项实训

单项实训是指配合理论课程,针对课程中的某一技能点所进行的实践性教学活动。

(2) 专项实训

专项实训是结合某一门课程所有知识的实践性教学活动。

(3) 综合实训

综合实训是结合多门课程知识结合起来的实践性教学活动。

(4) 毕业设计

毕业设计是教学过程最后阶段的一种总结性的实践性教学活动。

2. 专业实训的特点

专业实训的特点主要包括如下方面:

(1) 实践性

通过理论联系实际,开展多种形式的专业技能训练,掌握相关专业知识,强化对专业技术知识的理解和实际运用,提升专业动手能力和解决实际问题的能力,为实现高质量就业打下坚实基础。

(2) 针对性

专业实训针对具体的专业知识目标进行科学设置,训练的内容具体、明确、有针对性,使学生在专业实训的过程中有目标、有方向,教师能通过专业实训有针对性地了解、发现学生训练中存在的问题和不足,提高专业教育教学质量和水平。

(3) 自主性

学生是专业实训的主休,它客观要求学生主动参与实践性学习的全过程,在教师的有效指导下自主学习、自主实践、自主反思。

(二) 实训场所的清洁

实训场所的清洁对于维护良好的学习环境、确保设备正常运行以及保障师生健康至关重要(图 3-6)。一个整洁的实训场所不仅能提高学生的学习效率,还能培养他们良好的工作习惯。清洁工作主要包括对实训区域、设备仪器、工作台面及地面等进行全方位的日常清洁和定期消毒。

1. 实训场所整理

实训场所的清洁是确保实验、教学及工作环境安全、整洁和高效运行的重要环节,这涉及日常清扫、定期消毒、设备维护以及垃圾处理等多个方面。在日常管理中,需要注重地面、墙面、工作台面的清洁,并采用适当的清洁剂和工具,以去除灰尘、污渍等。

此外,要定期对实训场所进行全面消毒,特别是对于接触频繁的区域和设备,以减少病菌的滋生。此外,还需要保持实训场所的良好通风,定期清理通风设备,以确保空气流通。对于实训过程中产生的废弃物,应分类存放,并按照相关规定进行安全处理,以避免对环境造成污染。同时,要加强对实训人员的清洁意识培训,以确保每位人员都能够自觉遵守清洁规定,共同维护实训场所的清洁与卫生。

2. 实训场所整顿

实训场所整顿是一个综合性的过程,旨在优化实训环境、提升实训效率,并确保实训

图 3-6 实训场所

活动的顺利进行。整顿的核心在于对实训场所内的物品、设备、工具等进行系统性的整理和安排,以确保它们处于有序、高效且易于取用的状态。

具体来说,整顿工作包括以下几个方面:

(1) 桌椅、实训室等设备固定摆放、有条不紊。

(2) 桌椅完好,桌面无字迹、无杂物、无贴画。

(3) 待修实训设备标识明确,且在规定时间内能够恢复使用。

(4) 日光灯、开关、插座等电气设备完好,没有灰尘。

(5) 拖把、扫帚、抹布使用完毕应清洗干净,并合理、整洁地摆放于指定位置。

(6) 实训设备状态良好,能够正常使用。

(7) 实训室日志必须及时填写,并且填写完整(包括日期、周次、星期、设备状况和维护情况等)。

(8) 文件柜应标识清楚,柜内物品、资料应分区放置并有目录,保持清洁,明确保管人。

(9) 墙上的装饰画、制度应该按照规定位置固定,颜色搭配合适,字体、字形、字号应该合适。

整顿工作的重点在于实现实训场所的标准化和规范化管理。通过整顿,可以优化实训场所的布局和资源配置,减少寻找物品和设备的时间,提高实训效率。此外,整顿还可以提升实训场所的整体形象,为学生和教职员工创造一个更加舒适、整洁、安全的学习和工作环境。

此外,整顿工作需要与实训室的日常管理和维护相结合,形成长效的管理机制。通过制定和执行相关的规章制度,可以加强对实训场所的监管和维护,确保整顿成果得到有效的保持。

3. 实训场所清扫

实训场所的清扫是维护实训环境整洁、安全和高效的重要工作,它包括对实训场所内的地面、墙面、设备、工具、桌椅等各个方面的清洁和整理。

首先,需要定期进行清扫工作,以确保实训环境的持续卫生。在清扫过程中,应使用合适的清洁工具和清洁剂,以避免对实训设备和环境造成损害。针对地面,可以使用扫帚、拖把等工具清除灰尘、碎屑等杂物;而对于墙面则可以使用干净的布或海绵进行擦拭,以去除污渍和指纹。

此外,实训设备需要进行细致的清洁,特别是那些经常接触手部或易玷污的部分,如键盘、鼠标、操作台等。

在清洁设备时,应断开电源,避免使用含有腐蚀性物质的清洁剂,以免损坏设备。此外,还需要整理实训场所内的物品,确保它们摆放整齐、有序,便于取用和归还。

最后,清扫完成后,应检查实训场所内的各个角落,确保清洁工作没有遗漏,并关闭门窗,保持实训环境的封闭性。通过定期清扫和维护,使实训场所保持整洁、安全和高效的状态,为学员提供良好的学习和实践环境。

4. 实训场所清洁

实训场所的清洁是确保学习与实践环境安全、整洁和高效的重要环节。它涉及对实训区域、设备、工具以及周围环境进行全面清理和维护。清洁工作不仅关乎物理空间的整洁,更直接影响到学生的健康、学习效率和设备的使用寿命。

在实训场所,清洁工作需细致入微,从地面到墙面,从设备表面到隐蔽角落,都应得到妥善清理。这包括使用合适的清洁剂和工具,以去除灰尘、油污和其他可能影响学习与实践活动的杂质。此外,对于实训设备,还需要进行定期的维护和保养,以确保其处于良好的工作状态,为学生的学习和实践提供有力支持。

此外,实训场所的清洁应遵循一定的流程和规范,以确保清洁工作的有效性和安全性。例如,在清洁前应检查设备的电源是否已关闭,以避免触电等安全事故的发生;在清洁过程中,应佩戴适当的防护用品,如手套、口罩等,以保护清洁人员的健康;在清洁后,还应对清洁区域进行检查和确认,确保清洁工作符合标准要求。

(三)实训素养与安全

实训素养与安全是一个综合性的概念,涵盖了个体在实训过程中应具备的安全意识、安全知识、安全技能以及安全行为等多个方面。实训素养不仅仅是对实训技能的掌握,更重要的是在实训过程中始终保持对安全的警觉和防范意识,确保自身和他人的安全。

1. 实训素养

实训素养是确保实训活动顺利进行的重要基础,具体要求如下:

(1)严格遵守学院各项规章制度,在实训或上课期间,未经老师许可,不得擅自离开实训室。

(2)着装必须整洁得体,禁止穿背心、拖鞋、短裤等不符合实训室工作环境的服装进入实训室。

（3）实训期间，应专注于实训内容，并禁止进行与实训或上课无关的活动。

（4）实时记录实训室运行情况，确保实训过程的可追溯性。

（5）严格遵守作息时间，学生及授课老师均不得迟到、早退或无故缺勤。

（6）养成节约资源的良好习惯，离开实训室时，应关闭所有非必要的电源，清理垃圾。

2. 实训安全

实训安全是保障师生员工生命财产安全的关键，具体规定如下：

（1）建立并不断完善系统的安全管理机制，以确保实训活动的安全有序进行。

（2）加强对师生员工及实训室管理人员的安全教育，提高全员的安全意识，并持续改进安全措施。

（3）湿雨伞、雨衣等物品应放置在指定的区域，以避免地面积水导致滑倒等安全隐患。

（4）确保应急灯等照明设施齐全完好并保持清洁，以便在紧急情况下提供充足的照明。

（5）确保消防通道畅通无阻、无堆积物，消防器材应保持良好状态并定位摆放，以便在火灾等紧急情况下迅速使用。

（6）实训结束后，应及时关闭电源并锁好门窗，以确保实训室的安全。

（7）学期结束后，应对所有实训室的电源、设备、门窗及锁具进行全面检查，并贴好封条以防止非授权进入。

（8）在实训授课过程中，如需使用自带U盘、移动硬盘等存储设备进行数据备份时，应确保这些设备来源可靠且未携带病毒。严禁使用来历不明或无法确定其安全性的存储介质以避免数据泄露或系统感染病毒的风险。

（四）实训设施、设备的维护保养

实训场地设施、设备的基本维护和正确使用是实训室管理和安全管理的重中之重，近年来高校发生了多起实训室安全事故，其中很大部分就是没有做好安全防护措施，或者没有做好日常的维护与检查而造成的，因此认真做好设施、设备的日常维护及设备的安全检查，保证安全生产和实习实训的正常进行非常重要。

1. 安全制度与职责

实训的安全制度和职责是确保实训活动顺利进行和保障参与人员安全的重要保障。通过制定和执行这些制度和职责，可以有效预防和减少实训活动中的安全风险，为实训活动的顺利进行提供有力支持。

（1）成立实训室安全管理委员会

作为危险化学品使用单位，高校也需要遵守《中华人民共和国安全生产法》《中华人民共和国职业病防治法》以及《危险化学品安全管理条例》等法律法规和地方行政规定，以确保安全管理的合法性和规范性。

（2）明确安全管理责任

尽管高校和企业的管理体制存在差异，但在安全管理方面，两者都应该遵循"党政同责、一岗双责、齐抓共管、失职追责"的原则，以及"管行业必须管安全，管业务必须管安全，管生产经营必须管安全"的责任体系。高校主要负责人应该与企业主要负责人一样，承担起安全管理的主要责任。同时，各院系及实验室作为高校的"生产部门"与"车间"，亦需履行相应的安全管理职责，包括但不限于如下方面：

① 拟定并实施实验室安全规章制度、操作规程及安全事故应急救援预案。
② 组织安全生产教育与培训，并详细记录相关情况。
③ 监督落实重大危险源的安全管理措施。
④ 定期组织应急救援演练。
⑤ 定期检查实验室的安全状况，及时排查并处理安全隐患，并提出改进意见。
⑥ 纠正违章指挥、冒险作业以及违反操作规程的行为。
⑦ 监督整改措施的执行。

此外，教育部发布的《高等学校实验室安全检查项目表（2020）》也对高校实验室的安全管理提出了明确要求。

对于危险化学品的储存，高校应根据实际情况选择固定储存或分散储存于实验室的方式，但无论哪种方式，均须符合《危险化学品安全管理条例》的相关规定。具体管理要求包括如下方面：

① 配备并维护必要的监测、监控、通风、防晒、调温、防火、灭火、防爆、泄压、防毒、中和、防潮、防雷、防静电、防腐、防泄漏及防护围堤或隔离操作等安全设施与设备。
② 设置清晰的安全警示标志。
③ 确保通信、报警装置处于良好状态。
④ 严格记录剧毒化学品和易制爆危险化学品的生产、储存数量及流向，并采取有效防范措施，防止丢失或被盗。
⑤ 一旦发现钱包丢失或被盗，应立即向当地公安机关报告。
⑥ 设立治安保卫机构，并配备专职人员负责安全保卫工作。
⑦ 危险化学品专用仓库应符合国家标准和行业标准，并设置明显标志。储存剧毒化学品和易制爆危险化学品的专用仓库，必须按照国家规定设置技术防范设施，并定期对安全设施进行检测和检验。

2. 日常维护与保养

实训设施、设备的日常维护与保养是确保教学实验顺利进行和设备长期稳定运行的重要环节。这是一系列细致而系统的活动，旨在预防设备故障、延长使用寿命、提升实验效率和保障实验安全。

以下是实训室设施设备管理规范与安全操作指南：

（1）在实训室设施、设备使用之前，教师应先阐述使用规范及注意事项。学生需要仔细阅读并遵循设备说明书中的指导。

（2）在存放或安置相关设施和设备时，应避免显示器长时间直接暴露于阳光下。

（3）在设施、设备使用过程中，除非有特定原因且使用间隔超过半小时，否则应及时关闭其电源开关。

（4）在开启设施、设备电源之前，应将其稳妥地置于工作操作台上，以防止因放置不稳导致的跌落伤人事件。

（5）一旦发现设备存在故障，如冒烟、散发焦味或光栅异常等，应立即切断电源，并联系专业维修人员进行处理，以防止可能造成的重大损失。

（6）设施、设备的保养维护应特别注重防潮湿侵蚀。潮湿环境会降低高压部件的绝缘性能，可能引发打火、散热不良等问题，并加速金属印刷铜箔和元器件引脚的腐蚀与损坏。在潮湿季节，即使不使用设备，也应定期通电 1~2 小时，利用设备自身热量驱散潮气。在我国南方等潮湿地区，建议每月至少通电一次，雨季时则每半月通电一次以驱散潮气。

（7）设施、设备应正常进行开关机操作并避免频繁开关机以减少对设备的损害。

（8）设施、设备需进行防尘、防酸、防碱和防盐处理。长期在含酸、碱、盐的环境中工作的电子设备，其电路板上的电子器件易受污染，从而存在安全隐患。

（9）确保设施、设备具备良好的通风散热条件，以防止过热导致的性能下降或损坏。

（10）定期对设施、设备进行校准，以降低因环境因素导致的测量误差。

（11）在处理设施、设备时，应尽量减少挪动，做到轻拿轻放。

（12）对于长时间不使用的电子设备，应立即断开电源线。如果设备内置电池，则应该取出电池以防止电池液流出腐蚀设备内部零件。

（13）对于在使用过程中存在危险的机床、机器人机械臂等设备，应设置明显的警示标志，提醒人员注意安全。

课堂练习

清洁实训室

按照以下步骤清洁实训室，并按照"6S"管理标准开展清洁工作：

1. 初步检查整理整顿情况

（1）检查是否已经按照整理整顿的要求，对场地进行了整理。

（3）检查所有电子仪器仪表是否均关闭。

（3）检查场地中是否存在其他的安全隐患。

2. 开展清洁工作

（1）推尘

推尘要按照先里后外、先上后下、先窗后门、先桌面后地面的顺序，先清扫天花板、墙角上的蜘蛛网和灰尘，接着再抹窗户玻璃门面的灰尘。实验器材等设备挪动后要原位摆好。

（2）擦拭

在擦拭室内桌椅、柜子、讲台和墙壁时，确保使用拧干的抹布。按照由高到低、先里后外的顺序进行擦拭，有助于确保彻底清洁。在擦墙壁时，着重擦拭门窗、窗台等易脏的区域。对于玻璃表面，可以使用湿润的涂水毛头（干净的）装在伸缩杆顶部，沿顶部平行湿润玻璃，然后采用垂直下落法湿润其他部分的玻璃。使用干净的抹布擦干窗框及窗台，最后使用干燥无毛的棉布擦玻璃四周和中间的水珠。对于电子、电气设备如电子白板、主控台等，在断电后需要使用干抹布进行擦拭，以确保安全和有效清洁。请注意，在操作电子设备时,请务必注意安全,并遵守相关的操作指南和规定。

(3) 整理

讲台、桌面、控制台、实验台上的主要用品,如粉笔盒、粉笔擦、实验器材等擦干净后,应按照原位摆放整齐。

(4) 倾倒

倾倒实训室内的纸篓、垃圾桶。

(5) 更换

收集垃圾并更换垃圾袋。

(6) 关闭

清洁结束,保洁人员退至门口,环视室内,确认清扫质量,然后关窗、关电、关门。

二、岗位实习

岗位实习是职业院校人才培养中不可或缺的一环,是学生综合运用本专业所学的知识和技能到专业对口的现场直接参与生产过程的一种实践性教学形式。

岗位实习是指将学生带到生产现场去学习,通过参加生产实践,深化理论知识,培养和提高学生的专业工作技能水平和综合运用专业知识、专业技能解决生产现场中的技术及管理问题的能力的一种实践性教学活动。

岗位实习与专业培养目标密切相关,是学校培养合格人才过程中的一个重要教学环节。在岗位实习的过程中,通过学校和实习单位教师的指导,学生的专业知识得到了一定的增长,实践操作技能也得到了一定的提高。岗位实习时,学生到企(事)业等用人单位工作,教学场所由校内转向校外,学生从以课堂和学校为中心转变为以岗位和企业为中心,学生在实习单位通过岗位上的职业操作开展相关的教学活动,是一种职业劳动过程。

在岗位实习中,实习的学生既是学校的学生,也是企业的员工,具有双重性身份。岗位实习的学生必须接受学校和实习单位的双重管理。在岗位实习期间,学生既要完成学习任务,也要履行实习单位员工的岗位职责;既要遵守学校的规章制度,也要遵守实习单位的相关规定。

岗位实习强调将教学实践与工作过程相结合,是实施工学结合人才培养的有效模式。在岗位实习过程中,学生作为实习单位的准员工,应该将所学的理论知识与实际工作相结合。岗位实习是职业院校人才培养过程中特殊的环节,这种特殊性决定了学生在岗位实习中必将有一个学习和角色转变的过程。

(一) 了解实习单位

根据《职业学校学生实习管理规定》,职业学校学生进行实习可以由学校统一安排实习单位,也可以经学校批准自行选择实习单位。

学生自行选择实习单位时,应当注意考察单位的资质、诚信状况、管理水平、工作环境及健康保障、安全防护条件等方面。应当选择合法经营、管理规范、设施设备完善、符合安全生产法律法规要求的实习单位。

1. 确定实习单位

学生自行选择实习单位时,必须向学校提出书面申请,并填写"自主选择实习单位申请表",见表 3-8。

表 3-8　自主选择实习单位申请表(示例)

姓名		性别		专业班级	
学号		联系电话		电子邮箱	
实习单位			实习单位地址		
实习单位联系人		实习单位联系电话		实习时间	
自主选择实习单位申请书(可以附后) 申请人(签字):　　　年　月　日					
学生承诺: 　　本人在实习期间将严格要求自己,遵守国家法律法规和学院及实习单位的各项规章制度,并按照实习计划完成实习任务。在实习期间,注意人身安全和生产安全,对自己的行为和安全负责;每周定期主动与班主任保持联系,按时完成实习总结报告。实习结束后,本人按时返校报到。 学生签名:　　　年　月　日					
家长意见	(是否同意该生自己联系实习单位) 家长(签字):　　　年　月　日				

续表

实习单位意见	（是否同意接收该生实习） 年　　月　　日（盖章）
班主任意见	（是否同意该生自己联系实习单位） 班主任（签字）：　　　　年　　月　　日
学生所在院系意见	（是否同意该生自己联系实习单位） 年　　月　　日（盖章）

注：此表一式三份，下载填好后由学生、班主任（辅导员）、学生所在院系各留存一份。

确定实习单位后一般不宜更换，但在实习过程中，如果学生确实需要更换实习单位，可以向原实习单位和学校提出申请，并提交"实习单位变更申请表"，见表3-9。只有经过原实习单位和学校的同意，学生才能更换实习单位，到新的实习单位继续进行实习。

表3-9　实习单位变更申请表（示例）

姓名		性别		专业班级	
学号		联系电话		电子邮箱	

续表

学生申请	本人因＿＿， 申请于＿＿＿＿年＿＿月＿＿日起中止与＿＿＿＿＿＿＿＿＿＿＿＿＿＿ 签订的实习协议，前往＿＿＿＿＿＿＿＿＿参加实习。 学生签名： 家长（签字）： 　　　　　　　　　　　　　　　　　年　　月　　日
原实习 单位意见	本单位同意于＿＿＿＿年＿＿月＿＿日起中止与＿＿＿＿＿＿＿＿＿＿＿＿＿ 签订的实习协议。 根据签订的实习协议，该生此前的实习成绩综合评定为（优、良、中等、及格、不及格）。 　　　　　　　　　　　　　　　　　年　　月　　日（盖章）
班主任意见	（是否同意该生更换实习单位） 班主任（签字）：　　　　　　年　　月　　日
学生所在 院系意见	（是否同意该生更换实习单位） 　　　　　　　　　　　　　　　　　年　　月　　日（盖章）

注：此表一式三份，下载填好后由学生、原实习单位、学生所在院系各留存一份。

2. 了解实习单位的情况

确定实习单位后，学生要通过各种途径充分了解实习单位的相关情况，主要包括实习单位的基本信息、企业文化、管理制度等，以提前做好相应准备，顺利开展实习工作。

（1）了解实习单位的基本信息

实习单位的基本信息包括企业名称、所属行业、所处位置、经营范围、主营业务等。如果想要了解实习单位的基本信息，可以登录实习单位网站，查看企业简介；或者通过阅读实习单位的宣传资料进行了解；此外，还可以在实习单位到学校举行宣讲会时，向实习单位的宣讲人员咨询。

（2）了解实习单位的企业文化

企业文化是企业全体员工在长期的生产经营活动中形成并共同遵循的最高目标、价值标准、基本信念和行为规范,是企业的灵魂和推动企业发展的不竭动力。

作为实习生,要想尽快融入实习单位,就必须先了解其企业文化、认同其文化。如果想要了解实习单位的企业文化,可以在实习前登录实习单位网站,查看关于其企业文化的相关内容。此外,实习单位还会在入职培训时向实习生宣传单位的企业文化。

(3) 了解实习单位的管理制度

管理制度是企业全体员工在生产经营活动中共同遵守的规定和准则的总称,是企业赖以生存的体制基础,也是员工的行为规范。任何一个成功的企业背后都有规范的、创新的管理制度作支持,以规范性地管理企业的日常活动,保证各项工作能高效有序地进行。

实习生在实习期内也是实习单位的一名员工,应该了解并严格遵守实习单位的管理制度。如果想要了解实习单位的管理制度,可以登录实习单位网站查阅相关规章制度,或者向学校的指导教师或到该单位实习过的学长学姐咨询。

(4) 了解实习岗位的相关要求

为了更好地完成实习工作,学生应该全面了解实习岗位的相关要求,包括岗位职责、工作时间、应具备的能力要求等,以便在上岗前做好充分的心理准备和能力准备。如果想要了解实习岗位的相关要求,可以查阅学校下发的实习工作安排,或者向学校的实习指导教师或企业的实习指导人员咨询。

(二) 签订实习协议

签订实习协议是实习生与用人单位之间建立实习关系的重要步骤,不仅明确了双方的权利和义务,还确保了实习过程的规范性和合法性。以下是关于签订实习协议的一个简要介绍:

1. 实习协议的内容

根据《职业学校学生实习管理规定》,学生参加实习前,职业学校、实习单位、学生三方应当签订实习协议。协议文本由三方各执一份。如果未按照规定签订实习协议,则不得安排学生实习。实习协议应明确各方的责任、权利和义务,协议约定的内容应符合相关法律法规。

一般来说,实习协议应该包括以下内容:

(1) 各方基本情况。职业学校的名称、地址、法定代表人或指定负责人及其联系方式,以及实习单位的名称、地址、法定代表人或指定负责人及其联系方式,以及实习生的姓名、学号、住址和联系方式等。

(2) 实习时间。实习起始和结束的时间,即实习期限。

(3) 实习岗位与工作内容、工作时间的关系。

(4) 实习期间的食宿和休假安排。

(5) 实习报酬及支付方式。

(6) 实习期间劳动保护和劳动安全、卫生、职业病危害防护条件。

(7) 责任保险与伤亡事故处理办法,对不属于保险赔付范围或者超出保险赔付额度部分的约定责任。

(8) 违约责任。

(9) 其他事项。

2. 签订实习协议的注意事项

签订实习协议前,对于实习协议中的条款一定要问清弄懂,如果发现有含糊不清或对自己不利的条款,一定要及时指出并要求修改,避免签订"不全协议""模糊协议"等。此外,自行选择实习单位的学生,应将事先与实习单位商议的协议内容写入实习协议,切不可只达成"口头协议"。

实习协议的制定流程必须遵循严格的规范。对于学校统一安排的实习,实习协议的商定与起草由学校与实习单位共同协作完成。若学生自主选择实习单位,则首先需学生与实习单位就实习协议内容进行初步商定并起草协议草案,随后提交至学校进行审查,最终由学校、学生与实习单位三方协商确定正式的实习协议。

在签订实习协议之前,学生应秉持审慎态度,详尽阅读协议内容,并对以下关键要素进行逐一核查:

(1) 实习单位的基本信息包括单位名称、地址、法定代表人或指定负责人的身份等,需确保与前期了解的信息相吻合,且法定代表人或指定负责人身份合法有效。

(2) 实习的具体时间、内容及地点,必须与学校既定安排相符,并确保实习期间的食宿安排合理妥当。

(3) 实习工作时间和休假安排应符合国家法律法规的相关规定。

(4) 实习报酬及其支付方式应在协议中明确列出。

(5) 涉及工伤、意外伤害等情形的责任与保险承担方亦需清晰界定于协议之中。

学生务必对实习协议中的各项条款进行深入理解,如遇模糊表述或不利条款,应立即提出疑问并要求调整,以防止签订存在漏洞或歧义的协议。特别是当学生自行选择实习单位时,务必确保前期与实习单位达成的所有协议内容均被正式纳入实习协议之中,以避免仅凭口头约定而引发的潜在纠纷。

案 例

××××职业技术学院学生实习协议

以下是××××职业技术学院学生的实习协议。

××××职业技术学院学生实习协议

甲方(企业):　　　　　　　　地址:
联系人:　　　　　　　　　　　联系电话:
乙方(学生):　　　　　　　　　学号:
住址:　　　　　　　　　　　　联系电话:
丙方(学校):　　　　　　　　　地址:
联系人:　　　　　　　　　　　联系电话:

根据国家相关法律法规及《职业学校学生实习管理规定》(职教成〔2016〕3号),丙方拟安排_____级_____专业学生_____(乙方)到甲方进行实习。为明确三方的权利和义务,三方经过充分协商,在平等、自愿的基础上,达成了本协议。

第一条　实习期限

本次实习期限为_____个月,自_____年_____月_____日至_____年_____月_____日。

第二条　实习内容

本次实习的实习内容为对口或相近专业的综合实习,具体为_____
_____。

第三条　实习待遇与条件

1. 实习岗位：_____。
2. 实习报酬：实习期间,甲方向乙方支付_____元/月的实习工资,并按规定发放相应的劳动保护装备(防护服、面罩等)和营养补贴。
3. 工作时间：按照国家劳动法规定,根据实际工作情况安排,每天工作不超过8小时,每周至少休息1天。
4. 住宿：甲方根据企业实际情况合理安排或联系解决丙方实习生的住宿。

第四条　甲方的权利与义务

1. 甲方应根据实习内容及风险,为乙方办理意外伤害等相关保险,以应对不可预见的风险。
2. 为了保障乙方的身体健康,在乙方开始实习前,甲方应该安排其进行健康检查,费用由乙方承担。
3. 与丙方共同研究制定学生实习培养方案、考核方案。为乙方指派生产技术人员作为指导教师指导乙方实习,并配合丙方完成对乙方的各种考核要求。
4. 在乙方上岗前,必须对其进行包括职业安全和卫生、公司规章制度等在内的必要的教育与培训,上岗后,必须对乙方进行职业素养和相关专业技能指导工作。
5. 乙方在甲方实习期间,甲方不得随意辞退乙方,并必须为乙方提供必要的劳动防护用品和劳动保护条件。甲方不得安排乙方从事国家相关法律法规禁止从事的工作。
6. 乙方在甲方实习期间,因有事需本人亲自回校办理的,在丙方出具正式证明的情况下甲方应予准假；如确因企业需要无法回校,应由甲方出具证明,申请暂缓。

第五条　乙方的权利与义务

1. 乙方到甲方参加实习必须按照甲方和丙方共同制定的培养方案和考核方案的要求,认真完成甲、丙双方各自布置的学习和工作任务,不得随意更换实习单位,个别学生确因特殊情况,中途需要调换实习单位的,须本人提出书面申请,经系部毕业实习工作领导小组批准,并通知甲方后可以调换实习单位。
2. 乙方到甲方参加实习,实行甲、丙双重管理,除了应遵守丙方有关实习教育管理规定外,还应遵守甲方的各项管理规定、规章制度,并服从甲方安排的具体岗位。乙方确因违纪、违规等原因被甲方辞退,由此造成的影响和后果自行承担。
3. 在实习期间,甲、丙双方为乙方办理的人身保险仅覆盖在企业实习期间的实际出勤时间内和在途往返企业及住所发生事故中产生的费用。
4. 在实习期间,乙方应了解自己的未修课程和考核不合格课程,并密切关注学院的有关规定和要求,及时与学院沟通和联系。如果不按照学院规定取得教学计划规定的全部学分,就不能按时毕业。
5. 实习期间,乙方应积极主动与学院班主任(或辅导员)、实习单位指导教师及家长保持密切联系,以确保完成实习各项要求。若因学生个人原因联系不上而造成的不良后果和学生个人方面的损失由学生本人承担。
6. 乙方在非工作时间所发生的严重违反法律法规和相关规定而造成的事故,应由乙方独立承担相应的责任和费用。乙方应严格遵守相应的安全操作规程,增强安全防范意识,在实习场所工作时间,如果发生非违章指挥和非违章操作的安全事故由甲、乙双方共同承担相应的责任和费用。

第六条　丙方的权利与义务

1. 丙方应成立毕业实习工作小组,并指定毕业实习指导教师。实习指导教师应该加强与实习单位的沟通,保持与学生和实习单位的联系,积极配合实习单位的工作,并及时解决实习中的问题。
2. 班主任和辅导员应该主动关注实习学生的思想、工作、生活和身体健康,认真做好学生的思想和管理工作。

3. 丙方应主动和甲方共同制定对于乙方实习期间的培养方案和考核方案,并监督甲、乙方共同遵照执行。

4. 乙方在实习期间违反甲方制度,或者不服从甲方正常安排,或者擅自不参加实习的,甲方可以对其进行批评教育,丙方应该予以积极配合。对于严重违反甲方规章制度的学生,甲方可以立即终止其实习,并由丙方依据学籍管理等相关规定进行处理。

5. 丙方与甲方共同对本次实习质量进行分析与评价,认真总结经验,并就今后的实习工作和教学改革提出宝贵的意见和建议。

第七条　其他

1. 甲方因技术保密需要,可以与乙方及丙方另行签订相关保密合同。
2. 如果本协议或履行本协议发生争议,应友好协商解决;如果协商不成,可向丙方所在地有管辖权的人民法院起诉。
3. 本协议一式三份,三方各执一份,自三方签字(签章)之日起生效。

甲方代表(签字):	乙方(签字):	丙方代表(签字):
甲方(盖章):		丙方(盖章):
日期:	日期:	日期:

(三) 做好角色转换

在岗位实习的旅程中,各类劳动实践共同编织着未来职业生涯的美好图景。作为学生,肩负着为未来社会劳动实践奠定坚实基础的使命。对于即将跨越校园门槛,步入工作岗位的毕业生而言,他们最为关切的是如何在新的职业舞台上展翅高飞,成就一番事业;最为迫切的需求则是如何深入提升自我认知,积极融入社会,实现从学生身份向职业人士的无缝对接,同时培育起职业生涯所必需的品质与能力。

一般而言,个人在职业生涯的发展轨迹上,需要经历四个关键转型阶段。越早成功跨越这些阶段,个人的职业成长之路便越加顺畅。

1. 由学生向职场新人的蜕变

在校期间,大学生享受着父母的庇护,同学间情谊纯真,师生关系和谐,言行举止相对自由。然而,进入职场后,这一切都将发生深刻的变化。面对全新的工作环境,必须迅速调整心态,摆脱学生时代的惯性思维,转而以职业人的视角审视问题,思考哪些行动能够为公司创造价值,助力企业发展。

2. 从普通职员到主管的跨越

作为职场新人,初期或许只需专注于岗位职责的履行。要成为团队中的佼佼者,甚至未来的主管人选,就必须展现出超越职责的领导力和团队协作精神。一旦晋升为主管,就需要承担更多的责任,包括任务分配、技能培训、团队协调等,以确保团队的高效运作和持续发展。

3. 主管向领导者的飞跃

主管者和领导者在管理层面存在显著差异。主管往往聚焦于具体事务与局部领域,而领导者则须具备更广阔的视野与全局观念,能够预见并应对未来挑战。他们需要运用规划、组织、变革等能力,引领团队跨越障碍,实现长远目标。

4. 从领导者到行业领袖的升华

优秀的领导者能够带领团队取得卓越成就,而真正的行业领袖则能够触及企业的精神层面,成为企业的灵魂和象征。他们致力于培养接班人,传承企业文化与价值观,引领行业潮流。要实现这一飞跃,不仅需要非凡的智慧与努力,更需具备坚韧不拔的意志与承受巨大压力的能力。

知识拓展

试用期内的角色转换

在岗位实习的初期阶段,大学生通常会经历一个试用期,然后才有可能正式转正。为了顺利实现从学生到职场人的角色转变,实习期间大学生需特别注意以下五个方面的要点:

1. 塑造专业形象

第一印象至关重要。实习期间,大学生应注重个人形象的塑造,保持衣着的整洁得体,避免过于张扬的装扮,以展现自己的专业与严谨。此外,整洁的发型和良好的个人卫生习惯也是不可或缺的,这些都能帮助大学生在职场中树立正面的职业形象。

2. 促进知识与实践的融合

大学生应怀揣谦逊之心,尊重同事与经验,同时不失时机地运用所学知识为团队贡献自己的力量。通过积极参与工作讨论和团队协作,大学生可以更好地展现自己的见解和才能,与同事建立良好的关系,为日后的职业发展打下坚实的人际基础。

3. 强化责任意识

尽管实习初期可能从事的是基础性工作,但大学生应该充分认识到这些工作对于个人成长的重要性。以高度的责任心和敬业精神对待每一项任务,不仅可以积累宝贵的经验,还可以在实践中锻炼自己的应变能力和解决问题的能力。

4. 培养实事求是的态度

在工作中遇到困难和挑战时,大学生应勇于面对并承担责任。对于出现的失误和错误,要勇于承认并深入分析原因,从中吸取教训,以改进和提升工作质量。这种实事求是的态度是职场中不可或缺的品质。

5. 重视岗前培训

岗前培训是大学生快速融入职场、掌握岗位技能的重要途径。在培训过程中,大学生应全身心地投入学习,不仅要掌握岗位所需的基本技能,还要积极展现自己的特长和优势。通过岗前培训的表现,大学生有机会获得用人单位的认可和重用,为未来的职业发展打下坚实的基础。

(四)培养职业思维

大学生在岗位实习的旅程中,明确导向与方向的重要性不言而喻。为了更有效地融入职场,提前培养职业思维至关重要,以下几点是岗位实习期间应重点关注的:

1. 强化客户服务意识

实习不仅是学习技能的过程,更是培养职业态度的契机。大学生在岗位实习时需要深刻理解并实践客户至上的原则。这意味着要敏锐捕捉客户需求,深入理解行业动态及客户背后的需求动机,从客户的视角出发,追求价值共创。同时,保持高效的响应速度,将客户置于心间重要位置,并致力于提供全程、周到的服务。此外,在团队协作中,每个人应视彼此为助力,共同为提升客户满意度而努力。

2. 建立标准工作观念

在职场中,标准化是提高效率和质量的基石。实习期间,应主动学习并遵循所在岗位及行业的标准规范,以确保工作有章可循、有据可依。这不仅有助于个体快速适应岗位要求,还能为职业生涯的长远发展奠定坚实基础。

3. 培养流程管理思维

掌握工作流程,是实习生成长为职场达人的关键一步。大学生在岗位实习时需要清晰了解每项任务的完整流程,明确各环节的责任人、注意事项及所需资源。在此基础上,合理规划时间和资源,为领导和团队提供有力的支持。这种流程化的思考方式,将极大地提高自己的工作效率和应变能力。

4. 增强安全防范意识

安全是职场中不可忽视的底线。大学生在岗位实习时应时刻保持警惕,熟悉岗位潜在的安全风险与应对措施。对于高风险行业或岗位,更应加倍小心,防患于未然。通过加强安全教育和实操演练,可以确保自身及团队的安全。

5. 树立问题导向观念

问题是成长的催化剂。大学生在岗位实习时应积极发现问题、勇于面对挑战、善于分析原因并寻求解决方案。这种以问题为导向的工作方式,将促使自己不断反思和改进,从而在实战中快速成长。

(五)适应职场环境

毕业生在岗位实习中,需要迅速融入新环境,这包括心理、生理、岗位、知识技能及人际关系等多方面的适应。以下是具体策略:

1. 心理适应

初入职场,毕业生常面临多种心理挑战,如对学生时代的留恋、观望心态、自卑感、孤独感及浮躁情绪等。因此,实习生应该主动调整心态,积极应对职场生活的快节奏和基层环境的挑战。要培养团队协作精神、独立工作能力和创新意识,以积极的心态面对工作中的每一个挑战。

2. 生理适应

健康的体魄是职场成功的基础。实习生需要适时调整生活习惯,遵循职场规律,加强自我管理,以确保身体状态能够适应高强度的工作节奏。同时,保持科学文化素质和良好的思想品德,为职业生涯奠定坚实基础。

3. 岗位适应

不同岗位对能力的要求有所不同。作为职业院校的毕业生,进入技能型岗位后,需要不断提升自己的专业能力、学习能力、团队协作能力、自我管理能力、创新能力和沟通能力。实习生应明确职业目标,制定职业规划,并根据实际情况调整期望值,持续投入精力钻研业务,以实现个人职业发展的目标。

4. 知识技能适应

理论知识与实践之间往往存在差距。实习生应保持谦逊的态度,主动学习,勇于面对挑战,克服懒惰情绪。从细微处入手,注重日常工作的积累和提升。同时,积极参与再学习,不断汲取新知识、新技能,以适应职场发展的需求。

5. 人际关系适应

职场中的人际关系远比学校复杂。实习生应展现热情、谦虚、朴实、积极的品质,与领导和同事建立良好的关系。通过努力工作和适当的表现赢得认可与尊重,为职业生涯铺平道路。

总之,"适者生存,能者成功"。在岗位实习中,毕业生需要勇于面对挑战,学会适应环境,并不断提升自我。只有这样,才能在职业生涯中抓住机遇、实现自己的价值。

践行篇

活动一　护理急救实景演练

在医疗环境中,护理急救能力直接关系到患者的生命安全和健康恢复。为了提高学生(尤其是护理专业学生)的急救技能和团队协作能力,设计了如下护理急救实景演练实践活动。通过模拟真实的急救场景,旨在让学生在实践中掌握急救知识,提升应对突发事件的能力。

一、活动主题

守护生命,急救在行动——护理急救实景演练

二、活动时间

活动日期:某年某月某日

时间安排:9:00～16:00

三、活动流程

(一) 活动准备阶段(9:00～10:00)

1. 场地布置

选择或布置一个模拟医院急救室或病房的环境,设置必要的医疗设备和急救用品。

2. 人员分工

明确活动总指挥、指导老师、模拟患者、参演学生(护士角色)、观摩人员等职责。

3. 培训指导

对参演学生进行急救技能培训和指导,确保他们熟悉演练场景、任务和急救技能。

(二)活动开幕式(10:00~10:30)

1. 领导致辞

由学校或医院领导介绍活动的目的和意义,强调急救技能的重要性。

2. 规则说明

活动总指挥向大家介绍了演练的规则、流程和注意事项。

(三)演练实施阶段(10:30~14:00)

1. 模拟场景一:心搏骤停急救

(1)情景描述

模拟患者突发心搏骤停,护士团队迅速评估病情,进行心肺复苏、建立静脉通道、给药等处理,并通知医生。

(2)演练内容

参演学生按照急救流程进行操作,展示了心肺复苏、除颤、静脉通道建立等技能。

2. 模拟场景二:外伤出血急救

(1)情景描述

模拟患者因外伤导致大量出血,需要进行止血包扎和转运。

(2)演练内容

参演学生评估伤口,进行止血包扎,并安全转运患者至手术室或病房。

3. 模拟场景三:呼吸困难急救

(1)情景描述

模拟患者因呼吸系统疾病导致呼吸困难,需要紧急吸氧和病情监测。

(2)演练内容

参演学生给予患者吸氧治疗,监测生命体征,并准备采取进一步救治措施。

(四)观摩与点评(14:00~15:00)

1. 观摩学习

观摩人员(包括学校师生、医院医护人员等)认真观察了演练过程,并记录了问题和不足。

2. 点评总结

指导老师或专家对演练过程进行点评,指出优点和不足,并提出改进意见。

(五)活动闭幕式(15:00~16:00)

1. 总结发言

活动总指挥将会总结活动成果,并感谢参与人员的付出和贡献。

2. 颁发证书

为参演学生颁发参与证书或表彰奖项。

3. 分享心得

参演学生和观摩人员通过分享学习心得和体会,促进了经验交流。

四、注意事项

1. 确保演练过程中人员安全,避免发生意外事件。

2. 演练场景应尽可能模拟真实情况,以检验学生的真实应对能力。

3. 提前对参演学生进行培训和指导,以确保他们熟悉演练流程和技能。
4. 及时记录演练过程中出现的问题和不足,为今后的培训和演练提供参考。
5. 演练过程中,需要注意保密工作,不得泄露演练信息和患者隐私。

活动二 "七彩假期"支教活动

在漫长的假期里,许多偏远地区的孩子因资源有限,难以接触到丰富多彩的课外知识。为了丰富孩子们的假期生活,拓宽他们的视野,学校特别策划了以下以"七彩假期"为主题的支教活动,以期通过多元化的教学活动,为孩子们带去知识与欢乐,让他们的假期充满色彩。

一、活动主题
"七彩假期"支教活动
二、活动时间
(一)筹备阶段
放假前一个月开始筹备,包括志愿者招募、课程设计、物资准备等。
(二)实施阶段
暑假为期两周(具体日期将根据学校放假安排确定)。
(三)总结反馈
活动结束后一周内,进行活动总结与反馈收集。
三、活动流程
(一)筹备阶段
1. 志愿者招募
通过社交媒体、学校公告、合作伙伴等渠道发布招募信息,招募有爱心、有教学经验的志愿者。
2. 课程设计
根据参与孩子的年龄、兴趣和需求,设计涵盖科学、艺术、文学、体育、环保、心理健康等多领域的课程。
3. 物资准备
准备教学用具、图书、文体器材、安全设备等必要物资。
4. 地点安排
建议与当地学校或社区合作,确定活动地点及住宿安排。
(二)实施阶段
1. 开营仪式
介绍活动目的、日程安排,增进志愿者与孩子们之间的了解。
2. 日常教学
(1)科学探索
通过实验、游戏等形式,激发孩子们对科学的兴趣。

(2) 艺术创作

通过教授绘画、手工、音乐等课程,可以培养孩子们的审美情趣和创造力。

(3) 文学阅读

分享经典故事,引导孩子们爱上阅读,提升文学素养。

(4) 体育竞技

组织趣味运动会,可以增强孩子们的体质和团队合作精神。

(5) 环保教育

通过实践活动,孩子们可以培养环保意识。

(6) 心理健康

开展心理健康讲座,关注孩子们的心理健康问题。

(7) 特色活动

通过才艺展示、户外探险、文化体验等活动,丰富孩子们的假期生活。

(8) 闭营仪式

展示学习成果,颁发证书,总结活动亮点,收集反馈意见。

(三) 总结反馈

1. 活动总结

志愿者需要撰写活动总结报告,其中包括活动的亮点、不足以及改进建议。

2. 反馈收集

通过问卷调查、访谈等方式,收集孩子们、家长及合作伙伴的反馈意见。

3. 成果展示

通过社交媒体、学校网站等渠道,展示活动照片、视频及成果,扩大影响力。

四、注意事项

1. 确保活动全程的安全措施到位,包括但不限于交通安全、食品安全、活动场地安全等。

2. 尊重差异:尊重孩子们的个性差异,因材施教,避免一刀切的教学方式。

3. 加强志愿者之间的沟通与协作,以确保活动的顺利进行。

4. 尊重当地的文化习俗,避免在活动中出现不当言行。

5. 活动结束后,可建立长期联系机制,持续关注孩子们的成长与发展。

活动三 3D 打印新未来

在科技日新月异的今天,3D 打印技术以其独特的创新性和广泛的应用前景,正逐步改变着人们的生活和生产方式。为了激发学生对科技创新的兴趣,培养他们的动手能力和创新思维,特举办"3D 打印新未来:创意无限,触手可及"实践活动。通过此次活动,学生将深入了解 3D 打印技术的基本原理、发展历程、应用领域,并亲手设计、打印出自己的作品,体验科技带来的无限可能。

一、活动主题

3D 打印新未来:创意无限,触手可及

二、活动时间

为期一周(周一至周五),每天 14:00~15:00

三、活动流程

(一) 第一天:3D 打印技术启航

1. 开场致辞

介绍活动的目的、意义及日程安排。

2. 专家讲座

邀请 3D 打印领域的专家进行线上或线下讲座,讲解 3D 打印的基本原理、技术特点、发展历程及未来趋势。

3. 分组讨论

学生分组讨论 3D 打印技术可能的应用领域及未来发展方向,每组选出代表分享观点。

(二) 第二天:设计思维训练

1. 设计工作坊

教授基本的 3D 建模软件操作(如 Tinkercad、Blender 等),引导学生发挥想象力,设计自己的 3D 打印作品。

2. 创意碰撞

小组内讨论设计思路,互相启发,最终确定了设计方案。

(三) 第三天:模型优化与准备

1. 技术指导

老师或助教将提供一对一的指导,帮助学生优化 3D 模型,并确保模型的可打印性。

2. 切片软件教学

学习使用切片软件(如 Cura、Simplify3D),将 3D 模型转换为打印机可识别的格式,并设置打印参数,以提高打印效率。

(四) 第四天:3D 打印实操

1. 安全培训

进行 3D 打印机操作安全培训,强调操作规范及注意事项。

2. 打印实践

学生分组轮流操作 3D 打印机,观察打印过程,并记录遇到的问题及解决方案。

3. 作品展示

打印完成后,各组展示了初步打印成果,并分享了在打印过程中的心得和体会。

(五) 第五天:成果展示与反思

1. 最终展示

各小组展示完整的 3D 打印作品,并介绍设计理念、创作过程及遇到的挑战与解决方案。

2. 评委点评

邀请教师、专家及学生代表作为评委,对作品进行点评,评选出最佳创意奖、最佳技术奖等奖项。

3. 总结反思

全体参与者共同回顾活动历程,分享收获与感悟,并对3D打印技术未来发展提出了展望。

四、注意事项

1. 严格遵守3D打印机操作规范,确保人身安全和设备安全。
2. 鼓励团队合作,共同解决问题,相互学习,共同进步。
3. 鼓励学生大胆想象,勇于创新,不拘泥于传统设计思路。
4. 合理使用打印材料,避免浪费,培养环保意识。
5. 合理安排每日活动时间,以确保每个环节都能顺利进行。
6. 建立有效的反馈机制,及时收集学生意见,并优化活动流程。

活动四　智慧农场耕种与管理

随着科技的飞速发展,智慧农业已成为现代农业的重要趋势。为了让学生深入了解现代农业技术,提升他们对农业科技的兴趣与认识,学校特别策划了"智慧农场耕种与管理:科技引领绿色未来"实践活动。在这个活动中,学生们将亲身体验智慧农场的运作流程,从播种到收获,全方位感受科技在农业中的应用。

一、活动主题

智慧农场耕种与管理:科技引领绿色未来

二、活动时间

(一) 准备阶段:1周
(二) 实施阶段:4周
(三) 总结展示阶段:1周

三、活动流程

(一) 准备阶段(第1周)

1. 理论学习

(1) 邀请农业专家或科技人员为学生讲解智慧农业的基本概念、发展历程、核心技术(如物联网、大数据、人工智能等)及在农业中的应用实例。

(2) 观看智慧农场的视频资料,了解智慧农场的实际运作情况。

2. 分组与规划

(1) 学生按照兴趣和能力分组,每组选出一名组长,负责协调组内工作。

(2) 各组应讨论并制订智慧农场耕种与管理的具体计划,包括作物选择、种植布局、智慧设备应用方案等。

3. 物资准备

根据计划,可以采购或租借必要的种子、肥料、农药以及智慧农业设备(如智能灌溉系统、病虫害监测系统、环境监测传感器等)。

(二) 实施阶段(第2~5周)

1. 土地准备

在校园农场或合作农场内,可以划分出各组的耕种区域,并进行土地翻耕、平整等准备工作。

2. 播种与种植

(1) 按照计划进行播种,同时安装并调试智慧农业设备,以确保其正常运行。

(2) 学习并实践使用智能灌溉系统、病虫害监测系统等智慧农业技术进行田间管理。

3. 数据收集与分析

指导学生定期收集作物生长数据(如土壤湿度、光照强度、气温等),并利用大数据分析工具进行数据分析,以了解作物生长状况及存在的问题。

4. 调整与优化

根据数据分析结果,调整灌溉、施肥、病虫害防治等管理措施,优化作物生长环境。

(三) 总结展示阶段(第6周)

1. 成果展示

(1) 各组展示智慧农场耕种与管理的成果,包括作物生长情况、智慧设备应用效果、数据分析报告等。

(2) 可以采用PPT、视频、实物展示等多种形式进行展示。

2. 经验分享

邀请各组代表分享活动过程中的经验、教训和收获,以促进同学间的交流和学习。

3. 专家点评

邀请农业专家或教师对各组展示进行点评,提出改进建议。

4. 总结反思

组织学生进行活动总结,反思活动中的不足与改进方向,为未来的实践活动积累经验。

四、注意事项

1. 在活动过程中,请务必注意人身安全和设备安全,遵守操作规程,防止意外发生。

2. 强调环保理念,减少化肥农药使用,保护生态环境。

3. 鼓励学生加强团队协作,共同完成任务。

4. 确保收集的数据真实可靠,为分析提供有力支持。

5. 即使活动结束,也应鼓励学生持续关注智慧农业的发展动态,保持对农业科技的兴趣与热情。

活动五　汽车保养与简易维修

在快速发展的现代社会,汽车已成为日常生活中不可或缺的交通工具。然而,许多学生对汽车保养与简易维修的知识知之甚少。为了增强学生的实践能力,提高他们对汽车维护的认识,特设计了"智驾未来,从心养护——汽车保养与简易维修实践"活动。通过亲身体验,学生将学习到汽车的基本保养知识、常见故障的识别与简易处理,以及安全操作的重要性。

一、活动主题

智驾未来,从心养护——汽车保养与简易维修实践

二、活动时间

（一）筹备阶段：1周（包括活动策划、物资准备、邀请讲师等）

（二）实施阶段：1天（全天）

（三）总结反馈：1周（撰写报告、分享心得、收集反馈）

三、活动流程

（一）开幕式（9:00～9:30）

1. 主持人开场

介绍了活动的背景、目的和流程。

2. 嘉宾致辞

邀请学校领导或汽车行业专家致开幕词。

3. 分组安排

将学生分为若干小组，每组配备一名指导老师。

（二）理论讲解（9:30～11:00）

1. 汽车基础知识

介绍了汽车的基本构造、工作原理。

2. 保养知识

讲解定期保养的重要性、保养项目（如更换机油、检查轮胎、清洁空气滤清器等）。

3. 简易维修技巧

本文介绍了常见故障（如电瓶没电、轮胎漏气、灯光故障等）的识别和处理方法。

（三）实操演练（13:30～16:30）

1. 分组实操

各小组在指导老师的带领下，进行以下实操项目：

（1）机油更换

学习并实践机油更换流程，注意工具使用与安全事项。

（2）轮胎检查与更换

检查轮胎磨损情况，并学习如何更换备胎。

（3）灯光检查与调整

检查车辆灯光系统，并学习灯光调整方法。

（4）故障模拟与解决

设置常见故障场景，让学生尝试解决。

2. 互动交流

鼓励学生提出问题，并与指导老师或其他小组成员进行讨论。

（四）成果展示与分享（16:30～17:00）

1. 小组汇报

每组选出代表分享活动心得、学到的知识以及实操经验。

2. 优秀表彰

评选出表现突出的小组或个人，颁发证书或奖品。

（五）闭幕式与总结（17:00～17:30）

1. 活动总结

指导老师或主持人应该总结活动的亮点、收获和不足。

2. 未来展望

鼓励学生持续关注汽车保养与维修知识，为未来的生活与工作打下坚实基础。

3. 合影留念

全体师生合影，记录下这美好的时刻。

四、注意事项

1. 所有操作必须在指导老师的监督下进行，以确保学生的安全。
2. 提前准备好所需工具、材料，以确保活动能够顺利进行。
3. 在实操过程中，需要注意环境保护，并妥善处理废弃物。
4. 鼓励学生相互协作，共同完成任务。
5. 鼓励每位学生积极参与活动，勇于提问和实践。
6. 活动结束后，可以建立微信群或 QQ 群，供学生继续交流学习心得。

活动六　非遗传承进校园

在现代化快速的今天，非物质文化遗产（简称"非遗"）作为中华民族的文化瑰宝，面临着传承与发展的挑战。为了让学生更好地了解、学习和传承这些宝贵的文化遗产，学校特别策划了"文化瑰宝，你我共守——非遗传承进校园"实践活动。该活动旨在通过丰富多彩的活动形式，激发学生对传统文化的兴趣和热爱，让非遗在校园内焕发新的生机。

一、活动主题

文化瑰宝，你我共守——非遗传承进校园

二、活动时间

为期一周，具体日期为某月某日至某月某日，每天 14:00～16:00

三、活动流程

（一）第一天：非遗知识讲座

1. 内容

邀请非遗专家或传承人进行专题讲座，旨在介绍非遗的定义、分类、价值以及当前保护现状。

2. 形式

线上直播＋线下互动，设置问答环节，鼓励学生积极参与。

（二）第二天：非遗工作坊体验

1. 内容

根据学生兴趣分组，设置多个非遗工作坊，如剪纸、泥塑、书法、刺绣等。

2. 流程

（1）导师示范讲解技艺要点。

（2）学生动手实践，导师一对一指导。

（3）成果展示，评选出优秀作品并颁发证书。

（三）第三天：非遗故事分享会

1. 内容

邀请非遗传承人分享自己的故事，讲述学习、传承非遗过程中的感人经历和挑战。

2. 形式

通过圆桌讨论和观众提问，学生可以增进对非遗传承人的理解和尊重。

（四）第四天：非遗文化展览

1. 内容

在校内设置非遗文化展览区，展示非遗作品、图片、视频及文字介绍。

2. 特色

设置VR体验区，让学生身临其境感受非遗的魅力。

（五）第五天：非遗创意挑战赛

1. 内容

鼓励学生结合所学非遗知识，进行创意创作，如设计非遗元素的T恤、海报、短视频等。

2. 流程

(1) 提交作品初稿，并进行筛选。

(2) 入围作品进行线上投票和专家评审。

(3) 颁奖典礼旨在表彰优秀作品及创作者。

（六）第六天：非遗进课堂

1. 内容

将非遗元素融入日常教学，例如在语文课上讲解古诗词中的非遗元素，在美术课上教授非遗图案设计。

2. 形式

通过跨学科融合教学，可以增强学生对非遗的感知和理解。

（七）第七天：总结分享会

1. 内容

回顾一周活动的亮点，分享个人的感悟和收获。

2. 形式

学生代表发言，教师进行总结点评，并颁发活动纪念证书。

四、注意事项

1. 确保所有活动场地的安全，特别是在工作坊操作中，必须严格遵守安全规范。

2. 在活动中，应尊重非遗传承人的劳动成果，不得随意复制或传播未经许可的作品。

3. 鼓励每位学生积极参与，根据自身兴趣选择活动项目，确保活动覆盖面广泛。

4. 在介绍和展示非遗时，应注意保持文化敏感性，避免误解或不当表述。

5. 活动过程中注重环保，减少一次性用品使用，鼓励废物回收利用。

6. 通过学校官网、社交媒体等平台宣传活动进展和亮点，吸引更多师生关注和参与。

活动七　文物建筑保护实践

随着城市化进程的加快,许多承载着历史记忆与文化遗产的文物建筑正面临前所未有的挑战。为了更好地传承和保护这些宝贵的文化遗产,我校决定开展一次"守护历史·筑梦未来——文物建筑保护实践"活动,让学生们走出课堂,亲身参与到文物建筑的保护与研究中,加深他们对历史文化的认识与尊重。

一、活动主题
守护历史·筑梦未来——文物建筑保护实践

二、活动时间
（一）筹备阶段
提前一个月进行活动策划、宣传、招募志愿者及专家讲师邀请等工作。
（二）实施阶段
为期一周的实地考察与保护实践活动,选择周末及节假日进行,避免影响学校正常教学。
（三）总结分享
活动结束后一周内,组织线上或线下总结大会,展示成果,分享经验。

三、活动流程
（一）开幕式及理论培训
1. 时间
第一天上午
2. 内容
邀请文物保护专家进行专题讲座,介绍文物建筑的历史价值、保护原则、常见问题及解决策略。
3. 形式
线上直播＋线下互动,确保每位学生都能参与。
（二）实地考察与调研
1. 时间
第一天下午至第三天
2. 地点
选定几处具有代表性的文物建筑作为实践基地。
3. 活动
分组进行实地考察,记录建筑现状,拍摄照片,测量数据,收集当地居民对文物保护的看法和建议。
4. 任务
每组需要完成一份详细的调研报告,包括建筑概况、现状评估、保护建议等。
（三）保护实践工作坊
1. 时间

第四天全天

2. 内容

在专家指导下,进行文物建筑的微修复、清洁保养、环境监测等实践操作。

3. 分组

根据学生兴趣和特长,分为微修复组、环境监测组、宣传教育组等。

(四)创意保护方案设计

1. 时间

第五天至第六天上午

2. 任务

基于调研结果和实践经验,各组设计了创新的文物建筑保护方案,包括但不限于数字化保护、社区共管、文化旅游融合等。

3. 成果

提交方案报告,并制作PPT或视频进行展示。

(五)总结分享与表彰

1. 时间

第六天下午至第七天

2. 内容

组织线上或线下总结大会,各组展示实践成果和创意方案,并邀请专家进行点评。

3. 表彰

对表现突出的个人和团队进行表彰,颁发证书或奖品。

4. 反馈

收集学生、教师和专家的反馈意见,为后续活动提供改进方向。

四、注意事项

1. 确保活动全程的安全措施到位,特别是在实地考察和微修复过程中,需要有专业人员进行指导。

2. 在考察和实践中,必须严格遵守文物保护规定,不得对文物造成任何损害。

3. 鼓励团队合作,培养学生的沟通能力和团队协作精神。

4. 注重环境保护,避免活动过程中产生垃圾污染。

5. 活动结束后,可以建立长期关注机制,定期回访实践基地,跟踪文物建筑的保护状况。

活动八 "名企行"商业实践

在快速发展的商业社会中,学生作为未来的职场新星,对真实商业环境的了解与体验至关重要。为了增强学生的实践能力、拓宽视野、激发创新思维,特举办"探索未来商道,启迪职业梦想——'名企行'商业实践"活动。本次活动将带领学生深入国内外知名企业,通过实地考察、交流互动、案例分析等方式,深入了解企业运营、市场策略、企业文化等方面,为学生搭建从理论到实践的桥梁。

一、活动主题

探索未来商道,启迪职业梦想——"名企行"商业实践

二、活动时间

(一)筹备阶段

提前两个月开始筹备,包括企业联系、行程规划、团队建设等。

(二)实施阶段

为期一周的集中实践活动,建议学生选择假期或周末进行,以便大多数学生能参与。

(三)总结分享阶段

实践活动结束后一周内,组织线上/线下总结分享会,展示实践成果,交流心得体会。

三、活动流程

(一)启动大会

1. 时间

活动前一周

2. 内容

介绍活动背景、目的、流程、注意事项;进行团队分组,选举队长;发放实践手册,包括企业背景资料、调研问卷等。

(二)企业调研准备

各小组根据分配的企业,进行资料收集,制订调研计划,准备访谈问题。

(三)名企探访

1. 第一天

前往第一家企业,参观生产线/办公环境,并听取企业高管分享企业历史、发展战略、成功案例等方面的信息。

2. 第二天至第五天

继续探访其他企业,每天一家,每次探访结束后进行小组讨论,总结收获,准备向下一家企业提出问题。

3. 特色活动

安排一次与企业家圆桌对话,让学生直接向企业领袖提问,获取宝贵建议。

(四)市场调研与案例分析

在探访过程中,各组需完成对指定产品或服务的市场调研,分析市场趋势、竞争对手等。选取一家企业作为案例,进行深入剖析,撰写案例分析报告。

(五)创意挑战赛

基于调研结果,各小组提出针对该企业或行业的创新解决方案或改进建议,参加创意挑战赛。邀请企业代表、行业专家作为评委,评选出最佳创意奖。

(六)总结分享会

展示实践成果,包括调研报告、案例分析、创意提案等。学生分享个人感悟,企业代表进行点评,并颁发奖项。

四、注意事项

1. 严格遵守企业规章制度,注意个人安全,避免泄露企业机密。

2. 保持谦逊的态度,尊重企业文化,积极学习,勇于提问。
3. 强化团队意识,分工合作,共同完成任务。
4. 鼓励使用公共交通工具,以减少碳足迹。
5. 所有获取的企业信息仅限于本次活动,不得擅自传播或用于商业目的。
6. 活动期间,请注意个人卫生,关注自己的健康状况,并遵守当地疫情防控政策。

模块四

创新性劳动

学习目标

知识目标
▲ 了解创新创业的基本理论、过程及关键因素。
▲ 掌握创业计划书的写作技巧,熟悉创业的基本流程和基本方法
▲ 理解创新性劳动的概念、特点及其对经济社会发展的推动作用。

技能目标
▲ 能够撰写规范的商业计划书,并熟练掌握市场调研、数据分析等基本技能。
▲ 具备团队协作、沟通协调、风险规避和危机处理等能力。
▲ 能够运用新技术、新方法解决实际问题。

素质目标
▲ 树立正确的创新创业观念,具备全局观念和长远眼光。
▲ 具备强烈的责任心和使命感,勇于担当、敢于创新。
▲ 注重培养自己的职业素养和道德品质,做到诚实守信、勤奋努力、追求卓越。

思政目标
▲ 树立科学的世界观、人生观和价值观,将个人发展与社会进步紧密结合起来。
▲ 坚守道德底线和法律红线,做到合法合规经营。
▲ 培养社会责任感和奉献精神,积极参与公益事业和社会活动。

导学篇

创新性劳动的时代之光

课前导读

创新性劳动意识的培养、创业精神的培育以及创新创业项目的策划,是现代教育体系中不可或缺的部分,它们共同构成了学生综合素质提升的关键环节。培养创新性劳动意识,强调在劳动实践中融入创新思维,鼓励学生跳出传统框架,勇于尝试新方法和新技术,以解决实际问题,创造独特价值。这一过程不仅锻炼了学生的动手能力和实践技能,还激发了他们的创造潜能,为未来的职业发展奠定了坚实的基础。

创业精神的培育侧重于培养学生的市场洞察力、风险承受能力、团队合作能力和创新思维。通过模拟创业环境、分享创业经验、提供实践平台等方式,学生能够在实践中学习如何识别市场机会、制订商业计划、管理资源和应对挑战。培养这种精神,不仅能够提升学生的个人竞争力,还能为社会创造更多的就业机会和经济增长点。

创新创业项目的策划是将上述两种能力有机结合的具体实践。学生需要在导师的

指导下,结合所学专业知识,围绕市场需求和社会问题,制定具有创新性和可行性的项目方案。通过项目策划和实施,学生可以全面锻炼自己的创新思维能力、实践能力、团队协作能力和问题解决能力,为未来投身创新创业事业做好充分准备。

培养创新性劳动意识不仅能够提升学生的综合素质和竞争力,还能激发他们的创新潜能和创业热情。在当今这个日新月异的时代,创新是推动社会进步和经济发展的重要动力。具备创新性劳动意识和创业精神的学生,是未来社会所需的宝贵人才。通过学习和实践这些知识,学生将更好地适应未来社会的发展需求,为国家的繁荣富强贡献自己的力量。

学习任务

1. 理论学习

阅读关于创新性劳动的文章、书籍或研究报告,有助于理解其概念、特点及其对社会经济发展的影响。学习成功案例,分析创新性劳动在企业成长和产业升级中的重要作用。

2. 小组讨论

分组讨论创新性劳动在日常生活中的体现,如新技术应用、产品服务创新等。分享各自对创新性劳动的看法和见解,探讨其对社会发展的意义。

3. 自我评估与规划

进行自我评估,识别自身在创业方面的优势和不足。制定个人创业发展规划,明确短期和长期目标。

4. 市场调研

学习市场调研的方法和技巧,掌握数据收集和分析的基本流程。分组进行市场调研,选择自己感兴趣的领域或行业进行深入研究。根据市场调研结果,设计具有创新性和可行性的商业模式。

5. 项目策划书撰写

学习项目策划书的撰写方法和技巧,明确项目目标、实施步骤、资源需求等关键要素。小组合作完成项目策划书的撰写工作,并进行汇报展示。

名人名言

1. 创新是科学房屋的生命力。

——阿西莫夫

2. 创业就是一边嚼着玻璃,一边凝视深渊。

——埃隆·马斯克

3. 想象力比知识更重要,因为知识是有限的,而想象力概括着世界上的一切,推动着进步,并且是知识进化的源泉。

——爱因斯坦

4. 创新是唯一的出路,淘汰自己,否则竞争将淘汰我们。

——安迪·格罗夫

情境思考

某校的学生会在校内创建了一个名为"未来创想工坊"的实体空间。这个工坊不仅是学习与实践的场所,更是激发创意、碰撞思想的火花之地。

在"未来创想工坊"中汇集了来自不同学科背景的学生,他们怀揣着对创新的热情,共同探索如何将创意转化为现实。工坊内设有创意展示区、思维碰撞室、项目孵化区以及导师咨询角,为学生们提供了一个全方位、沉浸式的创新创业学习环境。假设你是"未来创想工坊"中的一员。

思考题:

1. 在创意工作坊中,你是否计划提出具有创新性的创业方案?在这个过程中,你的思维发生了哪些转变?

_____
_____

2. 你认为创业精神中最重要的一点是什么?结合你在创业精神修炼营中的体验,谈谈你如何理解并实践这一点。

_____
_____

3. 在策划创新创业项目时,如何平衡市场需求与个人兴趣之间的关系?你的项目如何体现创新性,并有可能在未来市场中脱颖而出?

_____
_____

4. 在团队合作中,你是如何促进团队成员之间的沟通与协作的呢?如何确保团队成员能够充分发挥自己的优势,共同推动项目向前发展?

_____
_____
_____

认 知 篇

第一节　创新性劳动意识的培养

党的二十大报告提出,"到二〇三五年,我国发展的总体目标是:经济实力、科技实力、综合国力大幅跃升,人均国内生产总值迈上新的大台阶,达到中等发达国家水平;实现高水平科技自立自强,进入创新型国家前列"。作为建设有中国特色的社会主义事业的接班人和后备军,大学生肩负着重要的历史使命。他们是最具有创新创业潜能的群体,也是创新型国家建设过程中最积极最活跃的因素。因此,挖掘和开发大学生创新创业潜能,培养和提高其创新创业能力,对于缓解就业压力、构建和谐社会、建设创新型国家具有积极而重要的作用。

一、创新性劳动概述

随着社会的进步,劳动的形式也在不断变化。当前,中国已步入一个由创造性劳动驱动的时代,知识劳动、技巧劳动及脑力劳动等,它们共同推动着人类的进步与发展。创新性劳动的价值已获得社会的广泛认可、尊重与推崇。社会若能形成崇尚创新性劳动的风尚,不仅能够让劳动者享受劳动的乐趣,更能推动社会财富的持续增长。同时,劳动形式与内容的革新,也是创新性劳动在时代发展中价值的体现。

(一)创新性劳动的定义

创新性劳动,简言之,即创造性劳动,它依赖于人的脑力劳动,通过知识、技术和思维的创新,有效提升劳动效率,并创造出超越常规的社会财富或成果。近年来,创新性劳动作为一个学术概念逐渐受到重视,社会学家赵培兴将其与知识经济形态的发展相联系,提出创新性劳动将推动社会形态的变革。艾君指出,创新性劳动的价值在于其能够满足新型需求,同时提升劳动者的自我素质。

(二)创新性劳动的表现形式

创新性劳动的表现形式多样,包括思维、知识和技术的革新。这些革新推动了有目的的创造性劳动,如自主劳动、高科技含量劳动以及成果回归等,均属于创新性劳动的范畴。与同质劳动相比,创新性劳动具有超越性、阶段性和发展性等特点,其社会价值及内涵更为深刻。

(三)创新性劳动的价值体现

新时代的劳动价值标准正在发生转变,从传统的"出大力,流大汗"的"苦干加实干"向"实干加巧干"的"知识型、技术型、创新型,并能为国家创造社会效益、经济效益"的方向迈进。这一变化与中国社会从封闭自足的农业社会向工业化、现代化及开放型社会的转型相契合。

在人类历史的长河中,创新性劳动始终是推动社会发展的重要力量。从青铜器取代石器,到工业机械的出现;从铅字印刷术到计算机胶印印刷术,每一次技术的进步都离不开创新性劳动的贡献。劳动体面、劳动光荣、劳动伟大已成为全人类的共识。创新性劳动所创造的创新成果蕴含着复杂而独特的价值,它们不仅丰富了人类的物质财富,还推动了生产力的飞速发展。从本质上说,创新性劳动决定了一个国家或地区的竞争力、知识和资本的积累以及社会的发展方向。

(四)创新性劳动的意义

创新性劳动在当今社会具有重要意义,它不仅是推动科技进步和产业升级的关键力量,也是促进经济持续健康发展的重要支撑。创新性劳动强调在原有知识、技术和经验的基础上,通过创造性思维和实践,不断创造出新的价值、新的产品或服务。

创新性劳动在工业革命及社会发展的各个阶段均展现出其不可替代的推动力和价值。

首先,在工业革命的发展历程中,创新性劳动始终是推动其不断向前的核心力量。从工业革命1.0的机械制造时代,到2.0的电气化与自动化时代,再到3.0的电子信息化时代,直至当前正迈向的4.0时代,每一次工业革命的飞跃都离不开创新性劳动的贡献。特别是工业革命4.0,标志着智能制造时代的到来,通过深度应用信息与通信技术(Information and Communications Technology,ICT),实现生产过程的全面智能化和高效管理,为未来的生产方式带来了革命性的变化。

其次,创新性劳动在构建和谐社会中同样具有举足轻重的地位。中国近年来大力发展先进制造业和生产性服务业,推动产业向中高端迈进,这一过程不仅促进了产业升级,也为和谐社会的构建提供了坚实的物质基础。创新性劳动的时代精神与社会主义的核心理念相契合,是推动马克思主义中国化、提高执政水平、建设社会主义新型国家以及落实科学发展观的重要动力。

最后,从全球视角来看,创新性劳动是推动世界产业技术和分工格局变革的关键力量。随着"一带一路"倡议的推进,中国积极融入全球产业分工体系,通过加强与相关国家的合作与交流,共同推动新工业革命成果的普及和应用,为世界带来更多的福祉。在这一过程中,中外制造业的创新合作、开放式创新和协作式创新等模式的推广与应用,将进一步促进全球经济的繁荣与发展。

(五)创新性劳动的作用

创新性劳动在现代社会中扮演着至关重要的角色,它不仅是推动科技进步和产业升级的核心动力,更是促进经济持续增长和社会繁荣发展的关键要素。

1. 创新性劳动与社会生产力的进步

人类社会在劳动中不断积累经验与知识,从而创造出剩余劳动财富。更为关键的是,通过创新性劳动,人类不仅获取了更多的剩余价值,还推动了社会的整体发展。创新性劳动在不同领域的广泛应用,已成为人类社会进步的重要驱动力。随着创新的社会化趋势日益显著,社会各阶层的劳动者都有机会参与创新性劳动,他们的贡献对经济的持续发展产生了深远影响。

2. 创新创造的历史作用与现实意义

创造活动始终贯穿于人类历史的发展进程中,每一次重大的创新都标志着社会在某一方面的深刻变革。从三次工业革命到现代科技的飞速发展,创新始终是推动社会进步的重要力量。

3. 推动中国制造向高端制造迈进

《国务院关于加快培育和发展战略性新兴产业的决定》(国发〔2010〕32号)中,明确提出了包括节能环保、新一代信息技术、生物产业等在内的七大战略性新兴产业。特别是高端装备制造产业,被赋予了做强航空产业、促进卫星及其应用产业发展、大力发展轨道交通装备和海洋工程装备等重任。

2015年,中国政府进一步提出"中国制造2025"战略,旨在通过创新驱动、智能转型、强化基础、绿色发展等路径,实现从制造大国向制造强国的转变。该战略明确了五大重点工程和十大重点领域,其中高端装备创新被视为关键突破口。与以往相比,此次提出的十大领域更加高端、更加细分,旨在推动中国制造向更高水平迈进。

4. 加速中国制造向中国创造的转变

近年来,中国企业在创新方面取得了显著成绩,企业在创新中的主体地位进一步巩固。以沈阳机床集团为例,该企业成功研发出i5核心技术、i5智能机床等创新产品,并建立了智能制造共享平台,为当地创新创业和实体经济发展提供了有力支持。同时,中国发明专利申请量持续增长,企业成为推动创新的主力军。华为、京东方等企业在国际专利排名中的上升,更是彰显了中国企业在创新创造方面的强劲实力。

5. 创新劳动促进社会和谐

劳动不仅有助于个人身心健康和全面发展,还对家庭和谐、社会稳定发挥着重要作用。通过劳动,人们能够在简单、踏实的工作中找到安定感和满足感,在兴趣爱好中体会创造的乐趣,在具有挑战性、创造性的工作中,获得满足感和成就感。当每个人都能够通过劳动获得幸福感和成就感时,社会将更加和谐安定。

二、培养创新性劳动意识

在当今时代,互联网与高科技的飞速发展极大地提升了生活便利性,然而,这一现象也导致了部分人群对未来美好生活追求的懈怠,进而削弱了其创造力。随着新时代的到来,这一挑战不仅限于中国,而是全球范围内浮现的普遍性问题。

创新性劳动意识作为引导创新性劳动者态度与行为的核心要素,对推动创新性劳动实践活动的成效具有深远的影响。"集众智者成大事",个体应当积极倡导大众创业万众创新,汇聚亿万民众源源不断的创意与灵感,以此激发市场活力,加速推动"中国制造"向"中国智造"的转型升级。

案 例

引领科技创新,重塑行业格局

王总,一位在科技领域深耕多年的企业家,面对传统行业的僵化与新兴技术的崛起,他展现出了非凡的创新创业意识。在人工智能和大数据的浪潮中,王总意识到,未来的竞争将不仅仅是技术的竞争,更是人才的竞争。然而,国内相关领域的人才储备仍显不足,尤其是高端数学与算法人才更是稀缺。

面对这一挑战,王总没有选择退缩或妥协,而是毅然决然地踏上了全球引才的征途。他深知,要在科技领域取得突破,就必须拥有全球视野,汇聚全球智慧。因此,王总在全球范围内广泛搜索并吸引了顶尖的数学与算法人才,不仅在国内建立了多个研发中心,还在美国硅谷、英国剑桥等国际科技高地设立了分支机构。

在王总的带领下,公司逐渐建立起了一支由国内外顶尖人才组成的研发团队。他们共同攻克了一个又一个技术难题,推出了一系列具有自主知识产权的创新产品,这些产品不仅在国内市场取得了巨大成功,还成功打入了国际市场,赢得了广泛的认可和赞誉。

王总深知,科技创新永无止境。他鼓励团队成员不断挑战自我、突破极限,勇于探索未知领域。在他的推动下,公司形成了一种浓厚的创新氛围和企业文化,为企业的持续发展注入了不竭的动力。

启示:王总以卓越的领导力和前瞻性的战略眼光,引领企业在科技创新的道路上不断前行,不仅重塑了行业格局,更为中国企业在全球科技竞争中赢得了宝贵的一席之地。他的成功再次证明了一个道理:在科技日新月异的今天,只有敢于创新、敢于突破的企业和个人,才能在时代的洪流中立于不败之地。

(一) 创新性劳动意识的意义

创新性劳动意识的意义深远而广泛,它不仅是对传统劳动观念的一种超越和革新,更是推动社会进步和经济发展的重要动力。

1. 人类生存与繁衍的基石

自原始社会起,人类便展现出对自然规律的深刻洞察与利用,通过不断创新以适应环境。最初,祖先们利用树枝、竹竿、石头等自然材料,制作出防御野兽的利器。随后,他们进一步发展出钻木取火与石块敲击点火的技术,这些原本仅为取暖与防御目的的创新,意外地引领了熟食文化的诞生,极大地延长了人类寿命。这一系列的创新实践,逐步构筑了人类生存与发展的基石。因此,唯有秉持创新意识,人类才能改造自然,拓宽生存空间,创造出支撑文明存续的物质环境。

2. 社会进步与繁荣的驱动力

在社会群体中,每位成员都应具备并践行创新意识,只有如此,方能驱动整个社会迈向持续创新之路。创新不仅是社会发展的桥梁,更是推动社会进步的强大动力,它带来无数机遇与财富。然而,创新需基于实际、源于理论,在批判性继承的基础上完善旧有思想体系。为紧跟时代步伐,个体必须树立坚定的创新意识,积极投身创新实践之中,形成浓厚的创新氛围。

人类社会的发展史,实际上是一部不断创新的历史。创新不仅是民族的灵魂,更是国家繁荣昌盛的源泉。勇于创新的精神对于个人、企业乃至国家而言均具有不可估量的价值。它不仅能够引领个人走向未来,拯救企业于危难之中,更能助力国家走向繁荣富强。科技进步、经济发展以及日常生活的方方面面都离不开创新的滋养。

在激烈的市场竞争中,唯有强者方能立足并谋求更大发展。故步自封、满足于现状者,终将被时代淘汰。市场蕴含着无数发展机遇,唯有勇于探索者、敢于拓展者,才能发现并利用这些机遇,为个人与团队构建新的竞争平台,持续推动自身发展。对于企业而言,拓展是其生命线,有效的拓展策略是企业发展的重要保障。建立现代企业拓展意识,意味着迎接新机遇与新挑战,唯有如此,企业才能在更广阔的天地间翱翔。

3. 创新创业的源泉

从原始社会的农业与养殖业起源,到现代社会制造业与商业的蓬勃发展,创新性劳动始终是推动行业诞生与发展的重要力量。人类通过选育种植野菜、谷物、果蔬等创造了农业;通过驯化野生动物发展了养殖业与农牧业。随着社会的进步与劳动工具的发明创造,制造业与商业相继诞生并日益繁荣。这些行业的兴起与发展无不彰显着创新性劳动的强大生命力与创造力。

(二) 创新性劳动意识的作用

创新性劳动意识在当今社会具有至关重要的作用,它不仅能够激发个人潜能,推动个体在职业生涯中持续成长与进步,还能够为组织和社会带来深远的影响。拥有创新性劳动意识的人会不断探索新的思路和方法,勇于挑战传统观念,从而在工作中创造出独特的价值。

1. 行业引领中的主观能动性

改革开放四十余年,我国在经济、科技、教育等领域均实现了质的飞跃,尤其步入21世纪后,综合国力显著提升。在新的历史背景下,职业能力的评价体系已经从单一的学历导向转变为综合考量学历、实践技能、任职资历等多重因素,这表明职业能力已经成为求职者核心竞争力和职业存续的关键。

随着市场经济的深入发展,职业稳定性已不再是常态,职业转型、再就业、创业等成为常态化的挑战。面对产业转型升级与技术创新,企业对于具备高精尖设备操作技能、技术创新能力的高素质技能型人才的需求日益迫切,标准也随之提高。经济发展模式的转型需要政府、企业及个人三方协同,通过管理创新、技术革新等手段,共同推动行业与个人的主动作为,实现创新驱动的可持续发展。

潜能作为职业能力形成的核心要素潜藏于个体深处,需经实践探索方能显现。尤其对于在应试教育背景下成长的青年学子而言,认清自我、勇于实践、勤于思考是挖掘并发挥自身潜能、提升职业能力的关键。唯有如此,才能克服重重困难,以创新精神引领职业成功之路。

2. 心理调适对创新的保障作用

幻想不仅是新事物的启明星,更是创造性劳动的动力源泉。如人类首架飞机的诞生,便源于对飞鸟翅膀的幻想。

在心理学视角下,创造性思维能揭示事物本质及其内在联系并孕育出新颖、具有社会价值的思维成果。这种能力虽非天生,可通过后天培养与训练获得。正如卓别林所言:"和拉提琴或弹钢琴相似,思考也是需要每天练习的。"因此,通过心理自我调节,有意识地培养创造性思维是提升创新能力的重要途径。

养成良好的思维能力非一蹴而就,需经深思熟虑与不懈锻炼。创新性劳动是思维与实践的紧密结合,要求将创新意识与精神融入劳动与创业的每一个细节之中,以实现从理论到实践的跨越。

（三）创新性劳动意识的培育

创新性劳动意识的培养是一项全方位的任务，涵盖多个维度的努力与塑造。

首先，激发个体的好奇心与求知欲是教育的基石。好奇心与求知欲是推动创新思维与能力提升的关键动力，它们促使个体对未知世界保持探索的热情，从而不断挖掘新的认知边界。古希腊先贤如柏拉图与亚里士多德曾深刻阐述，正是惊奇感与探索欲激发了人类最深刻的创造性思考。因此，营造一个鼓励好奇、崇尚求知的环境，对于培养创新意识至关重要。

其次，应注重发散思维与聚合思维的均衡发展。发散思维鼓励个体从多角度、多层次探索问题，生成多样化的解决方案；而聚合思维则强调逻辑性与条理性，从已知信息中提炼出精确结论。两者相辅相成，共同构成了创造性思维的重要支柱。在培养过程中，应平衡两者的训练，避免偏废其一。

再次，直觉思维与逻辑思维的结合也不可忽视。直觉思维以其迅速、直接的特点为创造性思考提供了灵感和方向；而逻辑思维则通过严谨的推理和验证确保了思维过程的准确性和可靠性。两者相辅相成，共同推动创新思维向更深层次发展。因此，在培养过程中，应注重培养个体的直觉敏锐度和逻辑严谨性。

最后，科学的思维方式的培养是提升创新能力的核心。科学的思维方式强调思维的流畅性、灵活性和独创性，这些特质是创造力的重要组成部分。为了培养科学思维方式，个体需要加强哲学学习、积累丰富知识、养成独立思考的习惯、不断调整思维方式，并加强艺术修养。这些措施将有助于个体形成科学的思维方式，为创新活动提供坚实的智力支持。

三、创新性劳动的拓展

创新创业，即在技术创新、服务创新、管理创新、产品创新和商业模式创新、市场创新、组织创新、渠道创新、品牌创新等的某一方面或者某几个方面进行创新进而创业的活动，是创新性劳动的延伸和拓展。

（一）创新创业概述

创新是创新创业的特质，创业是创新创业的目标。没有在任何方面进行创新的创业就属于传统创业，创新创业与传统创业的根本区别在于创业活动中是否有创新因素。

1. 创新创业的特点

创新创业的特点在于其高风险性、高回报性和促进创新升级。

（1）高风险性

创新创业是建立在创新基础上的创业，受到人们现有认知、行为习惯等方面因素的影响，创新创业会面临一些比传统创业更高的风险。正如彼得·德鲁克所言：真正重大的创新，每成功一个，就有99个失败，有99个闻所未闻。

（2）高回报性

创新创业是通过对已有技术、产品和服务的更优化组合对现有资源进行更优化配置。创新创业可以为客户带来更大、更多的新价值,从而开创所在创业领域的"蓝海",获取更多的竞争优势,同时获取更大的回报。

(3) 促进创新升级

创新带动创业,创业促进创新。创新创业是在创新基础上的创业活动,是创业的基础与前提,而创业又是创新成果的载体和呈现,并在创业活动的过程中不断地优化资源配置、总结提炼经验,以实现创新的更新与升级。

2. 创新创业的要求

创新创业是一个复杂而多维的过程,它要求个体或团队在多个方面展现出卓越的能力和素质。

(1) 创新创业环境

创新创业环境主要包括政策环境和文化环境。

① 政策环境

随着社会的不断发展,创新创业已成为推动经济转型升级的重要力量。自2014年时任总理李克强在达沃斯论坛上提出"大众创业、万众创新"的号召以来,我国陆续出台了一系列支持、鼓励和引导符合条件的创业者自主创业创新的政策,旨在构建更加开放、包容、协同的创新创业生态系统。这些政策不仅为企业获取资源、降低风险提供了有力保障,还促进了创新创业与社会发展趋势的深度融合。

② 文化环境

创新创业教育作为高等教育的重要组成部分,其发展趋势与高等教育改革的需要密切相关。为了破除制约创新创业教育的环境桎梏,必须深入分析影响创新创业教育的内外部环境,营造积极向上的文化氛围。政府在这一过程中发挥着关键作用,通过行政创新推动创新创业机制的形成,营造支持创新经济的商业环境,并促进创新文化的深入发展。

(2) 创新创业资金

科技创新创业的成功离不开资本的支持。在创新创业的早期阶段,企业往往会面临高风险、高投入以及市场不确定性等挑战,这导致社会资本的投资意愿较低。然而,这些企业和个人在构思、开发和初创阶段的投入是未来新兴产业或商业模式形成的基础。因此,解决创新创业企业"最先一公里"的资金来源问题至关重要。天使投资、风险投资等风投形式的发展有效弥补了银行融资的局限性,为创新创业企业提供了宝贵的资金支持,并创造了大量的新型就业机会。

(3) 创新创业能力

创新创业能力是企业和个人在创新创业过程中所必须具备的综合素质,这包括扎实的基础知识、优良的个性与状况以及强烈的竞争意识等。基础知识涵盖了学习能力、理论知识储备以及实践经验的应用能力;而个性与状况则包括思考力、责任心、决策力、诚信征信度、抗风险能力以及身体状况、家庭状况、财务状况等方面的考量。在竞争日益激烈的今天,创业者必须具备强烈的竞争意识,通过不断学习和实践来提高自己的综合素质。

(4) 强大的心理素质

创业是一项充满挑战和风险的事业,要求创业者具备强大的心理素质。在创业过程中,创业者可能会面临各种压力和挑战,例如资金短缺、市场波动、团队矛盾等。因此,创业者必须具备敢为人先和抗压耐挫的心理素质。敢为意味着敢于为选定的事业冒风险、勇于担当;抗压耐挫则要求创业者在面对挫折和困难时能够保持冷静、坚定信念并寻找解决问题的方法。只有这样,创业者才能在复杂多变的创业环境中立于不败之地。

(二)创新创业的政策与机遇

在当前的经济社会背景下,创新创业的政策和机遇呈现出多元化和广泛性的特点。政府高度重视创新创业,通过制定一系列政策措施,如税收优惠、资金扶持、创业孵化、人才培养和市场准入等,为创业者提供了全面的支持。这些政策不仅降低了创业门槛和风险,还为创新型企业创造了良好的发展环境。

1. 大众创业万众创新的新时代

近年来,随着《国务院关于大力推进大众创业万众创新若干政策措施的意见》(国发〔2015〕32号)和《国务院关于加快构建大众创业万众创新支撑平台的指导意见》(国发〔2015〕53号)等文件的相继颁布,中国的创新创业环境得到了显著优化。这些政策促进了众创、众包、众扶、众筹(简称"四众")等新型支撑平台的快速发展,极大地激发了全社会的创新创业活力,形成了全民参与、共同推动的创新创业热潮。

为了更好地贯彻上述政策精神,国家特别建立了由发展和改革委员会牵头的部际联席会议制度,旨在全面协调推进大众创业、万众创新的各项工作。在此背景下,简政放权成为政府改革的核心,为市场主体释放了更广阔的发展空间,让国人在创造物质财富的同时,也能实现精神层面的追求。

目前,中国经济正处于新旧动能转换的关键时期。为确保经济平稳运行并催生新的增长点,政府正加速推进简政放权、放管结合、优化服务的改革步伐,努力为大众创业、万众创新清除障碍、搭建平台,充分释放中国经济的内在活力。

2. "三级四类"创新创业培训体系

中关村加一战略新兴产业人才发展中心依托其独特的使命、发展愿景与定位,结合多年的培训经验及中关村的地域优势,率先构建了"三级四类"的创新创业培训体系。

"三级"是指针对创新创业过程的不同阶段——初创期、成长期和成熟期,提供针对性的培训和支持。这一划分有助于创业者根据自身发展阶段,获取最适宜的知识与资源。

"四类"则是根据创业主体的不同,将培训对象细分为创业者(包括大学生、军转人员、企业员工、返乡及下岗职工等)、创业服务者(包括政府公务员、法务、税务、财务等专业人员)、创业投资者(包括政府投资、银行、天使投资、风险投资、股权投资等)以及创业教育者(包括高校教师、社会培训机构等)。这种分类培训模式确保了培训内容的准确性和有效性。

3. 加强政策支持,助力大学生创业

为激发创造活力,推动创新型创业,并进一步促进区域经济发展,各地政府纷纷出台了一系列扶持政策,全力支持大学生创业。这些政策包括搭建高校创业信息交流平台,建设大学生创业创新示范基地、模拟实验室、创新园、孵化基地及教育示范校等创新实践平台,以及实施大学生创业素质提升、政策助推、服务优化和文化培育等工程;鼓励高校成立创业创新基地,推行校企双导师制,聘请成功创业者、企业家及投资人担任导师;同时,全面推进高校学分制管理改革,实行弹性学制,支持大学生保留学籍休学创业。这些措施有效提升了大学生的创业意识和能力,扩大了创业规模,为经济社会发展注入了新的活力。

(三)创新创业活动与实践

创新创业活动是通过创新思维和创造力,激发企业或个人的潜力和活力,以创造新的商业模式、技术、产品或服务为目的的一种活动。这种活动不仅限于初创企业的创办,也包括现有企业的转型升级、新技术的研发与应用,以及市场模式的创新等。

创新创业活动与实践是现代社会中一种充满活力和挑战的活动形式,旨在通过创新思维和创业精神来推动经济的发展和社会进步。

1. 全国大众创业万众创新活动周

自2015年10月起,国家发展改革委积极响应国家号召,正式确立每年10月的第一周为"全国大众创业万众创新活动周"(简称"双创周"),旨在通过系列活动激发全社会的创新创业活力。此决定源于国家发展改革委于同年10月召开的"全国大众创业万众创新活动周启动"新闻发布会,该会议标志着"双创周"活动的正式启动与制度化运行。

(1) 活动详情

① 时间节点

2015年首届"双创周"活动于10月19日正式拉开帷幕,活动周期为五天。

② 空间布局

活动采用"1+7"模式,即在北京设立主会场,同时在深圳等七个城市设立分会场,实现了活动的广泛覆盖与深度参与。

主题聚焦:本届"双创周"以"创业创新、汇聚发展新动能"为主题,精准把握了时代脉搏,强调了创新创业在推动经济转型升级中的核心作用。

(2) 核心活动

① 高峰论坛

10月19日下午至20日上午,在主会场举办了大众创业万众创新高峰论坛,邀请业界精英、学者专家及政策制定者就"双创"的内涵、现状、挑战与机遇进行深入交流和探讨。

② 创客交流

同期举办的"双创"交流汇——"奔跑吧创客"活动,通过多种形式展现创客风采,促进创客之间的交流与合作,激发了更多创新灵感与创业热情。

(3) 亮点活动

① "中国创翼"青年创业创新大赛总决赛

作为活动周的亮点之一,该赛事不仅展现了青年创业者的风采和实力,更为他们搭建了展示自我、对接资源的优质平台。

② 中国创新创业大赛企业专场

聚焦企业层面的创新创业活动,通过项目路演、资本对接等环节,助力企业实现技术突破与产业升级。

（4）总结与展望

随着"双创周"活动的持续举办和不断优化，它已成为推动我国创新创业事业发展的重要平台。未来，随着国家政策的不断完善和社会各界的积极参与，"双创周"将继续发挥其引领和示范作用，为经济社会的持续健康发展注入强劲动力。

2. 全国创新创业大赛

在响应党中央、国务院关于"大众创业、万众创新"的号召下，中国创新创业大赛由科技部、财政部、教育部、国家网信办及中华全国工商业联合会联合指导，以"科技创新，成就大业"为旗帜，已成为一项具有标志性的全国性创业赛事。此赛事遵循"政府主导、公益支持、市场机制"的运作模式，通过政府的统筹规划与市场的灵活运作，实现了资源的优化配置与活力的全面激发。

（1）三大社会功能的深化与拓展

① 文化弘扬与氛围营造

大赛通过多元化媒体平台，深入挖掘并广泛传播创新创业的先进事迹和精神风貌，树立典型，增强社会认同感，有效激发了全民参与创新创业的热情，为创新创业文化的繁荣发展奠定了坚实基础。

② 平台搭建与企业服务

通过高效整合人才、技术、资本、市场等核心要素，大赛为中小微企业提供了全方位、多层次的服务体系，包括但不限于辅导培训、金融投资、技术转移等，帮助企业快速成长，构建了全国领先的"众扶"生态系统。

③ 方式创新与改革推动

大赛创新性地引入创投专家作为评审团，采用市场化手段进行项目筛选，确保了评审过程的公正、公开、透明，为科技计划管理体制改革及财政资金支持方式的创新提供了宝贵经验。

（2）四种运作模式的优化与实施

① 政府主导与市场机制的有机结合

在政府的宏观指导下，大赛充分发挥市场机制的作用，搭建了服务创新创业的公共平台，为中小微企业的创新发展提供了有力支撑。

② 承办单位的广泛参与

大赛由科技部火炬高技术产业开发中心等多家单位共同承办，形成了强大的组织合力，确保了赛事的顺利进行。

③ 分阶段推进的赛事安排

大赛分为地方赛和总决赛两个阶段，既实现了参赛项目的广泛覆盖，又确保了优秀项目的脱颖而出。同时，按照行业划分进行比赛，进一步提升了赛事的专业性和针对性。

④ 企业组与团队组的并行竞争

大赛面向企业及创业团队开放报名，不收取任何参赛费用，降低了参赛门槛，激发了更多创新创业者的参与热情。

(3) 相关政策支持的加强与完善

① 创新创业扶持资金

针对总决赛中表现优异且在规定时间内注册成立的企业,大赛提供创新创业扶持资金,帮助企业快速成长。

② 优秀团队与企业的专项支持

大赛为优秀团队和企业提供包括创业导师辅导、孵化器优惠政策、创业投资机构对接、创业培训等一系列支持措施,旨在帮助企业解决发展过程中的实际问题。

③ 地方政府与机构的配套支持

在国家政策的引导下,地方政府及相关机构纷纷出台配套政策,为创新创业者提供更加全面的支持与保障。

(4) 历届大赛简况

近年来,中国创新创业大赛及其相关活动不仅规模持续扩大,还不断优化其机制与影响范围,紧密跟随国家法律法规及政策导向,积极促进创新创业生态的健康发展。

① 2012年:首届中国创新创业大赛的启航

2012年7月5日,首届中国创新创业大赛在北京盛大开幕,标志着中国创新创业事业开启了崭新篇章。大赛历时6个月,精心划分为初创企业组、成长企业组及创业团队组,覆盖北京、上海、宁波、深圳、成都五大赛区,最终于年底在北京举行全国总决赛。该届大赛吸引了4 411家企业和1 557支团队踊跃参与,并汇聚了近600名创业投资专家的智慧与眼光。经过激烈角逐,226家企业及20支团队脱颖而出,荣获"优秀"称号,其中68家企业及团队更是挺进全国总决赛的舞台。

② 2013年:第二届大赛的蓬勃发展

2013年5月24日,第二届中国创新创业大赛扬帆起航,赛事规模与影响力显著提升。赛事流程进一步优化,涵盖了地区赛、全国初评、全国半决赛和全国总决赛等多个环节。全国26个省区市及深圳、西安两大综合赛区同步推进,共吸引10 381家企业和2 928支团队报名参赛,相比首届分别实现了135%和88%的大幅增长。这一盛况不仅展现了全国范围内创新创业的蓬勃热情,也有效推动了创新创业文化的普及和发展。

③ 2014年:第三届大赛的创新与拓展

2014年3月13日,第三届中国创新创业大赛组织推动会在北京成功召开,标志着大赛在市场化、多元化、专业化、国际化道路上迈出了坚实步伐。大赛将引入更多新型创业服务机构和公益支持机构,为参赛企业和团队提供更加全面、专业的服务和支持。此外,第三届大赛首次按照专业领域进行比赛,并围绕比赛组织了一系列培训辅导、项目对接、论坛会议等活动。中国港澳台地区及美国硅谷地区等赛区的增设,极大地提升了大赛的国际影响力,吸引了众多海外优秀人才回国创业。

④ 2015年:第四届大赛的全面升级

2015年4月,第四届中国创新创业大赛正式启动,报名参赛项目数量突破27 000个,再创历史新高。全国34个地方赛区同步推进,6月至8月期间各赛区激战正酣。经过两个多月的激烈选拔,共有1 500余家优秀创业企业及团队成功晋级全国总决赛。国家创新创业扶持资金、合作银行贷款授信等优惠政策的支持,以及各类创业培训、并购辅导等服务的提供,为参赛者提供了全方位的支持和保障。符合相关科技计划要求的创业企业和团队获得了国家的优先支持。

⑤ 2019年:"互联网+"大赛的辉煌成就

2019年10月,第五届中国"互联网+"大学生创新创业大赛总决赛在浙江杭州圆满结束。本届大赛以"敢为人先放飞青春梦,勇立潮头建功新时代"为主题,设置了高教、职教、国际、萌芽四大板块,实现了多个方面的新突破。清华大学、浙江大学等高校的项目在比赛中大放异彩,并荣获冠、亚、季军。大赛不仅成为"创新驱动发展战略"的重要支撑平台,还促进了全球双创教育的交流与发展。

⑥ 2020年:第六届中国国际"互联网+"大赛的新征程

2020年7月中旬,第六届中国国际"互联网+"大学生创新创业大赛各省赛区相继启动。在严格遵守国家法律法规及政策要求的前提下,各赛区采取了线上线下相结合的方式同步推进赛事进程。重庆赛区、甘肃赛区等相继举行选拔赛及"青年红色筑梦之旅"启动仪式,标志着大赛正式拉开帷幕。未来,随着更多创新资源的汇聚与整合,中国创新创业大赛将继续为推动中国经济社会高质量发展作出积极贡献。

⑦ 2021年:第七届中国国际"互联网+"大赛的国际化趋势

第七届中国国际"互联网+"大学生创新创业大赛于2021年举行,本届大赛进一步扩大了规模和影响力,吸引了来自全国各高校的众多创业团队参与。大赛继续强调创新与实践相结合,鼓励大学生将互联网技术与各行各业深度融合,推动传统产业升级和新兴产业的发展。同时,本届大赛也更加注重国际化,吸引了来自海外的大学生团队参与,促进了国际间的创新创业交流。

⑧ 2022年:第八届中国国际"互联网+"大赛的科技抗疫主题

第八届中国国际"互联网+"大学生创新创业大赛于2022年举行,面对全球疫情的挑战,大赛组委会采取了更加灵活多样的形式,确保赛事的顺利进行。本届大赛特别强调了科技抗疫和绿色可持续发展,鼓励参赛项目在解决社会问题、改善人类生活方面发挥积极作用。同时,大赛也进一步加强了与产业界的联系,为大学生创业项目提供了更多的实践机会和资源对接。

⑨ 2023年:第九届中国国际"互联网+"大赛增设专项赛

第九届中国国际"互联网+"大学生创新创业大赛于2023年举行,本届大赛的主题聚焦于"创新驱动发展,智慧创造未来"。大赛不仅关注技术创新,还特别强调了创业团队的综合能力,包括团队协作、市场分析、商业模式设计等方面的能力。此外,大赛还增设了多个专项赛,以鼓励和支持不同领域的创新项目,如人工智能、大数据、生物科技等前沿科技领域。

⑩ 2024年:第十届中国国际"互联网+"大赛全面提升国际化

第十届中国国际"互联网+"大学生创新创业大赛于2024年举办,本届大赛进一步提升了国际化水平,吸引了更多国家和地区的大学生参与。大赛在继续强化创业教育和实践指导的同时,还特别关注创业项目的社会价值和可持续发展能力。在一系列的创新举措和政策支持下,本届大赛旨在为全球青年创业者搭建一个更加开放、公平、有影响力的国际交流平台,共同推动全球创新创业蓬勃发展。

课堂练习

劳动创新大赛

以 5~7 人成立学习小组，以学习小组为单位，参加劳动创新大赛，从劳动工具创新、劳动过程创新和服务创新三个赛道中选择一项参加比赛。

参赛要求：

（1）以学习小组为基本单位，可以跨专业、跨年级组队。

（2）从劳动工具创新、劳动过程创新和服务创新三个赛道中选择一项参加比赛。

（3）从劳动三创（创意、创新、创造）中选择一种形式开展生产劳动创新，并按规定提交创新方案。其中，"创意"需要提交创意设计报告，"创新"需要提交创新说明报告，"创造"需要提交创造成果和创造说明。

（4）以学院或专业为单位开展生产劳动创新大赛。

（5）以小组为单位参加创新大赛。根据大赛的结果和嘉宾评委的点评，对创新的可行性和创新性进行了评估。

（6）按照计划、组织、尝试、调节、总结等程序，对创新方案进行修改和完善。

（7）将最终创新方案上交劳动教育指导教师。

（8）以小组为单位总结实践经验和成果，并记录反思的劳动经历和收获。

成果展示：

_____
_____
_____

第二节 创业精神的培育

一、创业概述

创业作为一种劳动形态，要求创业者具备运营、组织及灵活运用服务、技术与物质资源的能力，同时伴随着深入的思考、逻辑推理及明智的判断。它融合了思考与推理，并受运气因素的驱动，要求创业者在方法论上具备全局视野与协调领导的能力。

（一）创业的特征

创业具有以下几个基本特征：

1. 自发性

创业源自创业者内心的自主抉择，彰显了创业者高度的主动性和自我驱动力。

2. 创新性

创新是创业的核心旋律，贯穿于整个创业过程之中。创新人才必须具备强烈的创新动力、深刻的创新意识和不懈的创新精神。唯有持续创新,企业才能保持蓬勃生机和旺盛活力。

3. 风险性

创业之路充满未知与挑战,其本质在于承担风险,这一过程交织着成功与失败的双重可能。

4. 营利性

创业的根本目的在于实现财富增长。如果没有利益驱动,难以想象有人愿意承担创业所伴随的种种风险。创业过程中所实现的利润水平的高低,往往成为衡量企业家成功与否的关键标尺。

5. 曲折性

创业之路往往崎岖不平,需要创业者历经数年乃至更长时间的艰苦奋斗和不懈付出。只有具备坚韧不拔的毅力和勇于面对困难的勇气,创业者才能在逆境中崛起,最终收获成功的果实。

(二) 大学生创业的动因

大学生创业的动因具有多元性,其根本驱动力源自对未来愿景的深切向往与不懈追求。深入探讨此议题时,需要从更深刻的维度和更宽广的视野来分析他们选择创业之路的内在逻辑。

首先,大学生创业是自我实现需求的体现。传统教育体系虽重视高分与名校的成就,但现代青年逐渐认识到,真正的成功超越了单一的学术或职业标准,而是关乎个人想法与热情的实践转化,是创造个人独特价值的过程。因此创业成为他们展现创意、挑战极限、实现梦想的广阔天地。

其次,大学生创业也是对社会问题的深刻洞察和积极应对。在全球化背景下,科技迅猛发展伴随而来的是一系列复杂的社会问题,如环境退化、资源紧张、就业难等。这些挑战不仅关乎社会稳定与发展,也触动了具有高度责任感的大学生群体。他们期望通过创业探索解决之道,为社会进步贡献智慧和力量。

此外,大学生创业得到了政策环境的积极扶持。为促进经济繁荣与就业增长,多国政府已实施一系列激励措施,包括资金援助、税收优惠、创业培训等,旨在为大学生创业者构建更加有利的条件,降低创业门槛与风险,进一步激发和提高他们的创业潜能与信心。

(三) 大学生就业与创业的差异

就业与创业,这两条路径对于大学生而言,犹如分岔的两条河流,各自流向不同的远方,其间差异显著,可从以下几个维度深入剖析:

1. 角色定位之别

就业者与企业创业者,在企业内部的站位、肩负的责任与担当,犹如星辰与皓月之别。创业者,作为新兴企业的领航者,身处企业金字塔的顶端,从初创到茁壮,每一步都镌刻着他们的身影与汗水。而就业者,则多居于企业架构的中下游,其晋升之路需历经时间与努力的双重洗礼。前者需为企业的兴衰荣辱全权负责,后者则聚焦于个人职责的圆满履行。

2. 技能构成之异

创业者犹如舞台上的多面手,需具备跨界融合的多元能力、高瞻远瞩的战略视野以及精准独到的商业智慧,这一切都要求他们拥有广博而深厚的知识储备与技能积累。相比之下,就业者则如同精密仪器中的一枚螺丝钉,只需精通某项专业技能,便能在职场上游刃有余。

3. 收益与风险的天壤之别

就业之路其成本主要为多年寒窗苦读所付出的教育投资。而创业之旅,则是一场风险与机遇并存的赌博,除了教育成本,还需额外投入大量的人力、物力与资本作为赌注。如果不慎跌倒,就业者或许只是损失了部分青春时光和教育投资,而创业者则可能面临血本无归的惨痛结局。然而,一旦成功,创业者所能收获的,不仅是丰厚的经济回报,更是那份用金钱无法衡量的成就感与满足感,从理论上来说,其潜在收益是无限的。

4. 成功要素之异同

就业者的成功往往依托于所就职企业的整体实力与发展前景,个人需努力,但更多时候是顺势而为。创业者则需要具备更加全面的素质和能力,包括丰富的行业经验、深厚的专业知识、雄厚的财力支撑以及广泛的人脉资源等。此外,创业者还需要具备敏锐的市场洞察力、果断的决策能力以及不懈的奋斗精神等特质,才能在激烈的市场竞争中脱颖而出。

(四) 创业的意义

创业,这一充满挑战与机遇的旅程,其意义远不止于经济层面的成功与财富积累。它不仅是一场深刻的自我实现与成长实践,更是对社会价值与创新精神的积极贡献。

在创业的道路上,个人能够突破传统职业框架的束缚,根据自身兴趣、专长及愿景,自由探索并实践新的商业模式、技术应用或服务方式。这一过程不仅要求创业者具备敏锐的市场洞察力、坚韧不拔的意志力,还要求他们不断学习新知识、新技能,实现自我能力的飞跃式提升。通过创业,个人能够充分发挥自身潜能,实现个人价值的最大化,从而获得前所未有的成就感和满足感。

此外,创业也是推动社会进步和经济发展的重要力量。创业者们通过创新产品和服务,满足市场需求,创造新的就业机会,为经济增长注入活力。他们的努力不仅促进了产业结构的优化升级,还带动了相关产业链的协同发展,为社会创造了巨大的经济价值。此外,创业还促进了科技进步和文化繁荣,推动了社会整体的进步和发展。

二、培养创业者的特质

若对"创业者"的概念进行更为宽泛的解读,便会发现,创业者不仅局限于创立企业,更在于其能够构建新的制度框架。他们所取得的成就,不仅是商业领域的突破,更是塑造了一个时代、一座城市的风貌乃至全新的生活方式。为了实现这些创举,他们勇于挑战既有模式,踏上了一段寻觅新颖思维与创意的非凡征途。

（一）创业者的特征

创业者普遍表现出以下显著特征：

1. 坚韧不拔

衡量创业者成功与否的标尺，并非其攀登至巅峰的高度，而在于其遭遇挫败后所展现出的恢复力与反弹能力。

2. 深邃的洞察力

他们坚持将科技创新与人文关怀相融合，对产品抱有近乎痴迷的热爱与追求，展现出独到的市场预见能力。

3. 从挫败中汲取智慧

创业者并非惧怕风险的群体，相反，他们擅长从失败的土壤中汲取养分，迅速调整策略，化逆境为转机。以史玉柱为例，面对巨人集团资金链断裂、背负巨额债务的困境，他毅然选择重启创业之路，通过精准把握市场需求，成功运营"脑白金"保健品及"征途"等网络游戏项目，实现了从失败到胜利的华丽转身。

4. 不懈追求成功

对成功的渴望是创业者的鲜明特质。以吉利集团创始人李书福为例，他的人生轨迹诠释了何为"永不满足，持续攀登"。从最初的照相馆创业起步，到涉足冰箱、摩托车领域，再到进军汽车制造业，每一步都彰显了他对成功的执着追求。最终，吉利成功收购了沃尔沃，李书福也因此赢得了国内外的高度赞誉，被誉为中国的"亨利·福特"。

5. 注重团队合作

创业之路并非独行者的征途，团队合作至关重要。正如电影《中国合伙人》所展现的，俞敏洪在新东方的成功故事中，其合作伙伴徐小平与王强功不可没。他们的共同努力和协作为企业的快速发展奠定了坚实的基础。

约翰·霍纳迪（John Hornaday）总结出了创业者的42项特征，详见表4-1。

表4-1 创业者的42项特征

序号	特征	序号	特征
1	自信	10	增强创新力、创造力
2	有毅力、坚定	11	有影响力
3	精力充沛、勤奋	12	善于与人相处
4	机智多谋	13	积极主动
5	风险承担能力强	14	灵活
6	有领导力	15	聪明
7	乐观	16	目标明确
8	追求成功	17	勇于迎接挑战
9	知识丰富	18	独立

续表

序号	特征	序号	特征
19	开放的心态	31	有勇气
20	追求效率	32	有想象力
21	决策果断	33	有洞察力
22	有责任心	34	能够容忍不确定性
23	有远见	35	有进取心
24	执行认真	36	懂得享受
25	有团队精神、合作精神	37	追求效果
26	利润导向	38	全力以赴
27	从失败中快速学习	39	信任下属
28	有权力感	40	敏感
29	性格开朗	41	诚实
30	个人主义	42	成熟、考虑周全

（二）创业者应具备的核心能力

创业者的能力是指创业者解决创业及创业企业成长过程中遇到的各种复杂问题的能力，是创业者基本素质的外在表现，也是创业者整体素质体系的核心要素，表现为创业者把知识和经验有机结合起来并应用于创业管理的过程。以下为创业者必须具备的六大核心能力：

1. 开拓创新能力

创业实际就是一个充满创新的事业，所以创业者必须具备创新能力，不能墨守成规，要能根据客观情况的变化，及时提出新目标、新方案，不断开拓新局面。在竞争激烈的市场中，缺乏创新的企业很难站稳脚跟。

2. 经营管理能力

创业条件中最重要的是创业者的经营管理能力。经营管理能力是一种较高层次的综合能力，是创业者运筹帷幄的能力。它涉及人员的选择、使用、组合和优化，以及资金的筹集、核算、分配、使用、流动等方面。作为创业者，只有学会效益管理、知人善用以及充分合理地整合资源，才能形成市场竞争优势。

3. 领导决策能力

领导决策能力是一个人综合能力的表现。一个创业者首先要成为一个领导决策者，他如同战场上的指挥员，具有感召力和决策力及统揽全局和明察秋毫的能力。在各种困难和紧急情况下，创业者能够比其他人更快、更准确地判断出问题的所在，并有效地处理问题。

4. 人际协调能力

良好的人际关系是创业者成功的重要因素。创业者如果善于建立广泛的人脉资源，扩大社交圈，通过朋友掌握更多信息，寻求更大的发展，网罗各路人才，这对于实现创业成功具有很大的帮助，可以促进企业日益成长。

5. 学习能力

创业者的学习能力至关重要。对于那些进入新领域，雄心勃勃要改变世界的创业者来说，要进入这个行业，必须把整个行业摸透。不论使用新商业模式、新技术，创业者首先需要面对的是这个行业自有的商业逻辑。在高压下应对各种问题，创业者如果没有足够的学习速度，就不能快速成长，就必然会被快速成长的对手所取代。

6. 商机识别能力

创业机会识别是创业者开展创业活动的第一步，创业机会识别能力是决定其创业成功与否的关键因素。好的创业机会必然具有特定的市场定位，创业者要专注于满足顾客需求，同时能为顾客带来增值的效果。创业需要机会，机会需要被发现，因此创业者应该具备敏锐的商机识别能力。

（三）大学生创业者的能力要求

大学生创业者的能力要求是一个多元化的集合，涵盖了多个方面，以确保他们在创业的道路上能够稳健前行并取得成功。以下是对这些能力要求的概述：

1. 自我认知及科学规划

在创业过程当中，创业者需要经常性地提前计划或规划一些事情。在制订计划时，创业者一定要综合考虑各种因素，形成切实可行的行动方案，并将任何可能的细节都考虑在内。在实施计划的过程中，创业者需要根据当前的具体情况进行分析，并适时对计划进行调整。运营需要强有力的计划管理能力，只有具备这一能力，才能让自己更接近创业成功之门。

2. 胆识和魄力

创业者是团队的灵魂。团队运营后，会面临各种各样的决策，创业者的一举一动都左右着企业的发展走向和兴衰。前期创业者可能会广泛地征求亲朋好友的建议，一旦自己能够独立自主后，就必须通过自己的智慧和胆识去决定各种大小事务。创业者在自主作出决策时，谨慎是必不可少的，但一旦优柔寡断，可能就会失去一些绝佳的商业机会。同时，决策的胆识和魄力一定要建立在深思熟虑的基础之上，既要考虑风险最小，又要兼顾利益最大化。

3. 管理制度

任何创业都需要制定各种制度。制度不在于多，而在于是否让所有人都明白其中的道理，并且严格执行。创业者需要根据自己团队的实际情况建立各种有效的管理制度。

4. 谈判能力

在创业者人际交往过程中，与人谈判是必不可少的。这对创业者的谈判能力要求是综合的，要求创业者具备一定的语言能力、心理分析能力、人文素养等。要想在谈判中取得主动地位，创业者必须具备很强的谈判能力。杰出的谈判能力可以让创业者在谈判过程中直接获得更多的利益。

5. 处理突发事件

创业过程中会不可避免地发生一些突发事件,这些事件中大部分都是创业者想避免的。然而当事情发生的时候,创业者需要积极地应对。如果这些事情发生在创业者或顾客身上,处理得当的话,还能起到广告效果。"好事不出门,坏事传千里",任何一起突发的事件,稍不注意,就会使自己的形象一落千丈,甚至砸掉招牌。处理好每次突发事件,化险为夷甚至化危机为商机是每一个创业者都应具备的能力。

6. 学习能力

在现代社会,一个人要想不断地取得成功,就必须具备持续学习的能力。市场和行业的竞争日益激烈,大到一个企业,小到个人,要想力争上游,就必须比竞争对手更快地掌握更多的知识,通过不断学习,使自己立于不败之地。对于大学生创业者而言,除了重视学习书本上的理论知识外,更要重视提高其他方面的综合能力。

7. 社会交往能力

良好的人际关系不仅能给人带来快乐,还能帮助人走向成功。大学生创业者在开始创业后,必将接触到各种不同类型、不同身份的人,而接触的人大多是与自己的利益相关的,所以创业者要学会与各种人打交道。创业者要尽可能地去建立人脉关系,认识朋友,舍得为自己投资。在与前辈们的交流和学习中,不断认识到自己的不足,并针对性地去完善。

8. 保持身心健康

身体是革命的本钱,创业者只有身体健康,才能够支撑事业上的打拼和奋斗。为事业而废寝忘食的精神虽然值得肯定,但是终究不能视之为常态。大多数的创业者都精力旺盛,一旦投入工作就很难自拔。尽管如此,在创业的过程中,创业者一定要注意劳逸结合,切莫因为太拼而导致自己的健康状况下滑。

三、培养创业思维

创业思维的培养是一个涉及多方面的综合性过程,这个过程需要创业者掌握和运用多方面的知识点和技能。

案 例

绿色农业创新项目

小楷是一名大学三年级的学生,来自农村家庭,对农业有着深厚的情感。在大学期间,他观察到传统农业面临着生产效率低、资源浪费严重、环境污染等问题,同时市场对健康、绿色、有机食品的需求日益增长。这激发了小楷利用所学专业知识,结合现代科技手段,探索绿色农业创新之路的创业梦想。

小楷的思维培养过程如下:

1. 市场调研与需求分析

小楷通过问卷调查、访谈农户和消费者、分析行业报告等方式,深入了解绿色农业市场的现状与趋势,明确目标用户群体及其需求痛点。在这一过程中,他学会了如何运用数据分析工具,精准把握市场动态。

2. 创新思维激发

在明确了市场需求后,小楷参加了学校组织的创业沙龙、创意工作坊等活动,与不同专业的同学交流碰撞,激发创新思维。他提出将物联网技术应用于农业生产,实现精准灌溉、智能施肥、病虫害预警等功能,同时引入生态农业循环模式,减少化肥农药使用,提高农产品品质。

3. 团队组建与协作

意识到单一力量有限,小楷积极招募志同道合的同学加入团队,其中包括农业技术、市场营销、财务管理等专业的优秀人才。在团队建设中,他注重培养成员的协作精神和创新思维,鼓励大家勇于尝试、敢于失败、快速迭代。

4. 商业模式构建

在团队的共同努力下,小楷制订了详细的商业计划书,明确了绿色农业创新项目的商业模式、盈利模式、市场推广策略等。他们计划通过线上平台销售农产品,同时开展农业旅游、教育体验等增值服务,以增加收入来源。

5. 实践验证与调整

为了验证商业模式的可行性,小楷带领团队在家乡的一片试验田上进行了小范围试点。他们不断收集数据、分析效果、调整方案,最终实现了农业生产效率的大幅提升和农产品品质的显著改善。在这一过程中,他们深刻认识到了理论与实践相结合的重要性。

启示:

通过市场调研与需求分析、创新思维激发、团队组建与协作、商业模式构建以及实践验证与调整等一系列步骤,小楷成功培养了自己的创业思维并推动了绿色农业创新项目的落地实施。这充分证明了大学生在创业过程中应该注重培养敏锐的市场洞察力、敢于创新的勇气、团队协作的精神以及持续迭代的能力。

(一) 创业者需要具备敏锐的市场洞察力

创业者需要具备敏锐的市场洞察力,能够发现市场中的需求和机会,并据此制定出具有创新性的产品或服务策略。这就要求创业者不断学习市场趋势、了解消费者需求,以及运用各种工具和方法进行市场分析和预测。为了更好地了解市场,创业者需要深入研究市场动态,积极探索消费者的需求,通过数据分析、竞争对手分析等手段,对市场进行全方位的解析,从而制订出切实可行的创业计划。

(二) 创业思维强调创新思维的重要性

在创业过程中,创新是驱动企业发展和成长的关键因素。创业者需要不断挑战传统观念,勇于尝试新的商业模式、技术或方法,以创造独特的市场竞争优势。为了培养创新思维,创业者可以学习各种创新方法和工具,如设计思维、蓝海战略等,并积极参与创新实践。在这个过程中,创业者需要跳出传统思维框架,学会从不同的角度看待问题,寻找新的解决方案,并不断尝试和改进,以实现创新目标。

(三) 创业思维还强调风险意识和风险管理能力

创业过程中充满了不确定性和风险,创业者需要具备识别、评估和管理风险的能力,以确保企业的稳健发展。这就要求创业者了解风险管理的基本原理和方法,制定科学合理的风险管理策略,并学会在风险与机遇之间找到平衡点。为了更好地应对风险,创业者需要深入分析各种潜在风险,并制定相应的应对措施,以降低风险对企业的负面影响。

(四) 创业思维还注重团队合作和领导力的发展

创业者需要组建一支高效的团队,以应对创业过程中的挑战和困难。为了实现这一目标,创业者需要掌握团队管理和领导力方面的知识和技能,包括如何招募和选拔人才、如何激发团队成员的积极性和创造力、如何协调团队成员之间的关系等。在这个过程中,创业者需要学会倾听和沟通,善于调动团队成员的积极性,营造一个积极向上、充满活力的团队氛围。

(五) 创业思维还强调持续学习和自我提升的重要性

创业是一个不断学习和成长的过程,创业者需要不断学习新的知识和技能,以适应市场的变化和企业的发展需求。此外,创业者需要保持开放的心态和积极的思维方式,勇于接受挑战和失败,并从中吸取经验和教训,不断完善自己的创业思维和能力。在这个过程中,创业者需要具备自我反思和自我调整的能力,不断寻找自己的不足,积极寻求改进和提升的方法,以实现个人和企业的共同成长。

四、培养创业精神

在漫长而艰辛的创业征途上,创业精神的培养远非一朝一夕之功,它是一场持久而深远的内在变革,是每一位追梦者心中不灭的火焰。当探讨如何进一步培养这份珍贵的创业精神时,可以从以下几个方面进行深入的探讨:

(一) 深化市场洞察力

创业的本质在于解决社会或市场的痛点,而敏锐的市场洞察力则是这一过程的灯塔。创业者应该不断学习行业动态,密切关注消费者需求的变化,并通过数据分析、市场调研等手段,挖掘潜在的市场机会。同时,培养批判性思维,勇于质疑现状,寻找未被满足的需求,为创新产品或服务提供方向。

(二) 强化团队协作力与领导力

独木不成林,任何伟大的创业成就都离不开团队的共同努力。因此,创业者需要不断提升自己的团队协作能力,学会倾听、尊重和激励团队成员,共同面对挑战。同时,领导力也是不可或缺的一环,它要求创业者能够明确愿景、制定策略、引导团队向目标迈进。通过有效的沟通和决策,可以激发团队潜能,形成强大的凝聚力。

(三)拥抱变化与持续学习

在这个日新月异的时代,唯一不变的就是改变。创业者必须具备高度的适应性,勇于接受新事物、新技术,及时调整战略方向。同时,持续学习是保持竞争力的关键。无论是专业知识、管理技能还是行业趋势,都应该保持好奇心和求知欲,不断充实自己,为创业之路注入新的活力。

(四)培养坚韧不拔的毅力

创业之路布满荆棘,失败与挫折是不可避免的。然而,真正的创业者懂得将挑战视为成长的契机,以坚韧不拔的毅力面对一切困难。他们坚信,只要不放弃,总有一天会迎来曙光。因此,培养一颗强大的内心,学会在逆境中寻找希望,是创业精神不可或缺的一部分。

(五)践行社会责任与价值观

优秀的创业者不仅关注商业成功,更重视企业的社会责任与价值观。他们深知,只有为社会创造价值的企业才能长久发展。因此,在创业过程中,他们积极履行社会责任,关注环境保护、公益事业,努力成为行业的标杆。同时,坚持正直、诚信的价值观,赢得社会的尊重与信任。

课堂练习

创业者特质测试

填写表4-2,以了解自己是否具备成功创业者的基本特征。

填写说明:

(1)要实事求是地填写表格。

(2)填写每一项个人素质、能力或物质条件时,请先阅读说明,然后再进行自我评价。

(3)将你的企业构思讲给家庭成员或与你关系密切的朋友听,请他们对你进行评价,然后将他们对你的评价填入表格中。

(4)数一数你有多少长处和多少弱点(先在□中画√,再统计数量)。

表4-2 创业者特质测试表

经营企业应具备的素质、能力或物质条件	自我评估		家庭成员或朋友的评估意见	
	长处	弱点	长处	弱点
承诺——要想创业成功,你必须对你的企业有所承诺。也就是说,你要对你的企业负责任,不仅愿意用自己的钱冒创业的风险,全身心地投入,还要有长期经营企业的打算(你肯这样做,就是你的长处)	□	□	□	□

续表

经营企业应具备的素质、能力或物质条件	自我评估		家庭成员或朋友的评估意见	
	长处	弱点	长处	弱点
动机——如果你真心想创办企业并成为一名成功的企业主,那么你创业成功的可能性就大得多(你有这样的动机,便是你的长处)	☐	☐	☐	☐
诚信——如果你做事讲信誉,对员工、供应商和顾客讲诚信,那么将有助于建立你的信誉。好名声对你创办企业是有益的,它会对你的企业产生助力(如果你是如此,那么这是你的长处)	☐	☐	☐	☐
健康——经营企业是一项十分艰难的工作,它要求创业者具备良好的身体素质。如果没有健康的身体,你将无法兑现自己对企业的承诺(如果你身体健康,那么这是你的长处)	☐	☐	☐	☐
风险——世上没有只赚不赔的生意,企业随时存在倒闭的风险。创办企业的人必须具有冒险精神,但又不能盲目地去冒险,必须敢于承担企业经营中出现的合理的、可以避免的风险(如果你认为如此,那么这就是你的长处)	☐	☐	☐	☐
决策力——在创办企业的过程中,你必须做出许多决策。当要做出对企业有重大影响的决策而又难以抉择时,你要有果断决策的魄力和勇气(如果你能果断决策,那么这就是你的长处)	☐	☐	☐	☐
专项技能——这是生产产品或提供服务所需的实用技能。技能的类型将决定你可能选择的企业类型和企业构想(如果你有技能,那么这就是你的长处)	☐	☐	☐	☐
经营能力——企业经营能力是指经营企业所需要的综合能力。企业的市场营销固然重要,但企业生产(服务)、成本核算、记账、人员管理等其他经营能力也必不可少(如果你同时具备其中的两项能力,那么这就是你的长处)	☐	☐	☐	☐
相关行业知识——如果你对自己创办的企业及其所属行业有足够的认识和了解,拥有丰富的知识和经验就能避免许多失误。对企业经营特点的认知和信息的掌握是最重要的,如果你懂行,你就更容易成功(如果你懂行,那么这就是你的长处)	☐	☐	☐	☐
家庭状况——创办和经营企业将占用你很多时间,因此,获得家庭的理解和支持尤为重要。如果你的家庭成员同意你的创业想法、支持你的创业计划,那么你就有了坚强的后盾(如果你具备这个优势,那么这就是你的长处)	☐	☐	☐	☐

续表

经营企业应具备的素质、能力或物质条件	自我评估		家庭成员或朋友的评估意见	
	长处	弱点	长处	弱点
财务状况——创办和经营企业需要一定的经济投入，如果你有能力负担这样的投入且不影响你的生活，那么你的创业之路就会更加平稳（如果你资金充足，那么这就是你的长处）	☐	☐	☐	☐

数一数你有多少长处与弱点，看看你的长处多，还是弱点多。如果长处多，说明你具备创办企业的潜力，反之则不具备。比较时要注意哪些是关键性因素。

第三节 创新创业项目的策划

创新创业项目的策划是一个全面而细致的过程，涵盖了从项目构思到实施，再到后期评估的多个环节。大学生在进行创新创业项目的策划之前，需要掌握创新创业能力、创业模式等基础知识。

一、提升创新创业能力

提高创新创业能力是一个综合性的过程，需要个体在多个方面进行深入的学习和实践。这涉及对市场的敏锐洞察力，能够捕捉到潜在的需求和机会；同时，还需要具备扎实的专业知识，以便在特定领域内进行创新。此外，良好的团队协作能力和沟通能力也是必不可少的，因为创新创业往往需要多人的共同努力和智慧的碰撞。

案例

小强卖菜记

"00后"青年小强，其创业征程始于大学一年级暑期，通过售卖衣物迈出了第一步。接下来的近一年中，他频繁利用周末时间摆摊，乐此不疲地积累着基础经营智慧。他勤于思考，这一过程显著提升了他的沟通能力、观察力，以及分析、解决问题的能力。某日，小强观察到周边菜贩虽生意尚可，却因分散经营、缺乏品牌，导致菜品质量、价格及信誉难以满足顾客期望。

受此启发，小强萌生了在附近居民区开设品牌蔬菜店的构想，尽管这一想法初期遭遇了多方质疑，但他凭借坚定的信念成功动员了四位同学加入创业行列，共同筹集了超过三万元的启动资金。2023年7月，该区域首家蔬菜自助店应运而生。创业初期，面对销售不佳的现实挑战，团队情绪难免受挫，但通过坦诚沟通、相互慰藉与激励，他们凝聚了更强的团队力量，共克时艰。

在此过程中，团队深入研究并构建了一整套管理体系，涵盖了采购、仓储、营销及人员招聘培训等多个方面，这些举措恰恰是他们校园所学知识的实践应用，为店铺的稳健发展奠定了坚实基础。目前,小强及其团队正在筹备下半年开设第二家分店。

启示:创新创业的成功离不开创业者所具备的一系列核心能力,包括专业技术、经营管理、创新、沟通协调、商业洞察、应变及抗挫能力等。这些能力的形成离不开大学生在校期间积极参与各类创新创业实践活动的经历。

(一)构建全面融合的育人机制

为了在高校中有效开展学生创新创业实践活动并培养其相关能力,必须构建一种整体性的育人机制。这一机制应深度融合政治、经济、文化及专业引领,形成全面融合的教育体系。在创新创业教育的实施过程中,高校应构建包含学院、教师、平台及团队在内的"四位一体"服务体系,确保创新创业教育与德育工作、实践育人的全方位、全过程结合,从而提升学生的创新创业能力。

例如,通过组织学生参与志愿服务等社会创新实践活动,不仅能为他人提供政策咨询、技术支持等专业服务,还能在实践过程中培养学生的"工匠精神"及深厚的爱国主义情感。此外,营造浓厚的创新创业氛围,对于引导学生在实践中成长成才具有重要的价值。

(二)整合多方资源,实现优势互补

高校在组织学生创新创业劳动实践时,需要积极整合政府、企业及社会等多方资源,构建协同合作的教育生态。

首先,与政府协同,共同制定并实施创新创业教育相关政策,利用政府提供的政策优惠与资金扶持,将创新创业教育与大学生思想政治教育紧密结合。

其次,要与企业合作,密切关注大学生未来职业发展的需求,推动创新创业活动与社会、市场的深度融合,为教育提供动态、持续的资源支持。

最后,注重社会实践的结合,加强与不同地区、社区、乡镇等区域资源的协同,为学生提供丰富的创新创业实践机会,以培养具有国际视野和扎实基础的优秀人才。

(三)构建多层递进的教学链条

在创新创业教育中,教学链条的构建至关重要。高校应遵循学生成长成才规律,打造"基础层—突破层—实战层"的学生成长发展轨迹,实现创新创业能力的多层次、递进式培养。同时,构建"启蒙型导师—应用型导师—高层次人才导师"的教师梯度结构,为高水平创新创业人才的培养提供坚实的教学支撑。

(四)搭建多元互促的产学研平台

为在社会服务实践中有效培养学生的创新创业能力,高校应搭建多元互促的产学研平台。

首先,构建多层次的创新创业竞赛及服务体系,打造校内外联合的赛事平台,致力于学生创新创业能力的全面提升。

其次，形成"N+1+N"一体化的创新创业实践育人平台，通过校内创新工作室、大师工作室等资源进行思维引导教育，依托校内创新创业训练与孵化基地进行实践孵化，同时协同政府、企业等资源建立校外实践平台。

最后，建设学生创业社团、暑期创业实践等平台，为学生提供交流研讨、团队协作及创业实践的机会，助力其创业意识的培养、创业经验的积累及创业技能的提升。

二、大学生创业的主要模式

尽管大学生在资金、能力及经验上有所局限，但他们在知识结构、信息技术技能及创新思维方面展现出显著优势。因此，在创业方向上，应依据自身特点，精准定位切入点。以下是几个适宜大学生发挥其优势进行创业的领域：

（一）网络创业

随着互联网技术的飞速发展，网络创业成为新兴趋势。相较于传统模式，网络创业充分利用了现有的网络资源，具有门槛低、成本低、风险低及灵活性高的优势。可开设网店和加盟电子商务平台，这些平台提供了完善的交易系统、规则、支付方式以及庞大的客户群体，同时持续投入了大量宣传资源，为创业者提供了良好的市场环境。

（二）加盟创业

连锁加盟作为新兴的创业模式，以其品牌共享、经营诀窍传授及资源支持等优势受到青睐。通过支付一定的加盟费用，创业者可以迅速获得品牌认可和市场资源，同时享受长期的专业指导和服务，从而降低创业风险。然而，随着市场规模的扩大，加盟市场也呈现出良莠不齐的现象，创业者需保持警惕，防范不法行为。

（三）兼职创业

兼职创业适合那些希望兼顾工作与创业的人群。此类创业者能够充分利用在职期间积累的商业资源和人脉关系，实现工作与创业的双重收益。然而，兼职创业要求创业者具备出色的时间管理能力和精力分配能力，以确保在主业与副业之间取得平衡。

（四）团队创业

团队创业强调团队合作与优势互补，这是提高创业成功率的重要途径。一个由各领域专业人士组成的团队可以整合研发、技术、市场及融资等多方面的优势资源，为创业项目提供全面支持。对于高科技创业企业而言，团队创业是不可或缺的成功要素。

（五）大赛创业

创业大赛为大学生创业者提供了一个展示项目、争取资金的舞台。通过参与大赛，创业者不仅能够锻炼自身能力、转变观念，还能积累宝贵的创业经验和社会资源。此外，大赛的成功案例也为创业者树立了榜样和信心。

（六）概念创业

概念创业需要独特的创意和想法，这类创业项目通常具有创新性和前瞻性，能够抢占市场先机并吸引投资者的关注。然而，概念创业也要求创业者具备敏锐的市场洞察力和执行力，以确保创意能够转化为实际成果。

（七）内部创业

内部创业是指员工在企业内部开展创业活动并分享成果的模式，这种模式充分利用了企业的资源优势和宽松环境，降低了创业者的风险和压力。然而，内部创业也要求创业者具备高度的责任感和使命感，以确保创业项目的成功实施并为企业创造更大的价值。

> **知识拓展**
>
> ### 大学生获得创业知识的途径
>
> 大学生在校期间，应该充分利用学校和自身优势，通过各种途径掌握创业的基本理论和知识，并积极探索适合自己的创业模式。
>
> 1. 大学课堂、大学图书馆与大学社团
>
> 创业者通过课堂学习可以获得过硬的专业知识，在创业过程中将受益无穷；通过大学图书馆可以找到创业指导方面的报刊和图书，广泛阅读可以增加创业者对创业市场的认识；大学社团活动可以锻炼创业者的综合能力，这是创业者积累经验必不可少的实践过程。
>
> 2. 媒体资讯
>
> 这主要包括纸质媒体，人才类、经济类媒体，网络媒体以及管理类、人才类、专业创业类网站。此外，通过一些创业中心、创新服务中心、大学生科技园、留学生创业园、科技信息中心、知名民营企业网站等，都可以获取创业知识。
>
> 3. 与商界人士广泛交流
>
> 商业活动无处不在，大学生可以与周围有创业经验的亲朋好友交流。在他们那里，将得到最直接的创业技巧和经验，更多的时候这比看书的收获更多。甚至可以通过电子邮件和电话拜访自己崇拜的商界人士或咨询与自己的创业项目有密切联系的商业机构。
>
> 4. 曲线创业
>
> 曲线创业是指先就业再创业。毕业后，由于自己各方面阅历和经验都不够，创业者可以先到实体单位锻炼几年，等积累了一定的知识和经验后再创业。先就业再创业者跳槽以后，所从事的创业项目通常也是过去的工作中没有密切接触过的项目，而在准备创业的过程中，创业者可以利用与专业人士交流的机会获得更多的来自市场的创业知识。
>
> 5. 创业实践
>
> 真正的创业实践开始于创业意识萌发之时，大学生的创业实践是学习创业知识的最好途径。间接创业实践主要是借助于学校举办的某些课程的角色性、情境性模拟参与来完成。例如学校的创业大赛、设计大赛等，对知名企业家成长经历、知名企业经营案例进

行系统研究,也属于间接创业实践的范畴。直接创业实践可以通过课余、假期的兼职打工、试办公司、试申请专利、试办著作权登记、试办商标申请等事项来完成,也可以通过举办创意项目活动、创建电子商务网站、策划图书出版等多种方式来完成。

三、创新创业项目的策划流程

创新创业项目的策划是一项复杂且需要全面系统考量的任务,涉及策划、执行、评估等多个紧密关联的环节。任何环节的疏漏都可能对项目整体造成不利影响。因此,提高项目的成功率和市场竞争力需要依赖科学的规划、高效的执行和持续的评估。

(一)项目构思与市场调研

首先,项目需要确立清晰的定位,这是成功的基石。这要求明确项目的核心目的,无论是解决特定问题、满足市场需求,还是实现技术创新。接下来,需要深入市场进行调研,通过问卷调查、访谈、数据分析等手段,全面掌握目标市场的现状、竞争态势、用户需求及痛点。基于调研结果,进行全面地可行性分析,评估项目在技术、市场、经济等方面的可行性。

(二)项目定位与规划

依据市场调研与可行性分析,明确项目的市场定位、目标客户群体及竞争优势。接下来,需要制定项目的长短期目标,并规划实施路径和关键节点,以确保项目能够有序推进。同时,探索并设计适合项目的商业模式,包括盈利模式、成本结构、营销渠道等。

(三)团队组建与资源整合

构建高效团队是项目成功的关键。应根据项目需求,招募具备相应技能与经验的成员,形成紧密协作的团队。同时,整合内外部资源,如资金、技术、市场资源等,为项目提供坚实支撑。

(四)产品或服务开发

依据项目规划,设计并开发产品或服务原型,进行初步测试与验证。根据用户反馈和市场变化,不断优化产品和服务,以提高用户体验和市场竞争力。

(五)市场营销与推广

通过品牌策划和宣传,可以塑造项目或产品的品牌形象,提高市场认知度。制定有针对性的营销策略,例如内容营销、社交媒体营销、线上线下活动等,以吸引目标客户群体。建立多元化销售渠道,确保产品与服务能够顺畅触达用户。

(六)运营与评估

建立有效的运营管理体系是保障项目或产品日常运营顺畅的关键。收集并分析运营数据，可洞察用户行为与市场趋势，为决策提供数据支持。定期评估项目效果，包括市场反馈、用户满意度、财务指标等，以便及时调整策略并优化项目。

四、识别创业机会

创业机会的分类主要包括技术、市场和政策三个维度。

（一）技术机会

技术机会源于技术变革的浪潮，是创业领域中最为常见的机遇形式。具体展现为三类情境：其一，新技术的涌现替代了旧有技术，为市场带来了革新性的解决方案；其二，新技术的创新不仅实现了新功能的开发，还催生了前所未有的产品形态，引领了消费趋势的变迁；其三，新技术的引入往往伴随着新的问题与挑战，而这些挑战亦孕育了新的创业契机。

（二）市场机会

市场机会是由市场环境的动态变化所催生的，可细分为四大类别：第一，伴随经济发展阶段的演进，市场上涌现出与之相适应的新需求，为创业者提供了广阔的市场空间；第二，市场供给中存在的缺陷或不足，为那些能够填补这些空白的创业者创造了新的商业机会；第三，先进国家或地区在产业转移过程中释放出的市场空间，为接收方带来了宝贵的创业资源与市场机遇；第四，通过对比分析不同市场或领域之间的差异，创业者能够敏锐地捕捉到其中隐含的商机，并将其转化为实际的创业行动。

（三）政策机会

政策机会是指政府政策调整和变革为创业者带来的商业契机，主要包括两个方面：一方面，政策的直接变化可能直接催生新的商业领域或模式，为创业者开辟了新的发展方向；另一方面，政府未来可能的政策调整也为创业者提供了预测与布局的空间，使其能够提前布局以抢占市场先机。

首先，识别创业机会是创业过程中的首要环节，也是决定创业成功与否的关键因素之一。从创业流程的角度来看，创业机会识别是创业活动的起点和基石。整个创业过程围绕着机会的识别、开发与利用而展开。对于创业者而言，正确识别创业机会的能力至关重要。然而，在面对同样具有潜力的创业机会时，并非所有潜在创业者都能成功把握，这背后往往涉及创业愿望、创业能力以及创业环境等多个方面的综合因素。

具体而言，强烈的创业愿望是驱动创业者积极寻找并识别创业机会的内在动力，缺乏创业意愿的个体即使面对再大的商业机遇也可能无动于衷。

其次，创业能力是成功识别创业机会的基础保障，这包括敏锐的洞察力与预见性、高效的信息搜集与分析能力、对技术发展趋势的准确把握能力、持续的模仿与创新能力以及构建广泛社会联系的能力等。

最后，良好的创业环境是支持创业者有效识别并利用创业机会的关键因素，这包括政府政策的扶持与引导、社会经济的繁荣与发展、创业资源的丰富与易得性以及社会对创业失败的宽容与鼓励等。在这样一个积极向上的创业环境中,更多的创业者将被激励出来投身于创业实践。

知识拓展

影响创业机会识别的因素

对于究竟什么因素导致一些人更善于识别出有价值的创业机会,不少学者进行过研究,下面是取得共识的四类主要因素:

1. 先前经验

在特定产业中的先前经验有助于创业者识别出商业机会,这被称为"走廊原理"。创业者一旦创建企业,就开始了一段旅程,在这段旅程中,通向创业机会的"走廊"将变得清晰可见。这个原理提供的见解是,某个人一旦投身于某产业,他将比那些从产业外观察的人更容易看到产业内的新机会。

2. 认知因素

机会识别可能是一项先天技能或一种认知过程。有些人认为,创业者具有"第六感",能够看到别人错过的机会。多数创业者以这种观点看待自己,认为他们比别人更"警觉",警觉很大程度上是一种习得性的技能,拥有某个领域更多知识的人,对该领域内的机会更有警觉一些。

3. 社会关系网络

社会关系网络能提供承载创业机会的有价值信息,个人社会关系网络的深度和广度影响着机会识别。研究发现,社会关系网络是个体识别创业机会的主要来源,与强关系相比,弱关系更有助于个体识别创业机会。

4. 创造性、创新是产生新奇或有用创意的过程

从某种意义上说,机会识别是一个创造过程,是不断反复的创造性思维过程。在听到更多趣闻轶事的基础上,会很容易看到创造性包含在许多产品、服务和业务的形成过程中。

五、创新创业机会评估与市场分析

创新创业作为一种思维方式、推理路径及行动策略,是一个持续不断的试验与循环过程,此过程不仅受限于创新创业机会的存在与否,更要求创新创业者具备详尽周密的实施策略。其中,对创新创业机会的精准评估和深入的市场分析,是决定创新创业想法能否成功落地的关键环节。要做到这一点,前提是进行准确无误的创新创业机会评估与市场分析,以捕捉并把握最佳的创新创业时机。

(一)创新创业机会评估

机遇是创新创业活动的核心。机会评估是用科学方法搜集证据、检验假设的过程,是一种科学的创新创业理念。当创新创业者有一个好点子时,他们可能会凭借直觉和热情,义无反顾地投入创新创业中,甚至会盲目地开始行动。科学准确地进行创新创业机

会评估可以不断地调整创新创业方向，避免不必要的时间、资源浪费，从而提高整体效率，这对缺乏创业经验的大学生来讲尤为重要。创新创业机会评估过程见表4-3。

表4-3 创新创业机会评估过程

评估阶段	阶段描述	评估内容	具体步骤
第一阶段	从一般问题到创新创业问题	问题评估	从众多问题中排除干扰问题，初步筛选出具有一定市场潜力的创新创业问题
第二阶段	从创新创业问题到解决方案	解决方案评估	创新创业者要依据自己的创新创造能力，筛选创新创业问题，提出具有独特创意的产品或者服务，并据此制定可行的解决方案。本阶段对不同创新创业问题的不同解决方案进行评价，筛选具有高可行性和市场潜力的创业解决方案
第三阶段	从解决方案到产品设计	产品评估	经过前一阶段筛选出具有良好的创新性和一定的市场潜力的项目。本阶段主要依据解决方案对产品原型或服务模式进行设计，并验证技术的可行性
第四阶段	从潜在创新创业机会到创新创业机会	机会评估	在以上阶段的基础上，更深层次地考察产品或者服务与市场、行业的匹配度及可盈利性，最终选出创新创业机会

（二）市场分析

精确的市场分析是创新创业实践成功的关键基石。它深入剖析市场供需变化的多元因素及其动态趋势，通过系统搜集资料与数据，运用科学方法，探究市场演变规律，洞悉消费者对产品特性及价格的偏好与需求。此外，市场分析还关注产品的市场需求量、市场占有率及其竞争格局，并跟踪社会购买力与产品供给量的变动，以准确评估市场供需平衡状态，为企业生产规划、市场竞争策略、管理决策及市场调节提供坚实的数据支撑与理论指导。

对于缺乏经验的大学生创业者而言，市场分析尤为重要，它是构建有效营销战略的基石。只有通过详尽而深入的市场分析，充分了解影响需求的外部环境和制约企业购销活动的内部条件，才能减少决策失误，提高决策的科学性和准确性，从而有效控制经营风险。

此外，市场分析还是执行营销战略计划的可靠保障。在创新创业项目或初创企业的实施过程中，市场分析提供的最新信息能够实时检验并调整营销战略计划，确保其适应不断变化的市场环境，保障计划的顺利推进。因此，采用科学方法深入剖析市场是确保创新创业者决策正确无误、稳健前行的必要途径。

知识拓展

市场分析的方法

对于任何事物的认知过程都遵循由抽象到具体的逻辑轨迹，市场认知也不例外。市场，作为一个高度复杂且多维度的现象，唯有依托科学的理论框架与分析工具，才能实现

对其深刻而精准的理解。以下是几种主流的市场分析方法,旨在提供一套系统且严谨的分析路径:

首先,系统分析法强调市场的整体性和系统性。市场由众多相互关联、相互作用的要素构成,既涵盖了营销组合策略的各个维度,也涉及营销流程的各个环节,同时深受外部营销环境的影响。通过系统分析法的运用,研究者能够立足全局,以联系、全面和发展的视角审视市场现象,既洞察供给端的动态,也把握需求端的趋势,从而预见市场走向,为制定科学合理的营销战略提供坚实支撑。

其次,比较分析法作为一种逻辑严谨的分析工具,通过对比不同市场实体或市场现象的数据资料,揭示其间的异同点。该方法鼓励研究者将研究对象置于更广阔的背景中进行考察,通过对比分析,提炼出市场现象的本质特征,为决策制定提供有力依据。

此外,演绎分析法遵循从部分到整体、从具体到一般的思维路径。它首先将市场细分为若干子部分、子方面或子因素,然后通过深入研究各部分的特征与本质,将这些认识整合起来,形成对市场整体的深刻理解。这种方法有助于研究者全面了解市场的内在结构和运行机制。

案例分析法以典型企业的营销实践为蓝本,通过深入分析其成功经验与失败教训,提炼出具有普遍指导意义的市场规律。这种方法不仅来源于实践,而且高于实践,为企业的营销活动提供了宝贵的参考与指导。

直接资料法是一种基于数据对比和分析的方法。它可以直接利用企业自身的销售统计资料或行业内的销售统计资料进行对比分析,通过计算市场占有率等指标的变化情况来识别目标市场,这种方法具有数据直观、分析快捷等特点。

最后,分析结合法是一种综合性的市场分析手段,它强调定性与定量分析、宏观分析与微观分析的有机结合,以及物与人分析的深度融合。通过这种方法的应用,研究者能够全面把握市场的质与量、宏观与微观、物与人的关系,为制定精准有效的市场策略提供有力支持。

(三)创新创业机会评估和市场分析的必要性

创新创业机会评估与市场分析是创新创业者不可或缺的工具,它有助于创业者精准定位项目,并在企业经营中解决关键决策难题。通过市场分析,企业能够清晰地洞察市场机遇,判断自身在特定市场的竞争力和拓展潜力。此外,这一过程还促使企业紧跟市场动态,灵活调整战略方向,以确保与市场需求保持同步。

对于寻求新市场拓展的创新创业者而言,创新创业机会评估和市场分析不仅是发现市场机会的窗口,更是为项目发展奠定坚实基础的关键。它要求创业者深入探究市场需求、竞争对手等多维度信息,借助科学的市场分析方法,制定出精准的营销策略。

此外,市场分析也是解决企业经营难题的利器。面对复杂多变的市场环境,企业可能面临产品、销售、广告等多方面的挑战。此时,运用市场分析思维,能够精准定位问题根源,为制定解决方案提供有力支持。例如,通过分析明星产品的市场表现,企业可以科学决策是继续加大广告投入还是转向新产品研发;再如,面对价格调整后的销售下滑,市场分析能揭示背后的真正原因,是广告效果不佳还是定价策略失误。

另外,创新创业机会评估和市场分析还促进了企业与顾客之间的紧密联系。通过收集、分析顾客信息,企业能够及时发现市场问题,优化营销策略,提高顾客满意度。这一过程不仅有助于提升企业形象,还能为企业的长期发展奠定坚实的市场基础。

课堂练习

蒂蒙斯商业机会评价框架的应用

1. 活动目的
使用蒂蒙斯商业机会评价框架(表 4-4)对某个商业机会进行评价。
2. 活动过程
对商业机会进行逐一评价。
3. 活动思考
通过评价,归纳总结出商业机会。
4. 活动总结
遇到商业机会后,建议逐一按照表 4-4 中的八项内容进行分析,然后作出取舍。

表 4-4 蒂蒙斯的商业机会评价框架

项目	评价观察点
行业与市场	1. 市场容易识别,可以带来持续性收入 2. 顾客可以接受产品或服务,并愿意为此付费 3. 产品的附加价值高 4. 产品对市场的影响力大 5. 将要开发的产品生命力长久 6. 项目所在的行业是新兴行业,竞争不完善 7. 市场规模巨大,销售潜力达到 1 000 万～10 亿元 8. 市场成长率在 30%～50%,甚至更高 9. 现有厂商的生产能力几乎完全饱和 10. 在五年内占据市场的领导地位,达到 20% 以上 11. 拥有低成本的供货商,具有成本优势
经济因素	1. 达到盈亏平衡点所需要的时间在 1.5～2 年 2. 盈亏平衡点不会逐渐提高 3. 投资回报率在 25% 以上 4. 项目对资金的要求不是很高,能够获得融资 5. 销售额的年增长率高于 15% 6. 拥有良好的现金流量,能够占据销售额的 20% 以上 7. 要获得持久的毛利,毛利率必须达到 40% 以上 8. 要获得持久的税后利润,税后利润率必须超过 10% 9. 资产集中程度低 10. 运营资金不多,需求量是逐渐增加的 11. 研究开发工作对资金的要求不高

续表

项目	评价观察点
收获条件	1. 项目带来的附加价值具有较高的战略意义 2. 存在现有的或可预料的退出方式 3. 资本市场环境有利,可以实现资本的流动
竞争优势	1. 固定成本和可变成本低 2. 对成本、价格和销售的控制程度较高 3. 已经获得或可以获得对专利所有权的保护 4. 竞争对手尚未觉醒,竞争较弱 5. 拥有专利或具有某种独占性 6. 拥有良好的网络关系,容易获得合同 7. 拥有杰出的关键人员和管理团队
管理团队	1. 创业者团队是一个优秀管理者的组合 2. 行业和技术经验达到了本行业内的最高水平 3. 管理团队的正直廉洁程度能达到最高水平 4. 管理团队知道自己缺乏哪方面的知识
致命缺陷	不存在任何致命缺陷
创业者的个人标准	1. 个人目标与创业活动相符合 2. 创业者可以做到在有限的风险下实现成功 3. 创业者能接受薪水减少等损失 4. 创业者渴望创业这种生活方式,而不只是为了赚钱 5. 创业者可以承受适当的风险 6. 创业者在压力下状态依然良好
理想与现实的战略性差异	1. 理想与现实情况相吻合 2. 管理团队已经是最好的 3. 在客户服务管理方面有很好的服务理念 4. 所创办的事业顺应时代潮流 5. 所采取的技术具有突破性,不存在许多替代品或竞争对手 6. 具备灵活的适应能力,能快速地进行取舍 7. 始终在寻找新的机会 8. 定价与市场领先者几乎持平 9. 能够获得销售渠道,或已经拥有现成的网络 10. 能够允许失败

践 行 篇

活动一 组织一次创意沙龙活动

在这个快速变化的时代,创意是推动社会进步与个人成长的重要力量。为了激发学生的创新思维,增强团队合作能力,提升沟通表达能力,学校特策划了以"激发创意,点亮未来"为主题的创意沙龙活动。旨在为学生提供一个自由交流、思想碰撞的平台,让学生们在轻松愉快的氛围中探索无限可能。

一、活动主题

激发创意,点亮未来——创意沙龙活动

二、活动时间

(一) 准备阶段

提前两周开始筹备,包括活动策划、宣传招募、场地布置等。

(二) 活动日期

选定周末的一天,如某月某日(周六),全天进行。

(三) 时间安排

1. 9:00~9:30　开幕式及活动介绍
2. 9:30~12:00　分组讨论与创意生成
3. 12:00~13:30　午餐休息与自由交流
4. 13:30~16:00　创意展示与互评
5. 16:00~16:30　颁奖典礼及闭幕式

三、活动流程

(一) 开幕式及活动介绍

1. 主持人开场,介绍活动背景、目的及日程安排。
2. 特邀嘉宾致辞,分享创意的重要性及个人经验。

(二) 分组讨论与创意生成

1. 参与者可以随机或按兴趣分组,每组人数为5~7人。
2. 每组将获得一个创意挑战题目,例如"未来教育的新模式""环保生活的创新产品"等。
3. 组内成员可以进行头脑风暴,利用思维导图、手绘草图等工具记录创意点子。
4. 设定时间限制,鼓励高效讨论与创意输出。

(三) 午餐休息与自由交流

1. 提供午餐,促进跨组交流,拓宽视野。
2. 设置"创意角",展示过往优秀创意作品,激发灵感。

(四) 创意展示与互评

1. 每组选派代表上台,通过PPT、视频、实物模型等形式展示创意成果。
2. 设立评委团,由指导老师、特邀嘉宾及学生代表组成,对展示内容进行评分和点评。
3. 增设了观众投票环节,以增加互动性和趣味性。
4. 鼓励组间相互提问与反馈,促进深入交流与学习。

(五) 颁奖典礼及闭幕式

1. 宣布获奖名单,并颁发奖项(如最佳创意奖、最具人气奖等)。
2. 获奖者分享获奖感言,交流心得。
3. 主持人将总结活动亮点,并感谢参与者和工作人员的辛勤付出。
4. 宣布活动圆满结束,并鼓励大家继续关注和支持创意活动。

四、注意事项
1. 确保活动场地的安全,注意用电安全和消防安全。
2. 严格把控各环节时间,以确保活动的顺利进行。
3. 强调团队合作精神,鼓励学生积极参与并作出贡献。
4. 尊重每位参与者的创意成果,禁止抄袭与剽窃。
5. 活动结束后收集参与者的反馈,为下次活动提供参考。
6. 充分利用社交媒体、校园广播等渠道进行活动宣传,以吸引更多学生参与。

活动二　设计一个科技文化作品

在 21 世纪,科技与文化的深度融合正以前所未有的方式改变着人们的生活。为了激发学生对科技创新的兴趣,培养其跨学科整合能力,同时传承与弘扬中华优秀传统文化,学校特别策划了"未来视界——科技文化作品设计大赛"。本次活动旨在鼓励学生将现代科技元素融入传统文化中,创造出既具时代感又富有文化底蕴的作品。

一、活动主题
未来视界——科技文化作品设计大赛

二、活动时间
(一)筹备阶段
第 1 周～第 2 周
(二)宣传报名
第 3 周
(三)创意设计阶段
第 4 周～第 6 周
(四)作品制作与调试
第 7 周～第 9 周
(五)提交与初评
第 10 周
(六)展览与决赛
第 11 周
(七)颁奖典礼
第 12 周

三、活动流程
(一)筹备阶段
1. 成立组织委员会,明确分工。
2. 确定活动方案,包括活动规则、评分标准、奖项设置等。
3. 准备宣传材料,包括海报、视频、宣传文案等。
(二)宣传报名
1. 通过学校官网、微信公众号、海报、班会等多种渠道进行宣传。

2. 开放线上报名系统,收集参赛队伍信息。

3. 组织报名说明会,解答学生疑问。

(三)创意设计阶段

1. 举办创意工作坊,邀请科技与文化领域的专家举办讲座和指导。

2. 参赛队伍进行头脑风暴,确定作品主题和设计方案。

3. 提交初步设计方案,并组织老师进行初步审核和反馈。

(四)作品制作与调试

1. 参赛队伍可以根据设计方案进行作品制作,并可以使用 3D 打印、编程、AR/VR 等技术。

2. 组织中期检查,了解作品制作进度,并提供技术支持和资源对接。

3. 作品完成后,需要进行内部调试,以确保功能完善、运行稳定。

(五)提交与初评

1. 参赛队伍必须按时提交作品视频、设计文档和实物照片等资料。

2. 组织专家评委团进行初评,选出优秀作品进入决赛。

(六)展览与决赛

1. 在学校图书馆或展厅举办作品展览,向全校师生展示参赛作品。

2. 决赛采用现场展示和答辩的形式进行,参赛队伍需介绍作品的设计理念、技术形式和创意亮点。

3. 专家评委和观众投票相结合的方式,评选出最终获奖作品。

(七)颁奖典礼

1. 举办颁奖典礼,颁发奖杯、证书和奖金给获奖队伍。

2. 邀请校领导、嘉宾和获奖队伍代表发言,分享他们的活动心得和感悟。

四、注意事项

1. 所有参赛作品必须为原创,严禁抄袭或侵犯他人的知识产权。

2. 作品设计应考虑使用安全,避免使用有害材料等。

3. 鼓励团队合作,促进跨学科交流与融合。

4. 合理规划时间,确保各阶段任务按时完成。

5. 充分利用学校提供的资源和支持,必要时可寻求外部帮助。

五、活动课流程内容补充

1. 邀请文化学者来讲解中华优秀传统文化的精髓和当代价值。

2. 邀请科技专家分享最新科技动态和未来趋势。

3. 通过游戏、互动讨论等方式,可以激发学生的创新思维。

4. 提供编程、3D 建模、电路设计等实操技能培训课程。

5. 组织模拟答辩活动,帮助学生熟悉答辩流程和技巧。

活动三 完成一项国家专利申报

随着科技的不断进步和创新意识的提升,国家专利已成为衡量一个国家科技实力和创新能力的重要标志。为了增强学生的科技创新意识,培养其创新思维和实践能力,特举办"创新引领未来,专利护航梦想——国家专利申报实践探索"活动。通过模拟专利申报的全过程,让学生亲身体验科技创新的魅力,激发他们探索未知、勇于创新的热情。

一、活动主题

创新引领未来,专利护航梦想——国家专利申报实践探索

二、活动时间

(一)准备阶段

1周(宣传动员、分组选题)

(二)实施阶段

3周(资料收集、创新设计、专利申请撰写)

(三)评审展示阶段

1周(专家评审、成果展示、表彰奖励)

三、活动流程

(一)准备阶段

1. 宣传动员

通过校园广播、海报、班会等形式,介绍专利申报的意义、流程和重要性,激发学生参与兴趣。

2. 分组选题

学生可以自由组合成小组(建议4~6人一组),每组需要确定一个与日常生活、学习或科技前沿相关的创新项目作为申报主题。

(二)实施阶段

1. 资料收集

小组成员分工合作,通过图书馆、网络等资源收集相关领域的专利文献、技术资料和市场信息,为创新设计提供基础。

2. 创新设计

基于收集的资料,小组成员集思广益,进行头脑风暴,设计具有创新性和实用性的产品或方案。

3. 专利申请书撰写

在专业老师的指导下,学习专利申请书的撰写技巧,包括发明内容、技术方案、实施案例等部分,完成专利申请书的初稿。

(三)评审展示阶段

1. 专家评审

邀请校内外的专利代理人、科技专家等组成评审团,对各小组的专利申请进行评审,并提出修改意见。

2. 成果展示

组织一次成果展示会,各小组通过PPT、实物展示等方式,介绍自己的创新成果和专利申请过程,分享经验和心得。

3. 表彰奖励

根据评审结果,对表现优异的小组和个人给予表彰和奖励,包括颁发证书、奖品或提供专利申请费用资助等。

四、注意事项

1. 强调创新设计的原创性,避免抄袭和侵犯他人的知识产权。
2. 鼓励设计具有实际应用价值的创新成果,以提高专利申请的通过率。
3. 强调团队合作精神,鼓励小组成员之间互相支持、共同进步。
4. 合理规划各阶段的时间安排,确保活动有序进行。
5. 在专利申请过程中,注意保护自己的创新成果不被泄露。

五、活动课流程内容拓展

1. 邀请专利领域的专家或律师为学生举办专题讲座,讲解专利制度、申请流程、案例分析等内容。
2. 组织学生进行模拟专利申请演练,其中包括模拟撰写专利申请书、模拟专利审查答辩等环节。
3. 设立交流分享环节,邀请往届获奖学生或行业专家分享专利申请的经验和心得,为学生提供更多的启发和帮助。

活动四　参加一个创客空间项目

在数字化与创新精神日益重要的今天,学生们需要更多机会去实践、探索与创造。为了激发学生的创新思维,提升动手能力及团队协作能力,学校特别策划了"未来创想家:探索未知,创造可能"活动。通过参与真实的创客项目,学生们将体验从构思到实现的完整过程,感受创造的乐趣与成就感。

一、活动主题

未来创想家:探索未知,创造可能

二、活动时间

(一)筹备阶段

1周(确定项目主题、分组、制订计划)

(二)实施阶段

4周(每周至少2次集中活动,每次2~3小时)

(三)展示与评价阶段

1天(项目展示、交流、评选)

三、活动流程

(一)筹备阶段

1. 启动大会

介绍活动目的、意义、流程及规则,激发学生兴趣。

2. 主题发布

公布多个创客项目主题供学生选择,包括智能家居、环保科技、创意玩具等。

3. 分组与选题

学生可以自由组队(建议4~6人一组),根据自己的兴趣选择项目主题。

4. 制订计划

各组讨论并制订详细的项目计划,包括时间规划、任务分配、资源需求等。

（二）实施阶段

1. 技能培训

组织系列工作坊，涵盖 3D 打印、编程、电路设计、原型制作等基本技能。

2. 设计迭代

学生可以根据计划进行设计、制作原型、测试，并根据反馈进行迭代优化。

3. 导师辅导

邀请行业专家或教师作为导师，定期为各组提供指导和建议。

4. 中期检查

进行项目中期汇报，展示进度，解决遇到的问题，调整后续计划。

（三）展示与评价阶段

1. 项目展示

各组准备展示材料（PPT、视频、实物模型等），并在展示日进行公开展示。

2. 互动交流

观众提问，展示团队进行解答，促进思想碰撞与灵感激发。

3. 专家评审

由导师和行业专家组成的评审团，从项目创新性、实用性、完成度以及团队合作等方面进行评分。

4. 颁奖典礼

颁发最佳创意奖、最佳技术实现奖、最佳团队合作奖等奖项，以表彰优秀团队和个人。

四、注意事项

1. 在进行实验和制作时，必须严格遵守安全操作规程，以确保人身和设备的安全。
2. 鼓励团队成员之间的有效沟通与合作，共同解决问题，实现共同成长。
3. 合理规划时间，确保项目按计划推进，避免临时抱佛脚。
4. 鼓励大胆尝试，不拘泥于传统思维，勇于提出新想法和新方案。
5. 在创作过程中，尊重他人的知识产权，避免抄袭和侵权行为。

活动五　开展一次创业社会实践

在当今快速变化的社会经济环境中，创业已成为推动社会进步和经济发展的重要力量。为了培养学生的创新思维、实践能力以及团队合作精神，学校特别策划了"梦想照进现实：探索创业之路"活动。通过模拟真实的创业环境，让学生亲身体验从项目策划、市场调研、团队组建到产品推广的全过程，激发他们的创业热情，为未来职业生涯打下坚实基础。

一、活动主题

梦想照进现实：探索创业之路

二、活动时间

（一）准备阶段

1 个月（前期调研、团队组建、项目策划）

（二）实施阶段

2 个月（市场调研、产品开发/服务设计、营销推广）

（三）展示与评估阶段

1周(成果展示、专家评审、经验分享)

三、活动流程

（一）准备阶段

1. 启动大会

介绍活动背景、目的、流程及要求，邀请创业导师进行创业启蒙讲座。

2. 团队组建

学生可以自由组队，每队人数在5~7人之间，并明确队长和成员的职责。

3. 项目策划

各团队进行头脑风暴，确定创业项目方向，并撰写项目计划书，其中包括项目概述、市场分析、产品/服务设计、营销策略、财务预算等内容。

（二）实施阶段

1. 市场调研

通过问卷调查、访谈、数据分析等方式，深入了解目标市场的需求、竞争对手的情况及潜在的机会。

2. 产品开发/服务设计

根据市场调研结果，设计或改进产品/服务，注重用户体验和差异化竞争。

3. 营销推广

制定营销策略，通过社交媒体、校园渠道、线下活动等多种方式进行宣传推广，积累用户反馈，并持续优化。

（三）展示与评估阶段

1. 成果展示

各团队以PPT、视频、实物展示等形式，向全校师生及创业导师展示项目成果。

2. 专家评审

邀请企业家、投资人、行业专家担任评委，从创新性、可行性、市场潜力、团队表现等方面进行综合评分。

3. 经验分享

组织获奖团队及优秀项目代表进行经验分享，促进学习交流。

4. 闭幕式

颁发奖项，总结活动成果，鼓励更多学生参与创业实践。

四、注意事项

1. 确保活动过程中的人身安全，并遵守学校及活动场地的相关规定。
2. 强调团队合作精神，鼓励成员间相互支持、共同进步。
3. 在市场调研、产品开发等环节，应该坚持诚信原则，不抄袭、不造假。
4. 鼓励学生积极收集用户反馈，并不断优化项目，以提升用户体验。
5. 合理安排时间，确保各阶段任务按时完成，避免拖延。

参考文献

[1] 张文胜,彭勇军,柴全喜. 劳动创造美好生活:新时代劳动教育教程[M]. 镇江:江苏大学出版社,2020.

[2] 孟一凡,孙秀娟,展海燕. 工匠精神[M]. 北京:航空工业出版社,2020.

[3] 洪应党,朱浩,向米玲. 新时代劳动教育教程[M]. 北京:航空工业出版社,2020.

[4] 张瀚文,韦国. 家政服务员上岗手册[M]. 北京:化学工业出版社,2020.

[5] 李景升. 大学生活安全手册[M]. 长沙:中南大学出版社,2020.

[6] 曾天山,顾建军. 劳动教育论[M]. 北京:教育科学出版社,2020.

[7] 李琦,鲍鹏,刘强. 劳动教育实践活动手册[M]. 北京:电子工业出版社,2020.

[8] 潘维琴,王忠诚. 劳动教育与实践[M]. 北京:机械工业出版社,2021.

[9] 宿晖,张冬梅,梁亮. 劳动实践教育(职教版)[M]. 北京:中国商业出版社,2021.

[10] 蒋开全,杨光强,陶文芳. 劳动教育[M]. 北京:中国人民大学出版社,2022.

[11] 朱国苗,窦祥国,潘新. 劳动教育(职教版)[M]. 合肥:安徽大学出版社,2022.

[12] 段福生. 劳动教育[M]. 北京:中国人民大学出版社,2022.

[13] 韩剑颖. 大学生劳动教育教程[M]. 北京:清华大学出版社,2021.

[14] 柳友荣. 新时代大学生劳动教育[M]. 北京:高等教育出版社,2021.

[15] 李效东. 大学生劳动教育概论[M]. 北京:清华大学出版社,2021.

[16] 陈斌蓉,杨晶,易今科. 新时代大学生劳动教育[M]. 长沙:中南大学出版社,2021.

[17] 汪永智,郭宏才,荣爱珍. 劳动教育[M]. 北京:北京理工大学出版社,2021.

[18] 罗宏亮,汪亮,李小燕. 劳动教育读本[M]. 北京:高等教育出版社,2021.

[19] 袁国,徐颖,张功. 新时代劳动教育教程[M]. 北京:航空工业出版社,2020.

[20] 刘向兵. 劳动通论[M]. 北京:高等教育出版社,2020.

[21] 檀传宝. 你不全知道的劳动世界[M]. 北京:中国劳动社会保障出版社,2020.

[22] 方艳丹. 劳动教育实践活动设计[M]. 北京:电子工业出版社,2020.

[23] 侯守军,张道平. 新时代劳动教育教程[M]. 北京:机械工业出版社,2023.

[24] 党印. 新时代劳动教育100问[M]. 北京:中国人民大学出版社,2021.

[25] 刘青松. 新时代的劳动教育[M]. 重庆:西南大学出版社,2021.

[26] 李文峰. 劳动实践活动课程的开发与运作[M]. 广州:暨南大学出版社,2020.

[27] 朱忠义. 劳动教育与实践[M]. 北京:北京理工大学出版社,2020.